AF154475

Paul Clemen

Kunstdenkmäler der Rheinprovinz

Die Kunstdenkmäler der Stadt und des Kreises Düsseldorf

Paul Clemen

Kunstdenkmäler der Rheinprovinz
Die Kunstdenkmäler der Stadt und des Kreises Düsseldorf

ISBN/EAN: 9783743632417

Hergestellt in Europa, USA, Kanada, Australien, Japan

Cover: Foto ©Thomas Meinert / pixelio.de

Weitere Bücher finden Sie auf **www.hansebooks.com**

DIE

KUNSTDENKMÄLER

DER

RHEINPROVINZ

DIE

KUNSTDENKMÄLER

DER

RHEINPROVINZ

IM AUFTRAGE DES PROVINZIALVERBANDES

HERAUSGEGEBEN

VON

PAUL CLEMEN

DRITTER BAND

I.

DIE KUNSTDENKMÄLER DER STADT UND DES KREISES DÜSSELDORF

DÜSSELDORF

DRUCK UND VERLAG VON L. SCHWANN

1894

DIE
KUNSTDENKMÄLER

DER STADT UND DES KREISES

DÜSSELDORF

IM AUFTRAGE

DES PROVINZIALVERBANDES DER RHEINPROVINZ

HERAUSGEGEBEN

VON

PAUL CLEMEN

MIT 8 TAFELN UND 77 ABBILDUNGEN IM TEXT

DÜSSELDORF

DRUCK UND VERLAG VON L. SCHWANN

1894

VORBEMERKUNG.

Mit der Beschreibung der Kunstdenkmäler der Stadt und des Kreises Düsseldorf wendet sich die Denkmälerstatistik einem Boden zu, der das bevorzugte Arbeitsfeld zweier verdienter lokalhistorischer Vereine, des älteren Bergischen und des jüngeren Düsseldorfer Geschichtsvereines bildet. Waren die Denkmäler der Stadt Düsseldorf schon seit geraumer Zeit bekannt und beachtet, so blieben die monumentalen Urkunden der reichen Geschichte des Landkreises auf dem Gebiete der kirchlichen und der profanen Baukunst fast vergessen. Das vorliegende Heft sucht diese Lücken auszufüllen und die gesamte Kunstthätigkeit gleichmässig zu würdigen. Da das Programm der Denkmälerstatistik die Beschreibung der Kunstwerke des 19. Jahrhunderts ausschliesst, so hat die Entwickelung der modernen Düsseldorfer Kunst naturgemäss unberücksichtigt bleiben müssen.

In erster Linie ist der Verfasser dem Düsseldorfer Geschichtsverein zu Danke verpflichtet, insbesondere dessen Vorsitzendem, dem Herrn Professor Dr. KARL BONE, und Herrn HEINRICH FERBER, der seine ausgedehnten Kenntnisse mit rühmenswerter Liberalität in den Dienst des Unternehmens stellte und die Revision der ersten, die Stadt Düsseldorf betreffenden Bogen übernahm. Die Vorarbeiten wurden in der zuvorkommendsten Weise gefördert durch den Königlichen Landrat des Kreises Düsseldorf, Herrn Geheimen Regierungsrat VON KÜHLWETTER, und den Oberbürgermeister der Stadt Düsseldorf, Herrn Geheimen Regierungsrat LINDEMANN. Der Bearbeiter erfreute sich, wie schon so oft bisher, der liebenswürdigen Unterstützung und des Rates der Beamten des Geheimen Staatsarchives zu Düsseldorf, des Herrn Staatsarchivars Geheimen Archivrates Dr. HARLESS, des hervorragendsten Kenners der Bergischen Geschichte, und des Herrn Archivassistenten Dr. REDLICH. Die Vollständigkeit in der Zusammenstellung des historischen Materiales ist dem Entgegenkommen der Herren PETER GOERING, WILHELM GREVEL und MAX PFLAUM in Düsseldorf zu danken, die ihre reichen Privatbibliotheken bereitwilligst zur Verfügung stellten.

Ausführliche Mitteilungen über Ratingen verdankt der Verfasser dem Herrn Assessor Dr. H. ESCHBACH in Düsseldorf, den Herren Professor OEDER, WERNER DAHL, PHILIPP BRAUN, OSKAR RAUTERT in Düsseldorf wertvolle Zusammenstellungen über ihre Sammlungen; der Abschnitt über das Gewerbemuseum wurde von dem Direktor des Centralgewerbevereins für Rheinland und Westfalen, Herrn FRAUBERGER, verfasst. Weiterhin ist der Unterzeichnete zum Dank verpflichtet Sr. Durchlaucht dem

Fürsten ALFRED VON HATZFELDT in Wien, dem Herrn Reichsgrafen FRANZ VON SPEE zu Heltorf, dem Herrn Reichsfreiherrn LEOPOLD VON FÜRSTENBERG zu Hugenpoet, dem Herrn Reichsfreiherrn IGNAZ VON LANDSBERG-VELEN in Steinfurt, den Herren Beigeordneten Bürgermeister BECKERS, Hofjuwelier BLOOS, Kupferstecher HEITLAND, Architekt C. PICKEL in Düsseldorf, Herrn Professor AUGUST RINCKLAKE in Berlin, Herrn Domkapitular SCHNÜTGEN in Köln, Herrn Geheimen Regierungs- und Baurat HASENJÄGER in Düsseldorf, Herrn Amtsgerichtsrat STRAUVEN in Neuss, den Herren Rittergutsbesitzern LANTZ in Lohausen, PÖNSGEN in Garath, Frau E. PFLAUM, geb. FAHNE, auf der Fahnenburg, dem herzoglich von Arenbergschen Rentmeister, Herrn Oberförster BRÜCK in Mickeln, dem fürstlich von Hatzfeldtschen Rentmeister, Herrn JANSEN in Kalkum, Herrn Dechanten FRANK in Wittlaer, den Herren Pfarrern CREMER und NOTTEBAUM in Düsseldorf, DAUZENBERG und FLIEDNER in Kaiserswerth, EITEL in Mintard, ESCHBACH in Ratingen, Dr. HEINRICHS in Bilk, SCHLECHT in Gerresheim, Herrn Hauptlehrer HERMANNS und Herrn Hofgärtner WESENER in Benrath, Herrn Lehrer OTTO SCHELL in Elberfeld.

Die Abbildungen Nr. 1, 3. 6, 9, 15. 16, 22. 24—26, 29, 33, 38, 39, 41—43, 45, 46. 48 51. 55, 57. 58, 61—71, 74, 76 sind nach Zeichnungen des Herrn Architekten FRIEDRICH PÜTZER in Aachen angefertigt, Nr. 27, 28 nach Zeichnungen des Herrn Landesbauinspektors ARNTZ in Köln, Nr. 34—37, 72 nach von Herrn Baumeister HEINRICH WIETHASE in Köln (†), Nr. 59, 60 nach von Herrn Professor AUGUST RINCK-LAKE in Berlin, Nr. 73 nach von Herrn Architekten G. A. FISCHER in Barmen, Nr. 7 nach von Herrn Architekten L. BECKER in Mainz, Nr. 31 nach von Herrn Hofgärtner WESENER in Benrath gütigst zur Verfügung gestellten Aufnahmen, Nr. 10 nach einer Zeichnung des Herrn Notar STRAUVEN (†), Nr. 12 nach einer Zeichnung des Herrn Malers GROT-JOHANN (†), Nr. 8, 11, 17, 121 nach Aufnahmen des Photographen SCHOENEN in Düsseldorf, Nr. 30 nach einer Aufnahme des Photographen KRATZ in Benrath, Nr. 4. 5. 13. 14, 32, 77 nach Aufnahmen des Verfassers, Nr. 52—54 und Tafel I—III, V—VIII nach photographischen Aufnahmen der Kunstanstalt von B. KÜHLEN in M.-Gladbach. Die Karte hat Herr Landmesser HEINR. KÜNKLER zu Bonn angefertigt.

Die Stadtverordnetenversammlung zu Düsseldorf und der Kreisausschuss des Landkreises Düsseldorf haben mit Rücksicht auf den dauernden und vielseitigen Nutzen der Denkmälerstatistik namhafte Beträge zu den Kosten des vorliegenden Heftes bewilligt.

Bonn, im April 1894.

PAUL CLEMEN.

EINLEITUNG.

Der Kreis Düsseldorf umfasst das östliche Uferland des Rheines von der Krümmung des Stromes bei Benrath an bis zum Laufe der Ruhr; seine Grenzen bilden im Norden der Kreis Essen, im Osten der Kreis Mettmann, im Süden der Kreis Solingen, gegenüber, auf dem linken Rheinufer, liegen die Kreise Krefeld und Neuss. Er umfasst, ausser der Stadt Düsseldorf, die mit 144642 Einwohnern (1890) unter selbständiger Verwaltung steht, die Städte Angermund, Gerresheim, Hilden, Kaiserswerth und Ratingen nebst 29 Landgemeinden und hat eine Einwohnerzahl (1890) von 65950 Seelen.

Das von Buschwald und Sümpfen bedeckte, von mehreren Rheinarmen durchschnittene Uferland mit den ostwärts sich aufbauenden Berghöhen befand sich am Beginn unserer Zeitrechnung im Besitz der Sigambrer, darnach wurde es von den Tenkterern eingenommen. Die enge Verbindung des rechtsrheinischen Landstreifens mit dem Römergebiete auf dem linken Stromufer bezeugt eine Fülle von Einzelfunden, besonders die ausserordentlich grosse Zahl von Schalen aus terra sigillata; ein weitverzweigtes Strassennetz beweist schon für die ersten Jahrhunderte die intensive Kultur. Nachdem vom Ende des 3. Jahrhunderts ab die Römer über den Rhein zurückgedrängt waren, wird der Fluss wiederum die Grenze des unteren Germaniens. Jetzt häufen sich die Zeugnisse für die germanischen Ansiedelungen, umfangreiche Wallburgen und verstreute Gräberfelder, deren grösstes vom Kaiserhain über die Golzheimer Haide hin sich erstreckte.

Unter den Franken gehörte das Gebiet unseres Kreises zum Herzogtume Ripuarien und bildete den grössten Teil des Keldagaues. Schon im 7. Jahrhundert wurde die Bekehrung der eingesessenen Franken zum Christentum unternommen durch den h. Suitbertus, der auf der Rheininsel, die später nach Friedrich Barbarossa Kaiserswerth getauft ward, das erste Kloster errichtete. Die sämtlichen Pfarren des Bezirkes gehörten zum Neusser Dekanat, von dem erst Erzbischof Ferdinand (1612 bis 1650) das Düsseldorfer Dekanat abtrennte. Am Ausgang des 10. Jahrhunderts steht der Keldagau wie der nördliche Ruhrgau unter den zu Aachen residierenden lothringischen Pfalzgrafen. Gegen das Ende des 12. Jahrhunderts treten dann an die Stelle der rheinischen Pfalzgrafen die Grafen vom Berge, die unterdessen im benachbarten Deutzer Gau als das kräftigste Edelgeschlecht des rheinischen Berglandes emporgekommen waren. Um diese Zeit erscheint zum ersten Male, in einer Urkunde des Jahres 1159, der Name des kleinen Ortes an der Mündung der Düssel, der später die Hauptstadt des Landes wurde: Düsseldorf.

Der Zeitabschnitt vom Jahre 1000 bis zur Mitte des 13. Jahrhunderts bedeutet für den ehemaligen Keldagau eine hohe Blüteperiode des romanischen Kirchenbaues. Eine ganze Fülle kleiner, dreischiffiger, im Schema ziemlich eng verwandter Kirchen, zum grossen Teil von Kaiserswerth aus gegründet und von dessen Kirche auch baugeschichtlich abhängend, wurde errichtet. So liegen rund um Düsseldorf Bilk, Kalkum, Wittlaer, Mündelheim, Itter, Himmelgeist, Benrath, Hubbelrath, Erkrath und endlich die drei stattlicheren Bauten des Kreises, die Kirche von Hilden, der Ostchor von Kaiserswerth, und die Stiftskirche zu Gerresheim. Dieser langen Reihe entsprechen unter der Herrschaft der Gothik nur zwei Bauwerke, die Stiftskirche zu Düsseldorf und die Pfarrkirche zu Ratingen.

Den Versuchen des mächtig aufstrebenden Kölner Erzstifts, die benachbarten Grafen und Herren in völliger Abhängigkeit zu ersticken, setzte erst die Schlacht bei Worringen im Jahre 1288 ein Ziel. Hier entschied das rechtzeitige Eingreifen des Grafen Adolph V. von dem Berge, der mit den Kölner Bürgern gemeinsam mit dem Herzog von Brabant und den Grafen von Jülich und Mark gegen den Erzbischof von Köln stritt, den Kampf. Der Sieg war zugleich der Anlass für das Aufblühen Düsseldorfs. Der Wunsch des Grafen, dem bergischen Hinterlande einen unmittelbaren Anschluss an den Rheinhandel zu schaffen, war bisher an dem Widerstande des Erzbischofs und der Kölner Kaufmannschaft gescheitert. Jetzt benutzte Graf Adolph den günstigen Moment: noch im selben Jahre erhob er Düsseldorf unter Erteilung schwerwiegender Privilegien zur Stadt.

Im Laufe der folgenden Jahrhunderte kam die Grafschaft Berg — im Jahre 1348 — an das Herrscherhaus von Jülich, unter Herzog Adolph erfolgte endlich im Jahre 1423 die politische Vereinigung des Herzogtums Jülich mit Berg, die von da an bis 1801 bestanden hat; Herzog Wilhelm III. fügte für seinen Sohn noch Ravensberg, Kleve und Mark hinzu, so dass vom Jahre 1521 die sämtlichen niederrheinischen Territorien mit Ausnahme von Geldern unter dem Scepter der ehemaligen Herren vom Berge vereinigt waren.

Während über die Dynastie selbst das schwere Schicksal der vollständigen Entartung hereinbrach und der Geist ihrer beiden letzten Sprossen, der Herzöge Wilhelm des Reichen und Johann Wilhelm des Guten im Wahnsinn erlosch, blühte die Stadt Düsseldorf, die 1511 zur Landeshauptstadt geworden war, rasch auf. Die neue bauliche Entwicklung schloss sich den Formen der niederrheinischen Renaissance an, die in dem Ausbau des Schlosses und des Rathauses ihren Höhepunkt fand. Und während sich schon am politischen Himmel des Herzogtums die Gewitter zusammenballten, die Leiche des Jungherzoges in Rom moderte, der schwache Herzog haltlos zwischen politischen und religiösen Extremen hin und herschwankte, wurde die Hochzeit zwischen der leidenschaftlichen und männlich starken Jakobe von Baden und dem schwachsinnigen Thronerben, dem Urenkel der wahnsinnigen Johanna von Kastilien, mit überschwänglicher Pracht in Scene gesetzt. Die Hochzeitsfeier von 1585, die kräftigste Lebensäusserung des Renaissancegeistes in den niederrheinischen Städten, bot zugleich die letzte glänzende Repräsentation des bergischen Herzogshofes. Schon nach wenig Jahren begannen die Streitigkeiten und inneren Befehdungen; Jakobe von Baden endete im Kerker; und als endlich im Jahre 1609 mit dem wahnsinnigen Herzog der Hauptstamm des herzoglichen Hauses elendiglich einging, zogen die Stürme des jülich-bayrischen Erbfolgekrieges über das Land hin. Brandenburg und Pfalz-Neuburg stritten sich um die Erbfolge; der Schwiegersohn der ältesten Tochter des Herzogs Wilhelm, der Kurfürst Johann Sigismund von Brandenburg, und der Gemahl der zweiten Tochter des Herzogs, der Pfalzgraf von Neuburg, beanspruchten das Land, der letztere für seinen Sohn Wolfgang Wilhelm. Spanisch-österreichische und holländisch-französische Truppen wurden zu Hilfe gerufen, und um dem unerträglichen Zustande der Brandschatzungen und Plünderungszüge ein Ende zu machen, einigten sich 1624 die beiden streitenden Parteien zu Düsseldorf dahin, dass der Kurfürst Kleve, Mark und Ravensberg, der Pfalzgraf Jülich, Berg und Ravenstein behalten sollte.

Die ersehnte Ruhe kam aber damit noch nicht. Wolfgang Wilhelm, wiewohl er im dreissigjährigen Kriege neutral blieb, konnte es doch nicht verhindern, dass seine Länder abwechselnd von schwedischen, kaiserlichen und französischen Truppen durchzogen wurden. Weitere Konflikte brachte die Kirchenpolitik Wolfgang Wilhelms, der 1615 zur katholischen Kirche übergetreten war und mit dem Eifer des Neubekehrten seine katholische Gesinnung zu bethätigen strebte. Holländische und brandenburgische Truppen übten dafür an den Katholiken Repressalien und erst der Vertrag von Kleve, der am 19. September 1666 geschlossen ward und die Teilungsfrage endgültig zwischen den beiden streitenden Parteien entschied, brachte eine kurze Periode des Friedens, die nur 1689 und 1702 noch einmal jäh unterbrochen wurde. Beide Male koncentrierte sich der Streit um Kaiserswerth, das 1702 fast ganz zerstört wurde.

Der ehrgeizige Philipp Wilhelm, der durchaus in der europäischen Politik eine grosse Rolle spielen wollte, hatte keine Zeit gefunden, sich der Verschönerung seiner Hauptstadt zu widmen. Nachdem ihm die deutsche Kaiserkrone und die polnische Königskrone entgangen, suchte er den Glanz seines Hauses wenigstens durch Familienverbindungen gleich den Habsburgern zu erhöhen: seine älteste Tochter ward deutsche Kaiserin, eine zweite Königin von Portugal, eine dritte Königin von Spanien. In seinem Sohne erst, dem Kurfürsten Johann Wilhelm, erstand der Landeshauptstadt ihr fürstlichster Schutzherr. Der Vater, einer der feinstgebildeten Fürsten des damaligen Deutschlands, der französische Courtoisie mit deutschem Ernst verband — so rühmt ihn in seinen Memoiren Clarendon —, hatte den Erbprinzen 1679 eine Rundreise an den europäischen Fürstenhöfen machen lassen. Mit dem Besuche Ludwigs XIV. in St. Germain begann er, um von dort aus erst nach Italien und nach Wien zu gehen. Ludwig XIV. blieb sein Ideal. In seinem Auftreten den Ständen gegenüber, seiner

1*

Anschauung von dem Lande als unerschöpflicher und geduldiger Steuerquelle lag ein gut
Teil französischer Absolutismus. Und wie der Roi Soleil trat Johann Wilhelm nicht nur
als Förderer und Mäcen den Künsten gegenüber, sondern zugleich als ihr eigentlichstes
Ziel und ihr Inhalt: ihr Zweck war Verherrlichung seiner Person und seines Hofes.

Im Jahre 1690 vollzog sich die Vereinigung von Jülich-Berg mit Kurpfalz, aber
der neue Kurfürst verlegte die Hofhaltung nach Düsseldorf, wiewohl die niederrheinischen Gebiete nur ein Nebenland des Kurstaates waren. Wäre die Finanzlage
des Staates damals eine günstigere gewesen, und hätten die Stände die geforderten
Millionen bewilligen können und bewilligen wollen, so würde Düsseldorf jetzt eine
Stadt sein, die mit Dresden und Würzburg in die Schranken treten könnte. In der
Neustadt sollte sich am Rheine ein Riesenschloss erheben, ein kleines Versailles, mit
breiten Freitreppen nach dem Strome zu, — der in den grössten Dimensionen ausgeführte Originalplan, den heute das historische Museum der Stadt bewahrt, ist das
einzige, was von dem glänzenden Projekte auf uns gekommen ist.

Dafür baute der Kurfürst die alte Residenz aus, führte im Lande zierliche
Schlösschen auf, und vergrösserte seine Residenz fast um das Doppelte. Ein ganzer
Hofstaat von italienischen und niederländischen Künstlern umgab ihn. Wie schon
sein Grossvater Wolfgang Wilhelm hatte er italienische Architekten an sich gezogen.
Im Brennpunkt der Künstlerkolonie standen zwei niederländische Künstler, Gabriel
von Grupello und Adrian van der Werff. Um sie scharten sich Johann Franz Douven,
Antonio Pellegrini, Domenico Zanetti und andere. Die dankbare Stadt war im vollen
Rechte, wenn sie ihrem Jan Willem auf dem Sockel zu seinem Reiterstandbilde,
Grupellos Meisterwerke, die ehrenden Beinamen gab: Erweiterer der Stadt, Gründer der
Pinakothek. Sein kostbarstes Vermächtnis freilich, eben die Gemäldegallerie, die erste
grosse derartige Sammlung in Deutschland, die aus den von den Ständen bewilligten
Mitteln zusammengebracht worden war, konnte der Stadt nicht erhalten bleiben; sie
wanderte im Jahre 1806 nach München, wo sie jetzt den Kern und Grundstock der
alten Pinakothek bildet.

Die kurze Glanzzeit unter Johann Wilhelm fand mit seinem Tode im Jahre 1716
ein rasches Ende. Sein Nachfolger, Karl Philipp, blieb in dem pfälzischen Stamm-
lande und liess, was sich von den Schöpfungen der künstlerischen Hofgesellschaft
entführen liess, von Düsseldorf nach Mannheim und Neuburg bringen, erst unter
seinem Erben Karl Theodor erwachte die alte Pracht wieder. Im Jahre 1746 hielt
der Kurfürst unter glänzenden Festlichkeiten den Einzug in seine zweite Hauptstadt.
Unter der Verwaltung des Grafen Goltstein erlangte Düsseldorf in der dreissigjährigen
Friedenszeit eine neue Blüte auf allen Gebieten der wirtschaftlichen und geistigen
Kultur. Durch die Anlage der Karlsstadt wurde die Stadt um ein Viertel vergrössert.
Grundlagen für den höheren gelehrten Unterricht boten die Errichtung einer Rechts-
schule, einer anatomischen Lehranstalt, der Landesbibliothek; um Friedrich Heinrich
Jacobi sammelte sich in Pempelfort ein erlesener litterarischer und philosophischer

Kreis. Endlich schuf der Kurfürst neben der Bildergallerie die Anstalt, die heute den glänzendsten Ruhmestitel der Stadt bildet, die Kunstakademie.

Am Ende des 18. Jahrhunderts beginnt dann wieder eine Periode voll kriegerischer Unruhen, voll jäher Wechsel in Verwaltung und Herrschaft. Im Jahre 1794 waren die französischen Revolutionstruppen durch die Niederlande bis zum Rheine vorgedrungen, nach dem fürchterlichen Bombardement der Stadt in der Nacht vom 5. zum 6. Oktober, das das Schloss und einen grossen Teil der Stadt in Brand setzte, ergossen sich die Franzosen plündernd in das bergische Land. Erst nach sieben Jahren, im Mai 1801, nach dem Frieden von Luneville, verliessen sie das rechte Rheinufer. Unterdessen war die Regentschaft 1799 nach dem Tode des kinderlosen Kurfürsten an den Herzog Max Joseph von Pfalz-Birkenfeld-Zweibrücken übergegangen, der durch den Apanagialrecess vom Jahre 1803 seinem Schwager, dem Herzoge Wilhelm von Bayern aus dem Hause Pfalz-Birkenfeld-Gelnhausen, die Statthalterschaft im Herzogtum Berg übertrug. Das Herzogtum musste aber schon am 15. März 1806 an Napoleon abgetreten werden, der es noch am selben Tage dem Prinzen Joachim Murat überwies; am 15. Juli 1808 ging das neue Grossherzogtum Berg wieder an Frankreich über und blieb in dessen Besitz, bis im November 1813 die ersten Truppen der Verbündeten in Düsseldorf einzogen. Durch den Wiener Congress wurde das Grossherzogtum Berg an Preussen abgetreten, am 22. April 1816 wurde der Regierungsbezirk Düsseldorf gebildet und im Jahre 1848 die Oberbürgermeisterei der Stadt von der Verwaltung des Kreises abgetrennt.

Unter den preussischen Herrschern begann nun für Düsseldorf eine neue reiche Zeit. Mit ungeahnter Raschheit wuchsen ganze Stadtviertel neu empor, seit der einengende Ringwall gefallen und Düsseldorf durch den genialen Gartenkünstler Weyhe zur schönsten Stadt am deutschen Rhein umgeschaffen worden war. Der neue Rheinhafen, die letzte Grossthat des unternehmenden Bürgersinnes Düsseldorfs, knüpft direkt wieder an den Plan des Gründers der Stadt, des Grafen Adolph V. an. Als Sitz der rheinischen Provinzialverwaltung hat die Stadt einen Teil ihrer alten Machtstellung als politisches Centrum des Niederrheins wieder erlangt. Die Kunstakademie, die unter Krahe und Langer nur ein Scheinleben geführt, wie der Klassicismus, den sie lehrte, schnellte mit Peter von Cornelius hoch empor und wurde für eine kurze Spanne Zeit bestimmend für das Schicksal und den Werdegang der deutschen Malerei. Seit jener Epoche haben die Düsseldorfer in dem Konzert der deutschen Kunst eine laute Stimme, die sich nach den weichen Melodien der letzten Jahrzehnte in gesunder Kraft eben wieder zum trotzigen Rufen anschickt.

Der Kreis Düsseldorf zerfällt in zwei deutlich sich scheidende Teile, den niederen westlichen Uferstreifen, dessen Alluvialboden aus Lehm, Thon, Sand und Geröll im fortwährend raschen Wechsel der Mischung besteht, und dem östlichen höheren Teil. Hier besteht der Abhang aus Diluvium, das sich östlich von Ratingen weit ausbreitet, dazwischen tritt der den hinteren Gebirgsstock bildende Lenneschiefer, im Nordosten der Verneuili-Schiefer des Ober-Devon zu Tage. In den Mulden der Gebirgs-Ausladungen findet sich neben dem vielfach benutzten Kalkstein nesterförmig Brauneisenstein, in der Ebene auch Raseneisenstein. Auch in der Ausnutzung des Bau-Materiales scheidet sich Vorder- und Hinterland. Während in dem östlichen Teile wie in den Kreisen Essen und Mettmann der Kohlensandstein und Kalkstein das übliche Material darstellte, bediente sich das Niederland fast ausschliesslich, zumal in der Blütezeit des romanischen Stiles, der Tuffsteine, für deren Beschaffung der Rhein einen bequemen und billigen Beförderungsweg abgab.

LITTERATUR.

1. Zusammenfassende Darstellungen. W. Teschenmacher, Annales Cliviae, Juliae, Montium, Marcae, Westphalicae, Ravensbergae, Geldriae et Zutphaniae, Frankfurt und Leipzig 1721. — Chronika der durchlauchtigen hochgeborenen Fürsten und Herren zu Gülich, Cleve und Berge, darinnen ihr herrlicher und hochrühmlicher Anfang, Herkunft und Ursprung zu befinden, durch M., o. J. — J. Th. Brosius, Juliae Montiumque comitum marchionum et ducum annales, 3 Bde., Köln 1731. — A. Borheck, Archiv für die Geschichte, Erdbeschreibung, Staatskunde und Altertümer der deutschen Nieder-Rheinlande, Elberfeld 1800. — Ders., Bibliothek für die Geschichte des niederrheinischen Deutschlands, Köln 1801. — Ders., Geschichte der Länder Cleve, Mark, Jülich, Berg und Ravensberg, Duisburg 1800. — Th. J. J. Lenzen, Beyträge zur Statistik des Herzogthums Berg, 2 Hefte, D. 1802. — Joh. Schmidt, Geschichte und Geographie des Herzogtums Berg und seiner Herrschaften, Krefeld 1804. — Die preussische Rheinprovinz in drei Perioden ihrer Verwaltung, Köln 1817. — Benzenberg, Über Provinzial-Verfassung mit besonderer Rücksicht auf die vier Länder Jülich, Cleve, Berg und Mark, Hamm 1819. — Neigebaur, Darstellung der provisorischen Verwaltungen am Rhein vom J. 1813—1819, Köln 1821. — J. A. Demian, Geographisch-statistische Darstellung der deutschen Rheinlande nach dem Bestande vom 1. August 1820, Koblenz 1820. — W. Ritz, Urkunden und Abhandlungen zur Geschichte des Niederrheins, Aachen 1824. — J. W. Brewer, Vaterländische Chronik der preussischen Rheinprovinzen, Köln 1825. — F. A. Diesterweg, Beschreibung der Preussischen Rheinprovinzen, Krefeld 1829. — v. Restorff, Topographisch-statistische Beschreibung der Preussischen Rheinprovinz, Berlin 1830. — F. E. v. Mering, Geschichte der Burgen, Rittergüter, Abteien und Klöster in den Rheinlanden, Köln 1833—1844, 12 Hefte. — J. F. Knapp, Regenten- und Volksgeschichte der Länder Cleve, Mark, Jülich, Berg und Ravensberg von Karl dem Grossen bis auf die Vereinigung mit der preussischen Monarchie, 3 Bde., Krefeld 1836. — v. Viebahn, Statistik und Topographie des Regierungsbezirks Düsseldorf, Düsseldorf 1836. — Montanus, Die Vorzeit der Länder Cleve, Mark, Berg und Westfalen, 3 Bde., Solingen 1837. Dasselbe in wissenschaftl. Umarbeitung von W. v. Wald-

BRÜHL u. MONTANUS, Elberfeld 1871. — E. HEINEL, Geschichte der Herzogtümer Cleve, Jülich und Berg bis zur Vereinigung mit dem Kurfürstentum Brandenburg, Berlin 1841. — E. HÖLTERHOFF, Vaterlandskunde, zunächst für die Preussische Rheinprovinz, Solingen 1841. — P. W. MEBUS, Geographisch-statistische Beschreibung der Kgl. Preuss. Rheinprovinz, Elberfeld 1841. — Ders., Statistische Beschreibung der Kgl. Preuss. Rheinprovinz, Köln 1845. — v. MÜLMANN, Statistik des Regierungsbezirks Düsseldorf, 2 Bde., Iserlohn 1864—1867. — Statistik des Kreises Düsseldorf für die Jahre 1859—1861, D. 1864. — JOS. STRANGE, Beiträge zur Genealogie der adligen Geschlechter, 3 Bde., Köln 1864—1869. — Versuch einer Geschichte der Industrie und des Handels in den niederrheinisch-westfälischen Provinzen des vormaligen Grossherzogtums Berg: Vaterländische Blätter, den Bewohnern des Niederrheins gewidmet I, 1814, S. 91, 187. — A. FAHNE, Geschichte der Kölnischen, Jülichschen und Bergischen Geschlechter, 2 Bde., Köln 1848. — Ders., Geschichte der Westfälischen Geschlechter, Köln 1858. — Ders., Die Dynasten, Freiherren und jetzigen Grafen von Bocholtz, 4 Bde. in 6 Abteilungen, Köln 1856—1863. — Ders., Forschungen auf dem Gebiete der Rheinischen und Westfälischen Geschichte, 5 Bde. in 8 Abteilungen, Köln 1864—1876. — Ders., Denkmale und Ahnentafeln in Rheinland und Westfalen, Köln 1876—1883, 6 Bde. — Ders., Chroniken und Urkundenbücher hervorragender Geschlechter, Stifter und Klöster, Köln 1862—1880, 5 Bde.

J. WÜLFFING, Beschreibung der Vornehmen Handels-Städte Bergischen Landes (1729): Berg. Zs. XIX, S. 114. — Briefe eines reisenden Franzosen über den gegenwärtigen Zustand der österreichischen Niederlande, aus dem Französischen von P. A. WINKOPP, Leipzig 1785. — J. W. SPITZ, Das malerische und romantische Rheinland, Düsseldorf 1838. — W. FÜSSLI, Die wichtigsten Städte am Mittel- und Niederrhein, 2 Bde., Zürich 1842. — Topographisches Rheinpanorama von Schaffhausen bis zur Nordsee, mit Einleitung von E. DÜLLER, Frankfurt 1845. — EDW. MÜLLER, Die Rheinreise von Düsseldorf bis Basel, Berlin 1852. — J. W. APPEL und A. HENNINGER, Der Rhein und die Rheinlande von Köln bis ans Meer, Darmstadt 1855. — K. SIMROCK, Das malerische und romantische Rheinland, Bonn 1865. — E. DIETHOFF, Vom Rhein, Bilder und Geschichten aus alter und neuer Zeit, Leipzig 1871. — G. v. AMYNTOR, Peter Quidams Rheinfahrt, Stuttgart 1878. — A. v. HAEFTEN, Überblick über die Niederrheinisch-Westfälische Territorialgeschichte bis zum Anfang des 15. Jh.: Berg. Zs. II, S. 1; III, S. 224. — L. DRIESEN, Fünf Bücher niederrheinischer Geschichte. III. Geschichte der Grafschaft Berg von den ältesten Zeiten bis 1300: Westfäl. Zs. XV, S. 105. — KARL KUNZE, Die politische Stellung der niederrheinischen Fürsten in den J. 1314—1334, Göttingen 1886. — v. WORINGEN, Historische Darstellung der Bildung des vormaligen Herzogtums Berg: v. LEDEBUR, Allg. Archiv XVII, S. 305.

2. Römisch-germanische Urgeschichte. H. S. VAN ALPEN, Das fränkische Rheinufer was es war und was es jetzt ist, Köln 1802. — A. C. MINOLA, Kurze Darstellung dessen, was sich unter den Römern . . . . Merkwürdiges am Rheinstrom

ereignete. Köln 1816. — M. F. ESSELLEN, Zur Geschichte der Kriege zwischen den Römern und Deutschen. Hamm 1862. — Ders., Geschichte der Sigambrer, Leipzig 1868. — JACOB SCHNEIDER. Neue Beiträge zur alten Geschichte und Geographie der Rheinlande. Düsseldorf 1860—1890, Heft 1—14. Insbesondere Heft VI, Lokalforschungen über die alten Denkmäler des Kreises Düsseldorf (zugleich Düsseldorfer Gymnasialprogramm 1874) und Heft XIV, die alten Grenzwehren im Kreise Düsseldorf (Abdruck aus Bd. V. der Beiträge zur Geschichte des Niederrheins). — Ders., Die alten Heer- und Handelswege der Germanen, Römer und Franken im Deutschen Reiche, Düsseldorf 1882—1890, Heft 1—9.

3. Zur Territorialgeschichte. W. HERCHENBACH u. H. A. REULAND, Geschichte des Limburger Erbfolgestreites. Die Schlacht bei Worringen und die Erhebung Düsseldorfs zur Stadt, D. 1883. — FR. BLUMBERGER, Alt Düsseldorf I. Die niederrhein. Fehde bis zur Erhebung Düsseldorfs zur Stadt: Jahresbericht des Städt. Realgymnasiums 1884. — W. CRECELIUS. Der Geldrische Erbfolgekrieg zwischen Kaiser Karl V. und Herzog Wilhelm von Jülich, Berg und Cleve: Berg. Zs. XXIII, S. 50. — Ders., Letzte Tage des Erbherzogs Karl Friedrich von Jülich, Berg und Cleve: Berg. Zs. XXIII, S. 166. — STEPH. PIGHIUS, Hercules prodicius seu principis iuventutis vita et peregrinatio. Antwerpen 1587. — Die guldene Rose, so Sixtus V. der Herzogin Jacobe von Baden 10. Mai 1587 ... zu Düsseldorf präsentieren lassen, Köln 1588. — P. LEONARDSON, Merkwürdiges Aktenstück zur Geschichte der Herzogin Jakobe von Jülich. Cleve. Berg: ASCHEBERGS Niederrhein. Blätter für Belehrung und Unterhaltung I, 1801, S. 629. — Jakobe von Baden: Niederrheinischer Volkskalender, Wesel 1860. — C. TROG. Jakobe von Baden: Rhein.-Westfäl. Hauskalender 1886 und Niederrhein. Volkskalender 1886. — K. W. BOUTERWEK, Originalien zur Regierungsgeschichte der Herzogin Jakobe: Berg. Zs. III, S. 352. — Rettung der Ehre und Unschuld der Jacobe von Baden: Historisches Portefeuille ·I, 2. Stück,,1782. — TH. V. HAUPT, Jacobe von Baden. Coblenz 1820. — FELIX STIEVE, Zur Geschichte der Herzogin Jakobe von Jülich: Berg. Zs. XIII, S. 1. — KARL UNKEL, Jakobe, Herzogin von Jülich und der Jülicher Regimentsstreit: Ann. h. V. N. LIV, S. 96. — E. K. u. F. C., Original-Denkwürdigkeiten eines Zeitgenossen am Hofe Johann Wilhelms III., D. 1834. — W. CRECELIUS. Urkundl. Beiträge zur Krankheitsgeschichte der Herzöge Wilhelm und Johann Wilhelm von Jülich, Cleve und Berg: Berg. Zs. XXIII, S. 1. — E. v. SCHAUMBURG, Original-Denkwürdigkeiten eines Zeitgenossen am Hofe Johann Wilhelms III, D. 1834. — Ders., Die Jugendjahre Johann Wilhelms: Berg. Zs. V, S. 327. — Ders., Johann Wilhelm: Berg. Zs. VIII, S. 1. — J. BODLER, Lebens- und Sterbenslauf weiland des Durchleucht. Fürsten Philipp Wilhelm Pfalzgraf bei Rhein, ·Dillingen 1690. — W. CRECELIUS. Zur Geschichte des Kurfürsten Karl Theodor von der Pfalz: Berg. Zs. XXVII, S. 107. — PAKENIUS, Hercules prodicius seu Carolus J. C. M. princeps in Johanne Wilhelmo comitate palatino Rheni nepote post saeculum redivivus. Köln 1679. — Palatinae virtutis imago morti erepta mundo reddita et symbolis inclusa dum principi

Joanni Wilhelmo parentaret Carolus Philippus a. 1716. Carl Theodor, Churfürst von Pfalz-Bayern, wie er war und wie es wahr ist, Sulzbach 1828. — FRANZ CARION, Karl Theodor und seine Zeit, histor. Roman, Leipzig 1858. — J. M. N. DU MONT, Auf die Ankunft S. Kurfürstl. Durchlaucht zu Pfalzbayern im Herzogtum Berg 1785. — FR. W. WOKER, Aus den Papieren des kurpfälzischen Ministers Agostino Steffani, Bischofs von Spezia 1705—1709, Publikation der Görres-Gesellschaft, Köln 1885, S. 6. — Die .. in einer .. Beleuchtung brennende Liebe und Ehrfurcht als unsre Sonn, die sich so lang schien zu verbergen ... das ist: Als Carl Theodor .. mit Marie Elisabeth Augusta ... durch höchst-deroselben den 15. Okt. 1746 beglückte Ankunft Düsseldorff erfreueten. ... aufgeführte Ehren-Pforten wie auch sonst an den Häusern der Stadt angebrachten Sinn-Bilderen und Beyschriften zum Truck gebracht, D. 1747. — Denkmal auf die fünfzigjährige Regierung und Vermählung des Durchlauchtigsten Fürsten und Herrn, Herrn Carl Theodor, Pfalzgrafen etc. ..., München 1795. — Beschreibung Derer Fürstlicher Güligscher Hochzeit, so im Jahr 1585 ... zu Düsseldorff mit grossen Freuden Fürstlichen Triumph und Herrligkeit gehalten worden war, D. 1585. — THEOD. GRAMINAEUS, Spiegel der Vergenglichkeit dem Durchl. Fürsten .. Johan Wilhelmen Herzogen ... zugeschrieben, hochloblicher Christmilter gedachtnus Irer F. G. lieben Hern Vatters absterben vnd begrabnus zuverehren. D. 1792. — [AD. VOM KAMP]. Beschribung der Begrebnus weilandt des Durchleuchtigsten ... Fürsten Johan Wilhelm, Hertzogen zu Gülich, Cleve und Berg den 30. Okt. 1628, D. 1628 (mit 44 Kupfern). — Apotheosis Leopoldi I. Caesaris .... Leich-Begängnuss, so Ihro Chur-Fürstl. Durchlaucht Johannes Wilhelmus Pfalzgraff bey Rhein .. in gröster Eiffer beflissnister Magnificentz und reinister Condolentz celebrirt, D. 1705. — Die Helden der Republik und Bürger und Bauern am Niederrhein in den letzten Iahren des vorigen Jh., vom Verfasser der deutschen Kokarde, Elberfeld 1851. — RUDOLF GOECKE, Das Grossherzogtum Berg unter Joachim Murat, Napoleon I. und Louis Napoleon 1806—1813, Köln 1877.

4. Rechts- und Verfassungsgeschichte. Ordnung und Revision des gerichtlichen Processes ...., Köln 1556, Revisionen von 1556, 1562, 1565, 1606, 1635, 1696, die letzte unter dem Titel: Gülich- und Bergische Rechts-, Lehen-, Gerichtsschreiber-, Brüchten-, Policey- und Reformations-Ordnung ..., Düsseldorf 1751. Vgl. über die verschiedenen Ausgaben v. KAMPTZ, Provincialrechte III. S. 115; DE LUDOLFF, Observationes forenses II, obs. 285; v. CRAMER, Wetzlarische Nebenstunden IV, p. 161. — MELCHIOR VOETS, Historia iuris civilis Juliacensium et Montensium, Köln 1667 (unter dem Pseudonym: JULIUS DE MONTE), 1683, Düsseldorf 1693, 1714, 1729, 1762. — Ders., Tractatus de iure revolutionis ad lucem ordinationis iudiciariae ...., letzte Ausg., D. 1743. — C. G. KYLMANN, Dissertatio inauguralis exhibens quasdam differentias iuris Romani et statutarii Julio-Montani, Duisburg 1709. FR. VOSWINCKEL, Differentiae iuris communis et statutarii Juliae et Montium, Köln 1732. — [PETRUS AB STREITHAGEN]. Catalogus scriptorum Juliacensium, Leiden 1643. J. CHR. SCHÜTZ

Tractatio de usufructu consuetudinario Julio-Montensi, D. 1731. — K. J. WIEBEKING,
Beiträge zur Kur-Pfälzischen Staaten-Geschichte vom J. 1772—1792, vorzüglich in
Rücksicht des Herzogtums Jülich und Berg, Heidelberg 1793. — Widerholung aller
derjenigen Edikten und General-Verordtnungen, welche wegen der in beyden Herzog-
thumben Gülich und Berg üblichen Steuer-Collectationen und darin einschlagender
Materien vor und nach aussgegangen seynd, D. 1715. — FR. ALEF, Dissert. de iuribus
et praerogativis ducatuum Juliae et Montium, Heidelberg 1751 (auch in seinen opus-
culis p. 7773). — GOSWIN JOSEPH DE BUININGK, Tentamen historicum de ordinatio-
nibus provincialibus Juliacensibus, Montensibus . . . , Duisburg 1794. — G. J. v. KNAPP,
Beiträge zur Jülich- und Bergischen Landesgeschichte oder Anleitung zur Kenntnis
der Jülich- und Bergischen Lehne, 1791. — FR. G. SCHLEICHER, Abhandlung vom
Ursprung und Eigenschaft der Gülich- und Bergischen Lehne, Elberfeld 1800. —
C. A. RENNEN, Bemerkungen über das Bergische Landrecht, Düsseldorf 1803. —
CHRISTIAN SOMMER, Practischer Commentar über die Jülich-Bergische Rechts-Ord-
nung mit Verbesserungsvorschlägen, Köln 1804, I. — J. J. SCOTTI, Sammlung der Gesetze und Verordnungen in Jülich, Cleve und Berg von 1475—1815, 4 Teile, D. 1821
bis 1822. — THEODOR CORNER, Abhandlung über den vorzüglichen Unterschied
zwischen den ehemaligen Landesrechten . . . . von Köln, Jülich und Berg, Köln 1826.

Décret impérial sur la conscription territoriale du grand-duché de Berg, D. 1809.
— Bulletin des lois du grand duché de Berg, Düsseldorf 1810, 4 Bde. (dasselbe mit
deutscher Übersetzung 6 Theile). — Bulletin des Grossherzogthums Berg, 1810—1812.
— BORNEMANN u. v. DANIEL, Sammlung der für die Kgl. Preuss. Rheinprovinz ver-
kündigten Gesetze und Verordnungen und Regierungsbeschlüsse aus der Zeit der
französischen Oberherrschaft, 3 Theile. — Bergische Gesetzbulletins I—VIII, 5 Theile.
— Code Napoleon, Bergische Ausgabe, Düsseldorf 1810. — Recueil des actes du
gouvernement du grand duché de Berg, 1806—1807, 1. Theil. — Sammlung Gross-
herzoglich Bergischer Verordnungen. — Grossherzogtum Berg, Gesetze, welche dem
3. Nov. 1809 vorhergehen. — v. KAMPTZ, Die Provincial- und statutarischen Rechte
in der Preussischen Monarchie, Berlin 1828, III, S. 114. — H. ALTGELT, Sammlung
der gesetzlichen Bestimmungen etc. des Elementar-Schulwesens im Regierungsbezirk
Düsseldorf nebst historischer Einleitung über die Verwaltung des öffentlichen Unterrichts von 1794—1840, D. 1841. — J. W. BEWER, Sammlung der bei den Gülich- und
Bergischen Dikasterien entschiedenen Rechtsfälle, merkwürdigen Edikte und Normal-
verordnungen, 7 Bde., D. 1796—1855. — A. JOESTEN, Sammlung der für den Regierungsbezirk Düsseldorf gültigen Polizeigesetze und Verordnungen, D. 1844. — G. VON
BELOW, Die landständische Verfassung in Jülich und Berg bis zum J. 1511: Berg. Zs.
XXI, S. 173; XXII, S. 1. — Ders., Geschichte der direkten Staatssteuern in Jülich
und Berg bis zum geldrischen Erbfolgekriege: Berg. Zs. XXVI, S. 1; XXVIII, S. 1. —
A. KOERNICKE, Entstehung und Entwickelung der Bergischen Amtsverfassung bis zur
Mitte des 14. Jh., Bonn 1892. — Die älteren Drucke von bergischen Rechtsordnungen

u. a. aufgeführt bei L. MERLÄNDER, Buchdruck und Buchhandel in Düsseldorf: Geschichte der Stadt Düsseldorf 1888, S. 321; Beiträge zur Geschichte des Niederrheins IV, S. 51; ausserdem im Katalog der Ausstellung zur Feier des 600jährigen Bestehens Düsseldorfs als Stadt, D. 1888, S. 44.

Im übrigen zu vergleichen die Litteraturverzeichnisse zu Düsseldorf, Ratingen, Gerresheim, Kaiserswerth und zu den Kunstdenkmälern des Kreises Essen.

ABKÜRZUNGEN
für die häufiger genannten Werke.

Lacomblet, U.B. — Th. J. Lacomblet, Urkundenbuch für die Geschichte des Niederrheins, Düsseldorf 1840—1857, 4 Bde.

Binterim u. Mooren, E. K. — Binterim u. Mooren, Die alte und neue Erzdiöcese Köln, in Dekanate eingeteilt, Mainz 1828—1830, 2 Bde. Die 2. Aufl. unter dem Titel: Die Erzdiöcese Köln bis zur französischen Staatsumwälzung, bearbeitet von Alb. Mooren, I, Düsseldorf 1892.

Binterim u. Mooren, D. C. — Binterim u. Mooren, Rheinisch-westfälischer diplomatischer Codex Mainz 1830, 2 Bde.

Lacomblet, Archiv. — Archiv für die Geschichte des Niederrheins I (1832), II (1857), III (1860), IV (1863), V (1865), herausgegeben von Lacomblet, N F. I (1868), II (1870), herausgegeben von Harless.

B. J. — Jahrbücher des Vereins von Altertumsfreunden im Rheinlande, I (1841)—XCIV (1893).

Ann. h. V. N. — Annalen des historischen Vereins für den Niederrhein, I (1855)—LV (1892).

Berg. Zs. — Zeitschrift des Bergischen Geschichtsvereins, I (1863)—XXVIII (1892).

Westfäl. Zs. — [Westfälische] Zeitschrift für vaterländische Geschichte und Altertumskunde, I (1838)—LI (1893).

Picks Ms. — Monatsschrift für rheinisch-westfälische Geschichtsforschung und Altertumskunde, herausgegeben von Richard Pick, I u. II (1875, 76). — Monatsschrift für die Geschichte Westdeutschlands, herausgegeben von dems., III (1877)—VII (1881).

Wd. Zs. — Westdeutsche Zeitschrift für Geschichte und Kunst, herausgegeben von Hettner und Lamprecht, I (1882)—X (1891), von Hettner u. Hansen, XI—XII (1893).

Nrh. — Der Niederrhein. Wochenblatt für niederrheinische Geschichte und Altertumskunde, 1878, 1879, 1884—1886.

Nrh. G. — Niederrheinischer Geschichtsfreund, I (1879)—VI (1881).

Aus'm Weerth, Kd. — E. aus'm Weerth, Kunstdenkmäler des christlichen Mittelalters in den Rheinlanden, Leipzig 1857—1868, 5 Bde. Tafeln und Text.

Brambach, C. I. R. — W. Brambach, Corpus inscriptionem Rhenanarum, Elberfeld 1867.

Düss. Mon. — Monatsschrift des Vereins für die Geschichte und Altertumskunde von Düsseldorf und Umgegend, 1881, vgl. S. 17.

Düss. Zs. — Zeitschrift des Düsseldorfer Geschichtsvereins 1882—1883, vgl. S. 17.

Düss. Beitr. — Beiträge zur Geschichte des Niederrheins, Jahrbuch des Düsseldorfer Geschichtsvereins I (1886)—VII (1893).

STADT DÜSSELDORF

Fig. 1. Düsseldorf. Die Altstadt mit der Lambertuskirche.

DÜSSELDORF.

I. Quellen.

1. Allgemeine Darstellungen. M. Merian, Topographia Westphaliae 1650, p. 21. — J. Wülffing, Beschreibung der Vornehmen Handels-Städte Bergischen Landes (1729): Berg. Zs. XIX, S. 114, 120, 132. — J. Th. Brosius, Juliae Montiumque comitum annales, 3 Bde., Köln 1731, p. 12 ff. — Geographisch-statistische Beschreibung der Stadt Düsseldorf: Weddigens Neues fortgesetztes Westphälisches Magazin I, 1798, S. 30. — M. J. Mertens, Geschichtliche Nachrichten über Düsseldorf bis zum Ende des 15. Jh., bei L. G. A. Martin, Wegweiser Düsseldorfs, 1817, S. 64. — C. H. A. Mindel, Wegweiser Düsseldorfs oder Grundlage zur geographisch-statistisch-topographisch-historischen Darstellung von Düsseldorf nach seinen früheren und derzeitigen Verhältnissen, D. 1817. — J. F. Wilhelmi, Panorama von Düsseldorf und seinen Umgebungen, D. 1828. — Die Stadt Düsseldorf: Allgemeine Unterhaltungsblätter, Münster 1829, S. 103, 329, 392, 411. — Düsseldorf: Rheinisches Pfennig-Magazin von J. A. Becher, I, 1835, S. 257. — Düsseldorf mit seinen Umgebungen, ein Wegweiser für Fremde und Einheimische, D. 1840. — J. W. Spitz, Wanderungen durch Düsseldorf und Ausflüge, D. 1840. — F. J. Kiefer, Nouvelle description de Dusseldorf et de

Quellen   ses environs, D. 1841.   W. FÜSSLI, Die wichtigsten Städte am Mittel- und Niederrhein, Leipzig 1846. S. 543. — CARL BUCHHOLZ, Humoristische Reise-Skizzen eines
wandernden Typographen, gesammelt auf einer Reise von Düsseldorf nach Weimar,
Siegen 1862. — E. v. SCHAUMBURG, Historische Wanderung durch Düsseldorf, D. 1866.
— W. HERCHENBACH, Fremdenführer für Düsseldorf und Umgebung, D. 1869. —
A. HOFACKER, Führer durch Düsseldorf und Umgebung, D. 1877. — Illustrierter Führer
durch Düsseldorf und seine Umgebung, D. 1878. — HOFACKER, Stadtplan und Führer
durch die Stadt Düsseldorf, D. 1881. — FR. BLUMBERGER, Alt-Düsseldorf. Die
niederrheinische Fehde bis zur Erhebung Düsseldorfs zur Stadt. Jakobe von Baden.
Beilage zum Jahresbericht des Städt. Realgymnasiums zu Düsseldorf 1883 u. 1884. —
Spaziergänge und Ausflüge in die nächste Umgebung von Düsseldorf, D. 1889. —
Freiherr JUL. v. D. HART, Blätter aus Düsseldorfs Geschichte, D. 1889. — H. FERBER,
Historische Wanderung durch die alte Stadt Düsseldorf I. u. II, D. 1890. — KARL
BONE, Düsseldorf und seine Umgebungen, Zürich 1890. — KARL KOLLBACH, Bilder
vom Rhein, Köln 1892, S. 379 mit Abb. — K. v. ANGERMUND, Wanderungen in die
Umgebung Düsseldorfs (Separatabdruck aus der Düsseld. Bürger-Zeitung), D. 1892. —

Ältere Reise-   CHR. RIEGEL, Ausführliche und gründliche Beschreibung des ganzen Rheinstromes
beschreibungen   mit Karte und Kupfern, Nürnberg 1690. — Malerische Reise am Niederrhein, Nürnberg 1784. — Reize langs den Neder-Rhyn over het Loo . . tot Bon, Campen 1785,
p. 95. — RHYNVIS FEITH, Vermaakelyke reizen door het grootste gedeelte van het
duitsche ryk in den jaaren 1782 en 1783, Leyden 1784, p. 8. — Reise auf dem Rhein
von Andernach bis Düsseldorf, Koblenz 1790, S. 350. — GEORG FORSTER, Ansichten vom Niederrhein, Berlin 1791, I, S. 90, 114, 163. — Malerische Rhein-Reise
von Speyer bis Düsseldorf, aus dem Italienischen des ABBATE DE BERTOLA, Mannheim 1796. — Freiherr v. WAKKERBART, Rheinreise, Halberstadt 1794, S. 336. —
Bemerkungen über Düsseldorf und Elberfeld auf einer Reise von Köln nach Hamm,
o. J. (um 1795). — Freye Bemerkungen auf einer Reise in den Rheingegenden, Leipzig
1797. — CHR. MEYER, Ansichten einer Reise durch das Clevische und einen Teil
des Holländischen über Crefeld, Düsseldorf und Elberfeld, 1797. — Malerische Ansichten des Rheins von Mainz bis Düsseldorf, Frankfurt 1806. — Reise auf dem Rhein
von Andernach bis Düsseldorf, Köln 1809. — J. A. KLEIN, Rheinreise von Strassburg
bis Düsseldorf, Koblenz 1839, S. 279. — J. L. VECQUERAY, Der kunstsinnige Mentor
am Rheine auf der Reise von Strassburg bis Düsseldorf, Coblenz 1850.

Innere   2. Innere Geschichte. WACHTER, Bericht über die Lage und Wünsche der Stadt
Geschichte   Düsseldorf bei Beginn der Preuss. Herrschaft: im Düsseld. Adressbuch vom J. 1892. —
HERM. GOEDSCHE, Erinnerungsblätter an die Jubelfeier der 25jähr. Anwesenheit Ihrer
Kgl. Hoheiten des Prinzen und der Prinzessin Friedrich von Preussen in Düsseldorf am
2. Febr. 1846, D. 1846. — W. EISSENBARTH, Die Ereignisse am 9. und 10. Mai in
Düsseldorf, D. 1849. — W. HERCHENBACH, Düsseldorf und Umgebung in dem Revo-
lutionsjahr 1848—1849, D. 1880. — H. RITTER, Der Politische Struwwelpeter, ein Versuch zu Deutschlands Einigung, D. 1849. — T. J. LENZEN, Beiträge zur Geschichte
von Düsseldorf: Niederrheinische Blätter für Belehrung und Unterhaltung I, Dortmund
1801, S. 105. — P. F. J. MÜLLER, Meine Ansicht der Geschichte Düsseldorfs, o. J.
— H. RITTER, Zur Geschichte von Düsseldorf und Kaiserswerth, D. 1855. — 26 Re-
gesten von 1262—1494: GENGLER, Codex iur. municip. I, p. 933. — W. RITZ, Urk.,
betr. die Rheinfähre zwischen Düsseldorf und Neuss: v. LEDEBUR, Allg. Archiv III,
S. 70. — Die Düsseldorfer Stadterhebungsurkunde: Berg. Zs. XVIII, S. 149. — Zur
älteren Geschichte der Düsseldorfer Gemarkung: B. J. LXXXV, S. 147. — H. ESCH-

BACH, Urk. zur Geschichte der Stadt Düsseldorf: Düss. Beitr. IV, S. 93. — Ausführ- Quellen
liche Geschichte der Stadt: LACOMBLETS Archiv III, S. 1; IV, S. 1; V. S. 1. — Münzen
Düsseldorfs: v. LEDEBUR, Allg. Archiv IX, S. 241. — E. v. SCHAUMBURG, Der Rhein-
übergang der Franzosen bei Düsseldorf am 6. Sept. 1795: Zs. für preuss. Geschichte
und Landeskunde XII, S. 463. — KAUSEN, Die Beziehungen Napoleons I. zu Düsseldorf, Vortrag, D. 1882. — REDLICH, Die Anwesenheit Napoleons I. in Düsseldorf im
Jahre 1811, D. 1892. — JOH. HÜBSCH, Der Ruhm der huldvollen Retter des beglückten
Deutschlands, eine Cantate, D. 1813. — Kurze Darstellung der Entstehung des Bergischen
deutschen Theaters: Almanach für das Jahr 1807, von C. A. HEUSSER, D. 1807. —
GRABBE, Das Theater zu Düsseldorf mit Rückblick auf die übrigen deutschen Schau-
bühnen, D. 1835. — J. J. LENZEN, Ursprüngliche Verfassung der im J. 1800 gestifteten
Allgemeinen Armenpflege in Düsseldorf, D. 1815. — A. FAHNE, Die Düsseldorfer
Schützen- und die Kölner Gewandzunft: Forschungen auf dem Gebiete der rheinischen
und westfälischen Rechtsgeschichte, I, Köln 1864. — Wünsche über die künftige Einrichtung der Rhein-Schifffahrt von den Düsseldorfer Kaufleuten ..., D. 1816.

3. Zeitschriften. Niederrheiniches Taschenbuch für Liebhaber des Schönen Zeitschriften
und Guten, herausgegeben von FR. MOHN 1799, 1800, 1801, 1802, 1803, 1805. —
Bergisches Taschenbuch, herausgegeben von W. ASCHENBERG 1798, 1800, 1801, 1802,
1803, 1804, 1806, die letzten drei unter dem Titel: Taschenbuch für die Gegenden
am Niederrhein.

Monatsschrift des Vereins für die Geschichte und Altertumskunde von Düsseldorf
und Umgegend, 1881, Nr. 1—6, herausgegeben von W. HERCHENBACH und C. KOENEN.
Darin C. KOENEN, Die Sammlung des histor. Museums zu Düsseldorf S. 3, 11, 39.

Zeitschrift des Düsseldorfer Geschichtsvereins, herausgeg. von W. HERCHENBACH,
Jahrgang 1882, Nr. 1—6. Darin Beiträge zur Lebensgeschichte des Churfürsten Johann
Wilhelm. I. W. HERCHENBACH, Gabriel von Grupello. II. Die Reiterstatue auf dem
Gemüsemarkte Nr. 1, S. 1. III. Grupellos Lehrling Nr. 2, S. 16. IV. Inventarien des
Churfürsten Nr. 3, S. 11; Nr. 4, S. 18. — TÖNNIES, Düsseldorfs periodische Presse vor
100 Jahren Nr. 2, S. 1. — AD. REINERS, Johann Bertels aus Löwen Nr. 4, S. 1; Nr. 5,
S. 8; Nr. 6, S. 14. — TÖNNIES, Das öffentliche Fuhrwesen im alten Düsseldorf Nr. 5,
S. 1. — Urkunden und Aktenstücke, die Frauenklöster in Düsseldorf betreffend,
Nr. 6, S. 1.

Jahrgang 1883, Nr. 1—6. Darin KOHTZ, Geschichte der Infanterie- und Artillerie-
kaserne zu Düsseldorf Nr. 1, S. 1. — TÖNNIES, Buchdruck, Buch- und Kunsthandel
zu Düsseldorf S. 49. — Ders., Die Docenten der juristischen Fakultät zu Düsseldorf
S. 73. — HERCHENBACH, Ursprung der Erzbruderschaft des h. Rosenkranzes S. 123.
— Ders., Düsseldorf als Festung S. 128.

Beiträge zur Geschichte des Niederrheins. Jahrbuch des Düsseldorfer Geschichtsvereins I (1886). H. FERBER, Die Schöffenfamilie Spede S. 1. — A. WEDELL, H. Heines
Stammbaum mütterlicherseits S. 5. — TÖNNIES, Die kurpfälzischen Posten am Niederrhein S. 13. — H. ESCHBACH, Dr. Johannes Wier S. 57. — TH. LEVIN, Das Grabdenkmal des Herzogs Wilhelm in der Lambertuskirche S. 175.

II (1887). TÖNNIES, Die alliierten Truppen vor und in Düsseldorf S. 1. —
L. MERLÄNDER, Düsseldorfs älteste Zeitung S. 41. — C. BINZ, Wier oder Weyer?
S. 48. — H. FERBER, Urk. Beitr. zur Geschichte des Krankenwesens in Düsseldorf
S. 100. — MIECK, Über scherzhafte Lokal- und Familiennamen in Düsseldorf S. 104.
— A. WEDELL, Erneuerte Geleits-Konzession des Pfalzgrafen Karl Theodor für die
jülich und bergische Judenschaft S. 111. — MIECK, Zur Düsseldorfer Mundart S. 133.

Quellen   Als Bd. III (1888) Geschichte der Stadt Düsseldorf in 12 Abhandl. J. SCHNEIDER,
Zur ältesten Geschichte des Stadt- und Landkreises Düsseldorf. — H. FORST, Poli-
tische Geschichte des bergischen Landes. — H. ESCHBACH, Zur Verfassungsgeschichte
der Stadt Düsseldorf. — L. KÜPPER, Geschichte der kathol. Gemeinde Düsseldorfs.
— A. NATORP. Geschichte der evangel. Gemeinde. — A. WEDELL, Geschichte der
jüdischen Gemeinde. — G. KNIFFLER, Entwickelung des Schulwesens. — E. DAELEN,
Zur Geschichte der bildenden Kunst. — L. MERLÄNDER, Buchdruck und Buchhandel.
— O. MOELLER. Die Baugeschichte von Düsseldorf. — G. WIMMER, Theater und
Musik. — KOHTZ, Geschichte der militärischen Verhältnisse. — P. SCHMITZ, Handel
und Industrie.

IV (1889). J. SCHNEIDER, Die ältesten Wege mit ihren Denkmälern im Kreise
Düsseldorf S. 1. — G. KNIFFLER, Beitr. zur Geschichte des Schulwesens S. 11. —
L. MERLÄNDER, Buchdruck und Buchhandel in Düsseldorf S. 51. — H. ESCHBACH,
Urk. zur Geschichte der Stadt S. 93. — Ders., Urk. Beitr. zur Geschichte des Leprosen-
wesens im Herzogtum Berg S. 151. — VORWERK, Norbert Burgmüller S. 158. —
WACHTER. Aktenstücke betr. Burgmüller S. 193. — KOHTZ, Mitteilungen zur Geschichte
des Bergischen Sicherheitscorps 1782—1809 S. 199. — Miscellen.

V (1890). J. SCHNEIDER, Die alten Grenzwehren im Kreise Düsseldorf S. 1. —
H. ESCHBACH, Urk. zur Geschichte der Stadt S. 15. — Miscellen.

VI (1892). P. ESCHBACH, Ortsnamen des Kreises Düsseldorf S. 1. — G. BLOOS,
Die Bürgermeister von Düsseldorf S. 20. — WACHTER, Aus der Verwaltungsperiode
des Grossherzogtums Berg S. 153. — Miscellen.

VII (1893). H. ESCHBACH, Urk. zur Geschichte der Stadt Düsseldorf S. 47. —
G. BLOOS, Die Rentmeister von Düsseldorf S. 63. — O. REDLICH, Aktenstücke zur
Geschichte des niederrheinischen Postwesens S. 261. — K. BONE, Die Distriktsnamen
des Kreises Düsseldorf S. 354. — Miscellen.

Verfassungs-
geschichte   4. Verfassungsgeschichte. Stadtrecht von 1288: Niederrheinische Blätter I,
S. 108; BENZENBERG, Über Provinzialverfassung II, S. 11. — Ordnung des . . hoff-
gerichts zu Düsseldorf, sambt denen an gemeltem Hoffgericht nach und nach publi-
cierten gemeinen Bescheiden, D. 1684. — Polizei- und Taxordnung der Stadt Düsseldorf von 1706. — KOLLMANN, Zusammenstellung der sämmtlichen für die Oberbürgermeisterei Düsseldorf gültigen Lokal-Polizei-Verordnungen, D. 1822. — Lokal-Verord-
nungen der Stadt- und Sammtgemeinde Düsseldorf, 2 Hefte, D. 1827—1841. — Polizei-
Verordnung, betreff. die Bezeichnung der Strassen, Thore, öffentlichen Plätze, Werfte etc.
und der Numerierung der Häuser Düsseldorfs nebst Plan, D. 1858.

Kirchen-
geschichte   5. Kirchengeschichte. C. v. OVEN, Myconius und Korbach zu Düsseldorf im
J. 1527, Essen 1827. — Confessio et doctr. libri, quem patres Bergenses Concordiam vocant,
1575, mit Holzschnitten. — Religionsvergleich zwischen Fr. Wilhelmen, Marggraffen zu
Brandenburg u. Ph. Wilhelmen, Pfalzgraffen bei Rhein, über das Religions-Kirchenwesen
in denen Herzogtümern Jülich, Cleve, Berg, D. 1674. — Gründlicher Bericht über das
Kirchen- und Religionswesen in den Fürstentümern Gülich, Cleve, Berg und Grafschaften
Marck und Ravensberg, D. 1735. — Darstellung wie die Stadt Düsseldorf bei der dort
im J. 1666 . . . herrschenden Pest . . . zu Gott ihre Zuflucht . . . genommen habe, D. 1797.
— J. W. JANSSEN, Das pflichtmässige Andenken an würdige Religionslehrer, Predigt
gehalten am 27. Juni 1802, nebst Notizen über die allmähliche Entstehung der refor-
mierten Gemeinde zu Düsseldorf, D. 1802. — Geistliche Reden, gehalten bei dem
200jährigen Jubelfeste der Heiligsprechung der h. Theresia in der Karmeliten-Kloster-
kirche zu Düsseldorf, D. 1823. — B. G. BAYERLE, Die katholischen Kirchen Düssel-

dorfs, D. 1844. — J. F. BENZENBERG, Vereinigungsurkunde der reform. und luther. Quellen
Gemeinde zu Düsseldorf, D. 1840. — Düsseldorfs Trauer über den Tod des P. Ph.
Schulten, D. 1840. — A. J. BINTERIM, Die Wünsche und Vorschläge der katholischen
Geistlichkeit Düsseldorfs an den Erzbischof von Köln, D. 1848. — BÜCHELER, Das
Gasthaus der Stadt Düsseldorf oder das St. Hubertus-Hospital, D. 1849. — C. KRAFFT
und W. CRECELIUS, Beiträge zur Geschichte des Humanismus am Niederrhein und
in Westfalen, Elberfeld 1870. I. — Festschrift zur Erinnerung an die Feier der Grund-
steinlegung der evangelischen Kirche zu Düsseldorf, D. 1875. — Urkundenbuch der
evangelischen Gemeinde zu Düsseldorf, D. 1875. — G. B. A. NATORP, Geschichte der
evangelischen Gemeinde zu Düsseldorf, D. 1881. — Die Johanneskirche zu Düssel-
dorf, D. 1881. — Düsseldorfensia aus ZINCKGREFS Teutscher Nation Apophthegmata:
Berg. Zs. X, S. 255. — KREBS, Zur Geschichte der Heiligtumsfahrten, Köln 1881. —
K. KRAFFT, Die Stiftung der bergischen Provinzialsynode am 21. Juli 1589 zu Neviges,
Elberfeld 1889. — HEINRICH THOELEN, Die vier letzten Jesuiten Düsseldorfs, D. 1891.
— Ders., Leben des P. Hermann Schönenbusch: Düsseldorfer Sonntagsblatt 1891,
Nr. 11. — J. LIEBESLEBEN, Düsseldorfs schönste Kirchhofs-Monumente, D. 1830. —
J. F. BENZENBERG, Ueber die Grabmonumente auf dem Düsseldorfer Kirchhofe, D. 1844.
— ADOLF KOHUT, Aus meiner rheinischen Studienmappe, D. 1877 (darin Nr. X. Eine
Wanderung durch die Kirchhöfe Düsseldorfs).

6. Geschichte des gelehrten Unterrichts. Hemitheogonia, sive historia Unterrichts-
geschichte
poëtica de gentium semi-diis, quam in aula publica electoralis ad Dussellam gymnasii
anno MDCCLIV mense Junio explanabant ... ornati candidati, D. 1754. — J. H. AN-
DREAE, De antiqua et illustri schola Düsseldorpiensi. Heidelberg 1761. — O. W. KOR-
TÜM, Nachricht über das Gymnasium zu Düsseldorf im 16. Jh., D. 1819. — J. MON-
HEIM, Die gelehrten Schulen zu Düsseldorf im 16. Jh., o. J. — KRAFFT, Die gelehrte
Schule zu Düsseldorf: Programm der Realschule 1853. — Widerlegung von BAYERLE,
Herzog Wilhelm IV. und die Reformation: Deutsche Volkshalle 1853. — FRANZ
HEINEN, Die Städtische Realschule 1. Ordnung zu Düsseldorf nebst Geschichtlichem
aus der Entwickelung des Realschulwesens überhaupt, D. 1863. — TÖNNIES, Die
Fakultätsstudien zu Düsseldorf von der Mitte des 16. bis zum Anfang des 19. Jh.,
ein Beitrag zur Geschichte des Unterrichtswesens in Jülich-Berg I. Programm der
höheren Bürgerschule zu Düsseldorf 1884. — Ders., Die Docenten der juristischen Fakultät zu Düsseldorf: Düss. Zs. 1883, S. 73. — UELLNER, Zur Geschichte der städtischen Louisenschule und der mit ihr verbundenen Lehrerinnen-
bildungsanstalt, Festschrift D. 1887. — Festschrift zur 50jährigen Gedenkfeier der am
28. Mai 1838 erfolgten Begründung des Realgymnasiums zu Düsseldorf, D. 1888. —
GUSTAV KNIFFLER, Das Jesuiten-Gymnasium zu Düsseldorf, Programm des Kgl. Gymnasiums D. 1892.

7. Kunst- und Künstlergeschichte. GER. JOS. KARSCH, Designation exacte Kunstgeschichte
Gallerie
des peintures précieuses, qui sont en grand nombre dans la galerie de la résidence
de S. A. S. E. Palatine à Dusseldorf, D. 1719. Dasselbe deutsch: Ausführliche und
gründliche Specification deren vortrefflichen und schätzbaren Gemälden .. — Catalogue
des tableaux, qui se trouvent dans les galeries du palais de S. A. S. E. Palatine
à Dusseldorf, Mannheim 1760. — CHRISTIAN V. MECHELS, Gallerie électorale de Dusseldorf ou Catalogue raisonné et figuré de ses tableaux, ouvrage composé ... par DE
PIGAGE, avec 30 pl., 1778. — Recueil des desseins, gravés d'après les fameux maîtres,
tirés de la collection de l'académie électorale Palatine des beaux arts à Dusseldorf, 1780. (2 Serien, jede zu 50 Bl.) — Recueil de 45 pièces, imitées à l'eau forte

Quellen d'après RAYM. LA FAGE, tirées de la collection de l'académie électorale Palatine des beaux arts. — Descriptive catalogue of pictures from the Düsseldorf Gallery, London 1793 (mit Stichen von Val. Green). — Catalogue raisonné des tableaux de la galerie électorale de Dusseldorf, redigé d'après le catalogue raisonné et figuré de Mr. N. DE PIGAGE, D. 1805. — Kurzgefasste Beschreibung der Düsseldorfer Gallerie: FR. MOHNS Niederrheinisches Taschenbuch für Liebhaber des Schönen und Guten 1799, S. 18; 1800, S. 30; 1801, S. 47; 1802, S. 61; 1803, S. 34; 1805, S. 50, mit Stichen. — FR. K. GOTTL. HIRSCHING, Nachrichten von sehenswürdigen Gemälden- und Kupferstichsammlungen .. in Deutschland, Erlangen 1787, II, S. 191. — v. HAGEDORN, Betrachtungen über die Malerey S. 248, 473, 624, 746, 750. — HEINZE, Betrachtungen über einige Gemälde der Düsseldorfer Gallerie: Teutscher Merkur 1777. — Beschreibung einer malerischen Reise nach Köln, Bensberg und Düsseldorf: Teutscher Merkur 1778, S. 113. — Vermaaklyke reizen door het duitsche Ryck, Leiden 1784, p. 5. — Reize langs den Neder-Rhyn, Campen 1785, p. 95. — J. G. LANG, Reise an den Rhein, Coblenz 1790, II, S. 250—435. — W. FÜSSLI, Die wichtigsten Städte am Mittel- und Niederrhein, Zürich 1843, II, S. 513. — v. HAUPT, Die Düsseldorfer Gallerie, eine historische Darstellung des Ursprungs, der Vervollkommnung und Schicksale dieser Galerie, mit Entwicklung des Rechtes des Herzogthums Berg und der Stadt Düsseldorf insbesondere auf deren Wiederbesitz, D. 1818. — v. SCHARFF-SCHARFFENSTEIN, Die ursprünglich Pfalz-Neuburgische Düsseldorfer Gemälde-Gallerie in München, Würzburg 1867. — A. V. HARDUNG, Zur Reclamation des Düsseldorfer Bilder-Galerie-Hauptschatzes, D. 1868. I. Kurfürst Herzog Johann Wilhelm und seine Zeit. II. Zur Rechts- und Kunstgeschichte der Stiftung der Düsseldorfer Bilder-Gallerie. III. Zur Lösung der That- und Rechtsstreitfragen. Über dieselbe Frage: Düsseldorfer Anzeiger 1866, Nr. 163, 172, 185, 187, 189, 198, 209, 210, 211, 214, 262; 1867, Nr. 3, 30, 31, 67, 97, 98, 102, 111, 112, 120, 126, 141, 145, 149, 156, 167, 182; 1868, Nr. 28, 136, 145, 191, 193, 196, 208, 219. — Düsseldorfer Zeitung 1867, Nr. 109. — Crefelder Zeitung 1866, Nr. 209; 1868, Nr. 138, 204. — E. v. SCHAUMBURG, Zur Charakteristik Johann Wilhelms und seiner Regierung, D. 1869. — A. V. HARDUNG, Scherz und Ernst oder Kritik und Antikritik der neuesten Streitschrift des Obersten E. v. Schaumburg ‚Zur Charakteristik Kurfürst Johann Wilhelms' und seiner Regierung, D. 1869. — HERMANN SCHULZE, Aus der Praxis des Staats- und Privatrechts, Leipzig 1876. I. Die Eigentumsansprüche der Krone Preussen an die früher in Düsseldorf befindlich gewesene Gemäldegallerie. — A. FAHNE, Der Düsseldorfer Museumsbau (mit Geschichte der Gemäldegallerie von 1700—1805), D. 1876. — WOERMANN, Die ehemalige Düsseldorfer Gemäldegallerie: Grenzboten 1881, S. 147. Dazu B. J. LXXII, S. 202. — v. S., Die ehemalige Gemäldegallerie in Düsseldorf: Köln. Ztg. 3. Sept. 1888.

Kunstschule H. PARIS, Kreuz- und Quergedanken eines Dresdener Ignoranten vor den Düsseldorfer Bildern, Dresden 1837. — A. FAHNE, Die Düsseldorfer Malerschule in den J. 1834—36, D. 1837. — Ders., Meine Schrift „Die Düsseldorfer Malerschule" und ihre Gegner, D. 1837. — J. J. SCOTTI, Der Kunstschule zu Düsseldorf, Leistungen in den J. 1837 u. 1838, D. 1839. — Ders., Die Düsseldorfer Malerschule oder auch Kunstakademie in den J. 1834, 1835 u. 1836, und auch vorher und nachher, D. 1837. — Ders., Die Kunstschule zu Düsseldorf: Rhein. Provinzialblätter 1835, Heft IV; 1836, Heft III; 1837, Heft III; 1838, Heft III u. IV. — H. PÜTTMANN, Die Düsseldorfer Malerschule und ihre Leistung seit Errichtung des Kunstvereins im J. 1829, Leipzig 1839. — v. UECHTRITZ, Ein Blick in das Düsseldorfer Kunst- und Künstlerleben, 2 Bde., D. 1839—40. — R. WIEGMANN, Die Kgl. Kunstakademie zu Düssel-

dorf, ihre Geschichte, Errichtung und Wirksamkeit und die Düsseldorfer Künstler, *Quellen*
D. 1856. — STRAUVEN, Über künstlerisches Leben und Wirken in Düsseldorf bis zur
Düsseldorfer Malerschule unter Direktor Schadow, D. 1862. — HANS MÜLLER,
Cornelius und Kaulbach in Düsseldorf: Deutsche Revue (ed. Fleischer) 1891. —
M. BLANCKARTS, Die Kunstakademie zu Düsseldorf und die Düsseldorfer Schule:
Unsere Zeit V, 1869, 13. Heft, S. 39. — LUDW. BUND, Die Semisäcular-Feier der
Kgl. Kunstakademie zu Düsseldorf in den Tagen des 22., 23. und 24. Juni 1869,
D. 1870. — ERNST CURTIUS, Rede am Jubiläum der Kgl. Kunstakademie zu Düssel-
dorf, Berlin 1869. — R. WOERMANN, Die alten und neuen Kunstakademien, Festrede,
D. 1879. — Ders., Zur Geschichte der Düsseldorfer Kunstakademie, D. 1880. — Jahresbericht über Lage und Wirksamkeit des Vereins der Düsseldorfer Künstler, D. 1876.
— Jahresberichte des Vereins der Düsseldorfer Künstler zu gegenseitiger Unterstützung *Künstler-*
und Hülfe, 47 Jahrgänge bis 1892. — Jahresberichte des Kunstvereins für die Rhein- *geschichte*
lande und Westfalen in Düsseldorf, von 1829 an. — Zur Feier des 50jährigen Bestehens des Kunstvereins, D. 1879. — H. v. RUSTIGE, Düsseldorf und seine Kunstakademie vor 50 Jahren: Kölnische Zeitung 1885. — A. v. RACZYNSKI, Geschichte
der neueren deutschen Kunst, I, Düsseldorf und das Rheinland, aus dem Französischen
von F. H. v. HAGEN, Berlin 1836. — W. CAMPHAUSEN, Festspiel zur Semisäcular-
Feier der Düsseldorfer Kunstakademie, D. 1869. — Chronica de rebus Malkasta-
niensibus, das ist Beschreybung derer fürnehmbsten und denkwürdigsten Begebnuss
und Geschichten, so sich im Künstler-Vereyn „Malkasten" arriviret und zugetragen
haben, D. 1873 (von W. CAMPHAUSEN). — E. SCHAUMBURG, Jacobi's Garten zu
Pempelfort, Aachen 1873. — W. MÜLLER VON KÖNIGSWINTER, Erzählungen eines
Rhein-Chronisten, II. Aus Jacobi's Garten, Leipzig 1861. — Aus dem Malkasten,
D. 1887. — FR. HEINEN, Bendemann's Wandgemälde in der Aula der Realschule zu
Düsseldorf, D. 1866. — B. HÖFLING, Bildnisse Düsseldorfer Künstler, 9 Bl., D. 1853. —
Kunstgeschichtliche Briefe Düsseldorfer Künstler aus den letzten 25 Jahren, Leipzig
1854. — M. BLANCKARTS, Düsseldorfer Künstler-Necrolog aus den letzten 10 Jahren,
Stuttgart 1877. — W. CAMPHAUSEN, Festrede zur Enthüllung des Corneliusdenkmales
und Festspiel im Malkasten, D. 1879. — B. ENDRULAT, Das Corneliusdenkmal, D. 1879.
— H. FERBER, Zur Geschichte Düsseldorfer Künstler, D. 1876. — Beschreibung der
80. Geburtstagsfeier G. Schadow's, Berlin 1884.

    8. **Kataloge.** Beschreibendes Verzeichnis der in der Städt. Gemälde-Samm- *Kataloge*
lung zu Düsseldorf befindlichen Kunstwerke, D. 1857. — Verzeichnis der in der
Städt. Gemälde-Sammlung befindlichen Kunstwerke, D. 1881. — Katalog der Pro-
vinzial-Gewerbeausstellung für Rheinland und Westfalen, D. 1852. — Katalog der
Ausstellung von älteren und neueren Meisterwerken mittelalterlicher Kunst zu Düsseldorf, D. 1869. — Verzeichnis der Kunstwerke auf der Ausstellung des Kunstvereins
für die Rheinlande und Westfalen 1844, 1857, 1858, 1868, 1869, D. 1872. — Officieller
Katalog der Düsseldorfer Gewerbeausstellung 1880, D. 1880. — OTTO BAISCH, Die
deutsche Kunst auf der Düsseldorfer Ausstellung 1880, München 1880. — Ausstellung
der kunstgewerblichen Alterthümer in Düsseldorf, D. 1880 (2 Auflagen). — Illustrierter
Führer durch Düsseldorf und zur Gewerbe- und Kunstausstellung des Jahres 1880,
D. 1880. — The English Visitor's guide to the Dusseldorf Exhibition 1880, London
und Düsseldorf 1880. — A. WAECHTER, Humoristische Rundschau auf die Düsseldorfer Gewerbeausstellung 1880, D. 1880. — FRANZ BOCK, Wegweiser durch die
Textilausstellung, D. 1884. — Katalog der Ausstellung zur Feier des 600jähr. Bestehens Düsseldorfs als Stadt, D. 1888 (mit Nachtrag). — H. PFANNENSCHMID, Die

Quellen Kgl. Landes-Bibliothek zu Düsseldorf seit ihrer Stiftung bis zur Gegenwart, Köln
1870. — CREMANS, Verzeichnis der alten Drucke und Urkunden, welche sich in der
Bibliothek des Gymnasiums zu Düsseldorf befinden, D. 1878. — Katalog der Hand-
bibliothek der Kgl. Regierung zu Düsseldorf, D. 1839. — Katalog der Bibliothek des
Künstler-Vereins Malkasten, D. 1881. — Katalog der Bibliothek des Düsseldorfer Geschichtsvereins, D. 1888. — Katalog der Bibliothek des Central-Gewerbe-Vereins in
Düsseldorf, D. 1886.

Handschriftl.
Quellen Handschriftl. Qu. Im Stadtarchiv: 150 Urk. (Originale und Kopien) von
1382 ab (Repertorium von LACOMBLET). — Bruchstück eines Kopiars der städtischen
Privilegien von 1384—1449. — Copeybuch der Urk. der Stadt und Sammtgemeinde

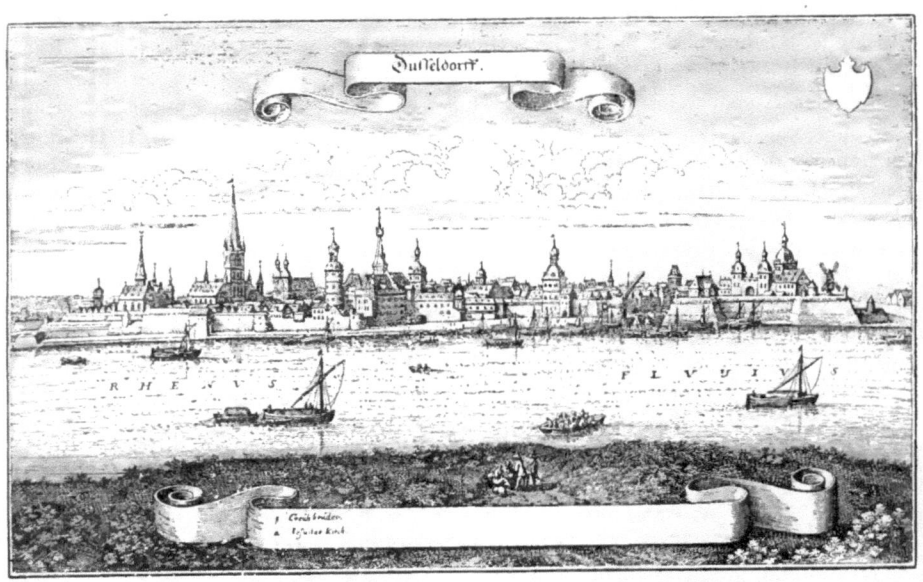

Fig. 2. Düsseldorf im J. 1650.

Düsseldorf, 1851 von LACOMBLET zusammengestellt (mit 75 Urk. von 1288—1850). —
Stadtrechnungen von 1760 ab. — Magistratsprotokolle von 1760 ab. — Fortifikations-
rechnungen von 1663 ab.

Im Staatsarchiv: Urk. und Akten des Herzogtums Jülich-Berg mit vielfachen
Beziehungen auf Düsseldorf (ausführlich verzeichnet bei ILGEN, Rhein. Archiv S. 25).

Im Historischen Museum: Urk. von 1286 ab (ILGEN S. 171), weiterhin eine
grössere Zahl Akten, ungeordnet (Inventarisierung bevorstehend).

Die handschriftlichen Quellen zur Geschichte der einzelnen Gebäude sind bei
diesen angeführt.

Ansichten und
Pläne Ansichten und Pläne. Vgl. Katalog der Ausstellung zur Feier des 600jähr.
Bestehens Düsseldorfs als Stadt, 1888, S. 11.

1. Ansichten der Stadt bei GRAMINAEUS, Beschreibung derer Fürstlicher Gülich-
scher Hochzeit 1585, Düsseldorf 1585, Köln 1587, 26,8 × 18,8 cm, 11 Bl., darunter
zwei Ansichten der Stadt vom Rheine aus.

2. Nachstiche bei Graminaeus, Spiegel und Abbildung der Vergenglichkeit.

3. Abconterfeytung unnd Description der Gelegenheit anno 1604, Kopie, Original unbekannt, Eigentümer Herr Amtsgerichtsrat Strauven, Neuss.

4. Ansicht der Stadt vor 1614 (vor Erbauung der Citadelle), Radierung, 31 × 14,5 cm, bez.: DUSSELDORP (Exemplar im Historischen Museum Y 25).

5. Kopie eines Grundrisses der Festung, gefertigt 1620 von dem Baumeister *Antonio Serro* oder *Kraus* (Stadtarchiv I, 1, Nr. 3).

6. Stich in Meissners Thesaurus 1623, 15,3 × 12,2 cm, vom Rheine aus, vorn Dardanus und Daedalus.

7. Plan der Citadelle von Düsseldorf, am 24. Nov. 1623 von *Adolf v. Kamp* angefertigt (Stadtarchiv I, 3, Nr. 1).

8. Matthaeus Merian, Topographia Westphaliae 1650, Ansicht vom Rheine, 20 × 32 cm. Vgl. J. B. Engelmann, Der erneuerte Merian 1826, S. 381. (Fig. 1.)

9. Ansicht vom Schloss und einem Teil der Stadt, künstlerisch aufgefasster Stich, 18,5 × 13,5 cm, 17. Jh., bez. oben: DÜSSELDORF.

10. Stich von *J. C. Leopold* nach *F. B. Werner*, Ansicht von der Rheinseite mit langer Legende, 27,3 × 14,8 cm, bez.: DÜSSELDORPIUM. DÜSSELDORFF (Katalog Nr. 62).

11. Stich nach derselben Vorlage, 28,5 × 16,5 cm, bez.: F. B. WERNER DEL. A. GLÄSER FEC. MART. ENGELBRECHT EXCUD.; am linken Ufer Kartouche mit Kurhut und Emblemen des Handels (Katalog Nr. 63).

12. Nachstich des letzteren, ‚Prospekt der Stadt Düsseldorf‘, 26,3 × 15 cm, Wien bei Joh. Kratschmer.

13. Gemälde von *Jan van der Heyden* in der Kgl. Gemäldegallerie Mauritshuis im Haag Nr. 41; vom J. 1667, mit Ansicht der Andreaskirche (Werner Dahl in den Düss. Beitr. VI, S. 181 mit Taf.).

14. Ansicht der Altstadt, Stich, 12,5 × 5 cm, im Processus criminalis der .. Inquisition zu Düsseldorf den 22. und 23. Febr. 1712.

15. Ansicht vom Rhein bei Erich Philipp Ploennies, Topographia ducatus Montium, 1715, Bl. 62, Doppelblatt (Berg. Zs. XIX, S. 81, Suppl.).

16. Vier Tuschzeichnungen vom Anfang des 18. Jh. (Historisches Museum Y 21 bis 24), Ansichten vom Rheine, von der Berger Bastion, vom Flinger Thor, von der Citadelle und vom Rheine, die letzte Vorbild für Ploennies.

17. Erweiterung der Festung um 1735, gutes Kostümbild von *H. E. Beckers*, 1735, 85 × 66 cm; Historisches Museum A Nr. 4 (Katalog Nr. 64).

18. Düsseldorf, von der Hardt aus gesehen, Historisches Museum alte Nr. 75 (Katalog Nr. 65).

19. Plan der Stadt und Festung Düsseldorf, wie solche . . . 1758 heftig beschossen wurde (Stadtarchiv I, 1, Nr. 12).

20. Plan du Bombardement de Dusseldorf d. 28. Juni 1758, Stich nach Zeichnung von *F. W. de Bawr*, 30,5 × 45,5 cm.

21. Plan de Dusseldorf, 28. Juni 1758, Stich nach Zeichn. von *Therbu*, 23 × 35 cm.

22. Plan der Festungswerke im ‚Schauplatz des gegenwärtigen Kriegs durch accurate Plans von den wichtigsten Bataillen und Belagerungen‘, Nürnberg 1758, II, pl. 28, 30,5 × 17,2 cm.

23. Plan der Festung im J. 1764, Rekonstruktion bei E. v. Schaumburg, Historische Wanderung durch Düsseldorf 1866.

24. Plan von der Stadt mit dem 1770 neu angelegten Hofgarten, vom J. 1775 (Stadtarchiv IV, Nr. 12).

Ansichten und
Pläne

25. Prospekt der Kurfl. Durchl. Haubstatt Düsseldorf, Stich vom Rheine aus, bez.: P. MAASSEN FECIT, um 1780.

26. Ansicht Düsseldorfs von der Rheinseite, kolorierte Bleistiftzeichnung von 1787 von *Mr. d'Afferden* (Katalog Nr. 72).

27. Düsseldorf von den Francken beschossen den 7. Oktober 1794, Aquarelle, 43 × 60 cm. Historisches Museum (Katalog Nr. 73).

28. Stich von 1795, bez.: DÜSSELDORF IST DIE FESTE UND VOLKREICHE HAUPT- UND RESIDENZSTADT, 34 × 18,5 cm (Katalog Nr. 60).

29. Specialaufnahme der Residenzstadt Düsseldorf vom J. 1795, 8 Bl. und 9 kleine Kopien (Stadtarchiv I, 1, Nr. 9).

30. Bleistiftzeichnung der Stadt vor dem Bombardement von 1795, wahrscheinlich von *F. B. Custodis*. Eigentümer Herr Amtsgerichtsrat Strauven, Neuss (Katalog Nr. 74).

31. Passage du Rhin à Dusseldorf 6. Sept. 1795, Stich nach dem Gemälde von *Baume* durch *Cholet*, 23,5 × 34,5 cm, aus der Gallerie historique zu Versailles Nr. 520 (Kat. Nr. 75).

32. Übergang der Franzosen am 6. Sept. 1795, gez. von *Swebach Desfontaines*, gest. von *Anton Klauber* 1817 (Katalog Nr. 76).

33. Ansicht der Stadt von der Rheinseite, von *C. A. Wizani u. Schreyer*, in Freye Bemerkungen auf einer Reise in die Rheingegend, Leipzig 1797 (Kat. Nr. 77).

34. Zwei Pläne vor 1801 in der Kgl. Regierung in Düsseldorf.

35. Plan der Befestigung bei T. J. LENZEN i. d. Niederrheinischen Blättern für Belehrung und Unterhaltung I, Dortmund 1801, S. 105.

36. Ansicht der Stadt von Niederkassel aus, Aquarelle um 1800, Eigentümer Herr Amtsgerichtsrat Strauven, Neuss.

37. Vue de Dusseldorf, Stahlstich von 1805, 17 × 10 cm.

38. Vue de la ville de Dusseldorf, Stahlstich von *Himely* nach Zeichnung von *L. Bleuler*, 29,5 × 20 cm.

39. Vue de Dusseldorf, Kupferstich von *Schnell* nach *Röttmann*, 21,2 × 14 cm.

40. Ansicht der Stadt vom Rheine aus, in Ansichten des Rheines, Frankfurt 1805, S. 70 (Katalog Nr. 79).

41. Kupferstich von *J. Ziegler* nach *L. Janscha*, 43,5 × 29 cm (Katalog Nr. 95).

42. Grundriss, Düsseldorf mit seinen Umgebungen nach geschleiften Festungs- werken, gez. von *Guffroi*, gest. von *W. Breitenstein* 1809, 49,5 × 38 cm.

43. Einzug Napoleon's I. in Düsseldorf, Ölbild von *Petersen* 1812. Eigentümer Herr Graf Droste-Nesselrode zu Herten (Katalog Nr. 80).

44. Einzug Napoleons in Düsseldorf, Aquarelle von *Petersen*, 64 × 44 cm. Histo- risches Museum. Darnach Kupferstich, 51,5 × 36 cm, meist koloriert (Katalog Nr. 81).

Die späteren Abbildungen verzeichnet in dem genannten Katalog S. 15 ff. und im Verzeichnis der im Histor. Museum der Stadt Düsseldorf befindlichen bildlichen Darstellungen S. 98.

II. Römische und germanische Funde.

Römische u.
Germanische
Funde

Auf dem Terrain der jetzigen Stadt, das von verschiedenen römischen Strassen durchschnitten ward, ist eine ganze Reihe von Funden gemacht worden. So wurden in der Thalstrasse beim Häuserbau zwei verzierte Schüsseln von terra sigillata (Histor. Museum. — B. J. LXXI, S. 156. — Düss. Beitr. IV, S. 5), auf dem Alexanderplatze römische Anticaglien und Bronzefigürchen ausgegraben (Neue Beitr. VI, S. 7. — Geschichte der Stadt Düsseldorf S. 11). Kleiner römischer Fund 1863 in der Richtung der verlängerten Friedrichstrasse gemacht (FAHNE, Neue Beitr. zum liines S. 54). Funde in der Alten Stadt, verzeichnet bei FAHNE a. a. O. S. 53. Im Schloss ehemals zwei Römische u. römische Inschriften, jetzt in Mannheim (FAHNE a. a. O. — HAUG, Die römischen Germanische Funde Denksteine des Grossh. Antiquariums zu Mannheim Nr. 82. — BRAMBACH, C. I. R. Nr. 293, 294. — B. J. V, S. 240). Über römische Funde in Lierenfeld vgl. O. RAUTERT in den B. J. LXXXX, S. 202; KOENEN im Korr.-Blatt der Wd. Zs. X, S. 70. Fundstücke im Histor. Museum und den Sammlungen BRAUN u. RAUTERT (s. u.).

In Pempelfort ein germanischer Begräbnisplatz entdeckt (NÖGGERATHS Rhein. Provinzialblätter 1834, II, S. 1, 3. — FAHNE, Die Dynasten von Bocholtz I, S. 246. — B. J. V, S. 406. — Düss. Beitr. IV, S. 2). Weitere Fundstücke von römischen Trinkbechern im Provinzialmuseum zu Bonn (B. J. LXXVI, S. 76; LXXXVII, S. 66, 69. — Düss. Beitr. IV, S. 8). Fränkische Thongefässe bei Anlage der Lenartschen Ziegelei in der Friedrichstadt entdeckt (B. J. LXXXV, S. 153), eine germanische Steinwaffe 1880 im Rhein gefunden (Bonn, Provinzialmuseum Inv. 1512). Über germanische Funde in dem Tannenwäldchen vgl. B. J. LXXIV, S. 183.

Über die alten Strassen um Düsseldorf vgl. ausser SCHNEIDER, Lokalforschungen über die alten Denkmäler des Kreises Düsseldorf: Neue Beitr. VI, 1874 (auch als Gymnasialprogramm 1874) und Die ältesten Wege mit ihren Denkmälern im Kreise Düsseldorf: Düss. Beitr. IV, S. 1 mit Karte auch CONST. KOENEN, Zur älteren Geschichte der Düsseldorfer Gemarkung: B. J. LXXXV, S. 147. Dazu E. HÜBNER in den B. J. LXXXVIII, S. 65.

III. Kirchliche Gebäude.

ANDREASKIRCHE, chemal. JESUITENKIRCHE. FR. REIFFEN- Andreas-kirche BERG, Historia soc. Jesu ad Rhenum inferiorem, Köln 1764, p. 512, 515, 517, 598. — Catal. person. et officior. provinciae soc. Jesu ad Rhenum inferiorem, 1770, p. 14. — G. KNIFFLER, Das Jesuitengymnasium: Düsseldorfer Gymnasialprogramm 1892. — BAYERLE S. 127—169. — Geschichte der Stadt Düsseldorf S. 83, 375. — GURLITT, Geschichte des Barockstiles und des Rokoko in Deutschland S. 21.

Handschriftl. Qu. Im Staatsarchiv: 103 Urk. von 1621—1775 und Akten. Handschriftl. Quellen — Kopiar A. 210 (vgl. ILGEN, Rhein. Archiv S. 72). — In der Landesbibliothek: Hs. C. 44[b] Archivium collegii societatis Jesu, 2 Bde. Pap. fol. (ILGEN S. 170).

Für die im J. 1619 nach Düsseldorf gekommenen Jesuiten wurde 1622 durch Geschichte den Herzog Wolfgang Wilhelm eine Kirche begonnen, die 1629 eingeweiht werden konnte. Hinter dem Hauptchore ward ein Mausoleum errichtet, das gleichfalls 1626 vollendet war. Im J. 1805 wurde dem Jesuitenkollegium das Gymnasium genommen, der letzte der Jesuiten starb 1842. Die Kirche ward 1841 in eine Pfarrkirche verwandelt. Der Architekt war wahrscheinlich *Deodat del Monte* (GURLITT S. 21).

Dreischiffiger Hallenbau von 44 m Länge, 16,30 m Breite. Die Gliederung der Beschreibung Äusseres Aussenmauern besteht nur in 1,30 m breiten kräftigen Pilastern mit starken Basen über einem 75 cm vorspringenden, 1,70 m hohen Sockel von Hausteinquadern. Ein mächtiger Architrav mit derber, auf starke Schattenwirkung berechneter Profilierung schliesst die Seitenflächen ab. Über der einfachen Westfaçade erhebt sich ein Giebelaufsatz mit flachem Giebeldach und geschweiften Seitenmauern. Die den Aufsatz umrahmenden Pilaster setzen die die Westfaçade gliedernden Pilaster in verjüngter Gestalt fort.

Die Türme erheben sich zur Seite des Chores noch um zwei Stockwerke über die Seitenschiffe. Ihre Seitenflächen werden von Pilastern mit jonischen Kapitälen eingefasst, über denen der besonders stark ausladende Architrav aufsetzt. Über dem Architrav sind die Türme ins Achteck übergeführt und tragen eine achtseitige zwiebel-

Fig. 3. Düsseldorf. Andreaskirche.

Düsseldorf. Inneres der Andreaskirche.

förmige Haube mit Mansardendächern und offener Laterne. Der Chorabschluss ist mit einem geschweiften kuppelförmigen Dach überdeckt (Fig. 3).

Das Innere ruht auf acht Pfeilern mit 96 cm hohen polygonalen Basen, die grosse korinthische Kapitäle tragen, auf denen weitausladende, ausserordentlich reich profilierte, mit Zahnschnitt, Karniesfries und Festons verzierte polygonale Kämpfer aufsetzen, von denen aus die Gurte und Rippen der Gewölbe gespannt sind und denen ähnlich gegliederte Kämpfer über den Pilastern an den Aussenmauern entsprechen. Die dem Mittelschiff zugewandte Seitenfläche des Pfeilers ist kanneliert, die übrigen drei Seiten sind marmoriert und mit einem Akanthusblattfries eingefasst. GURLITT (a. a. O. S. 21) irrt, wenn er in S. Andreas einen ursprünglich gothischen Langhausbau erblickt, der späterhin umkleidet worden sei. Durch die Seitenschiffe ist eine Empore geführt, die im Westen im Bogen — die vorgekragten Teile durch Pendentifs gestützt — durch das Mittelschiff geleitet ist und ebenso über den im Osten an die Seitenschiffe sich anschliessenden Kapellen ihre Fortsetzung findet. Die Empore wird von Gewölben getragen, die durch Gurte getrennt sind, an den Aussenmauern auf zweimal abgetreppten Halbpfeilern mit polygonalen Kämpfern, an den Hauptpfeilern auf entsprechenden Kämpfern, die nur um die den Seitenschiffen zugekehrten Seiten der Pfeiler verkröpft sind, aufruhen.

Die unter den beiden Türmen gelegenen Kapellen mit den darüber befindlichen Emporen sind in den Formen eines Seitenschiffjoches gestaltet, nur die Eckpfeiler sind der grösseren Last entsprechend, die sie zu tragen bestimmt sind, stärker gehalten. Die Seitenschiffe sind durch Rundfenster im oberen Stock erhellt, im unteren durch Rundbogenfenster mit abgeschrägten Gewänden, die sich nach unten als Blenden fortsetzen. Der dreiseitig abgeschlossene Chor zeigt im Chorhaus an jeder Seite ein grosses langes rundbogiges Fenster, im Abschluss an den schrägen Seiten je ein kleineres.

Die ganze Kirche ist im Inneren auf das reichste mit Stuck verziert, der in der Formensprache wie im Gedankeninhalt eine der glänzendsten Verkörperungen des rheinischen Jesuitenstiles darstellt (Taf. I). Durch die Kannelluren der Pfeiler, die gleichmässige Verzierung der Gurte mit Kasetten und Rosetten, die Vergoldung der scharfprofilierten Rippen, die Ausschmückung der Schlusssteine mit grossen Kartouchen ist die architektonische Gliederung des Ganzen gewahrt. Die vier Kappen der Kreuzgewölbe sind mit je einer figürlichen Darstellung in Medaillonform, abwechselnd in ovalem oder achtseitigem Rahmen, die Zwickel mit Rosetten oder einfachen Ranken gefüllt.

An der Decke des Mittelschiffes ist zunächst die Vorbereitung auf Christum dargestellt. Im Chorabschluss die Dreifaltigkeit, dann sind zwei Joche mit verschiedenen Engeln gefüllt, weiter sind die alttestamentarischen Patriarchen, einzelne Propheten, die vier Evangelisten, die Vorfahren und Verwandten Christi dargestellt. In den Seitenschiffen von Osten beginnend die Apostel und darnach heilige Päpste und Bischöfe. In der Ostwand des nördlichen Seitenschiffes findet sich in einem Medaillon die Büste des h. Ignatius, an der Südseite die des h. Franziskus Xaverius. An den Wölbungen unter den Emporen sind gleichfalls in jedem Joch je vier Heilige zur Darstellung gekommen und zwar links weibliche, rechts männliche Heilige, an der westlichen Schmalseite die vier grossen Kirchenväter.

Die Kirche ist eines der besten Beispiele des rheinischen Jesuitenstiles, mit der Jesuitenkirche zu Köln im gleichen Jahr vollendet, zumal in der Choransicht höchst wirkungsvoll, ‚das Ganze nicht eben bedeutend, aber doch von einer Grösse und barocken Wucht, welche das Ende der deutschen Renaissance und ihrer Zierarchitektur verkündet' (GURLITT a. a. O.).

Der den ganzen Chorabschluss ausfüllende Hochaltar (Taf. I) ist ein mächtiger, überreich verzierter Aufbau, der mit den Seitenmauern durch Bögen mit Thüren verbunden ist, über deren Abschluss die Gestalten der hh. Ignatius, Aloysius, Franziskus Xaverius, Aloysius Gonzaga, die beiden äusseren knieend, aufgestellt sind. Über einem vielgegliederten Untersatz erhebt sich auf sechs Säulen mit vergoldeten korinthischen Kapitälen der hohe polygonale Architrav, der wieder den geschweiften, durchbrochenen Giebel trägt. Die Krönung bildet ein Gemälde der auffahrenden Madonna in ovalem Rahmen mit Strahlensonne, auf dem zwei eine Krone haltende Engel sitzen. Zur Seite knieen Engel, die auf den Vorgang in der Mitte hinweisen, hinter ihnen S. Ignatius und S. Aloysius, als Abschluss zwei Urnen. Das Mittelfeld, das sich über dem mit einem Pelikan gekrönten Tabernakel öffnet, wird durch eine Draperie von purpurnem Sammet abgeschlossen, hinter der ein älteres, dem 16. Jh. angehöriges lebensgrosses bemaltes Kruzifix sichtbar wird. In der Mitte auf hohem Aufsatz eine kleine Holzfigur der Madonna mit dem Kinde auf Erde und Halbmond zwischen zwei Engeln, am oberen Abschluss das reich vergoldete kurfürstliche Wappen.

Fig. 4. Düsseldorf.
Büste des Herzogs Wolfgang Wilhelm in der Andreaskirche.

Der linke Seitenaltar mit zwei Paaren gewundener Säulen enthält als Mittelbild die berühmte Madonna mit dem Jesuskinde von *Deger*, im Aufsatz ein Brustbild des dornengekrönten Christus.

Der rechte Seitenaltar hat als Mittelbild den an der Geisselsäule gefesselten Christus von *Hübner*, darüber ein Brustbild der Madonna.

Kanzel, barockes sechsseitiges Gehäuse mit den Figuren Christi, Johannes d. T., Pauli und Andreae, an der Treppe gemalt die Gestalten der vier Evangelisten. Der Schalldeckel gekrönt mit der Gestalt des Erzengels Michael.

Die Orgel ist in einem einfachen barocken Holzgehäuse enthalten mit geringen Zierformen.

Die den Chor abschliessende hölzerne geschweifte Kommunionbank ist in sieben Teilen abwechselnd mit Balustern und reichgeschnitzten barocken durchbrochenen Feldern verziert.

An den Wänden lebensgrosse Holzfiguren von Heiligen und Aposteln. Zunächst an den Stirnpfeilern des Chores unter nachgeahmten Stoffbaldachinen die stark bewegten polychromierten Gestalten der hh. Ignatius und Franziskus Xaverius. Weiter an der rechten Seite die nur grau angestrichenen, an den Rändern vergoldeten Figuren von Johannes d. T., Paulus, Jakobus Major, Thomas, Jakobus Minor, Matthäus, Thaddaeus, Barnabas, Markus, Wolfgang, an der linken Seite Joseph, Petrus, Andreas, Philippus, Johannes, Bartholomaeus, Simon, Matthias, Lukas, Guilelmus (dieser und Wolfgang als die Patrone des Erbauers Wolfgang Wilhelm), neben dem Westportal Christus und Maria. Andreaskirche Holzfiguren

Über dem Westausgang Büste (Fig. 4) des Herzogs Wolfgang Wilhelm von Stuck, gut modellierter Kopf in anschliessendem Wams mit spanischem Kragen und der Kette des goldenen Vliesses. Unterschrift: S. P. AC D. D. WOLFGANG WILHELM D. G. C. P. R. N. J. C. ET M. D. ET TEMPLI FUNDATOR OBIIT ANNO 1653. Brustbild desselben Herzogs auf Leinwand in der Sakristei. Büste

Gemälde der Kreuzigung Christi, in der Nordwand über dem ehemaligen Zugang zum Kloster eingelassen, mit halbrundem Abschluss, Leinwand, bedeutendes und wohl erhaltenes Bild aus der Schule von *P. P. Rubens*. Gegen den hellbeleuchteten Körper Christi, der das Haupt verscheidend nach oben wendet, wo über ihm in den Wolken Gottvater und die Taube des h. Geistes sichtbar werden, treten die verrenkten Körper der beiden Schächer zur Seite in tiefes Dunkel zurück. Am Fusse des Kreuzes knieen rechts Maria und Johannes, links, eine schöne, vornehme, jugendliche Gestalt, Maria Magdalena, die Arme ausgebreitet nach dem Herrn erhebend.' Gemälde

An den Pfeilerstirnen zur Seite des Chores zwei vortrefflich gearbeitete barocke schmiedeeiserne Wandleuchter. Leuchter

Das nach Norden an die Andreaskirche angebaute zwölfseitige Mausoleum (Fig. 3) ist mit geschweiftem, zwölfseitigem Dach überdeckt und trägt ein zwölfseitiges Türmchen mit ebensolcher geschweifter Haube. Mausoleum

Das Innere ist sechsseitig und mit einer einfachen Kuppel überspannt, die Pfeiler treten nach Innen kräftig vor, in den Blenden zwischen ihnen ovale Fenster.

In den Blenden sind, durch Gitter und Vorhänge abgesperrt, die Särge der Mitglieder des kurfürstlichen Hauses aufgestellt. Von künstlerischer Bedeutung nur der in der Mitte aufgestellte zinnerne Sarg des am 8. Juni 1716 verstorbenen Kurfürsten Johann Wilhelm mit gutem Bronzekruzifix, 75 cm hoch, der Tradition nach von *Grupello*, an der Vorderseite ein grosses vergoldetes Bronzerelief, mit dem Porträtmedaillon Johann Wilhelms in der Mitte, links in Medaillon das grosse kurfürstliche Wappen, rechts zwei Schiffe, die in den Hafen einfahren. Die lange Inschrift bei BAYERLE S. 149.

Weiterhin sind in dem Mausoleum beigesetzt Anna Katarina Konstantia, erste Gemahlin des Herzogs Philipp Wilhelm, † 1651, Herzog Wolfgang Wilhelm, † 1653, Prinzessin Maria Adelheid Anna, † 1656, Prinzessin Maria Sophia Elisabeth, † 1658, Prinzessin Leopoldina Eleonora Josepha, † 1693, und Prinz Friedrich Wilhelm, † 1689. Die Inschriften vollständig bei BAYERLE S. 145—150.

Der Schatz der Andreaskirche enthält eine grosse Anzahl von Silberarbeiten des 17. und 18. Jh., zum grössten Teil Geschenke der Bergischen Kurfürsten, sowie eine Auswahl kostbarer Paramente, die ersteren teilweise der Marianischen Bürger- oder der Marianischen Junggesellensodalität gehörig. Vgl. Katalog der Ausstellung zur Feier des 600jährigen Bestehens Düsseldorfs als Stadt 1888 S. 76. Schatz

1. Monstranz in Sonnenform, 73 cm hoch, von vergoldetem Silber, auf ovalem, geschweiftem, mit getriebenen Rokokoornamenten bedecktem Fuss. Um das Mittel-

medaillon befestigt verschiedene Schmuckstücke des 18. Jh., zwei Diamantbroschen, zwei Kreuze, zwei Broschen mit Emailmalerei, ein Halsband mit roten Steinen, angehängt acht vergoldete Medaillen, zwei ovale Medaillons mit Emailmalereien und ein Kreuz aus roten Steinen.

2. Bronzenes Kruzifix, 40 cm hoch, eines der besten und am meisten durchgearbeiteten Werke von *Grupello*, mit vortrefflich modelliertem Körper und ausdrucksvollem, zurückgewendetem Kopfe.

3. Silberne Madonnenstatue, 1 m hoch, auf dem Halbmond und einer vergoldeten Erdkugel stehend, um die sich eine Schlange windet, in der Linken ein Scepter, in der Rechten das Kind tragend, das mit einem Kreuzstab den Kopf der Schlange durchstösst. Dazu ein grosser geschmackloser silberner Baldachin und ein Fuss von 28 cm Höhe mit 24 Medaillen und einer Reihe gravierter Schilder bedeckt. Der Junggesellensodalität gehörig.

4. Fünf silberne Statuen der hh. Andreas, Ignatius, Aloysius, Franziskus Borgias, Franziskus Xaverius, die letzten vier in Jesuitentracht, jede 90 cm hoch, mit gut durchgearbeiteten Köpfen.

5. Silberne Madonnenstatuette, 60 cm hoch, um 1700, getrieben über Holzkern, in der Rechten das Scepter, in der Linken das bekleidete Kind tragend, den rechten Fuss auf den Halbmond setzend, um den sich die Schlange windet. Das Gewand mit einem gravierten Stoffmuster bedeckt. Hierzu ein grosser aus drei Teilen bestehender, zusammen 82 cm hoher Untersatz; auf dem Unterteil, der aus mit schwarzem Lack überzogenem Holz besteht und mit silbernen Arabesken belegt ist, 30 vergoldete, teilweise sehr wertvolle Medaillen des 16.—18 Jh. aufgeheftet. Der Männersodalität gehörig.

6. Brustbild des h. Erentius, 60 cm hoch, von getriebenem Silberblech über Holzkern, auf der Brust ein ovales Medaillon mit zwei Reliquien, der edle feine Kopf mit lang herabfallendem Haar und scharfen Zügen leicht erhoben, im Haar einen Lorbeerkranz, in der Rechten die Märtyrerpalme.

7. Silberner Kalvarienberg, 77 cm hoch, auf dem rechtwinkeligen Fuss die Inschrift: IesV MorIentI VIrgInI ConDoLentI eX Voto poNIt (1683) I. W. P. ET P., ein Geschenk des Kurfürsten Johann Wilhelm vom J. 1683. Der gut modellierte Kruzifixus an dem hohen Kreuz, zur Seite in lebhafter Bewegung mit aufgewandtem Blick Maria und Johannes. Marken:

8. Kalvarienberg in Elfenbeinfiguren auf Sockel und Kreuz von imitiertem Ebenholz, das Kreuz 68 cm, Maria und Johannes je 35 cm hoch. Der Körper des Kruzifixus ist vortrefflich durchgebildet, die beiden seitlichen Figuren in faltenreiche Mäntel gehüllt, deren Zipfel über einen Arm geworfen sind, in pathetischer schmerzlicher Bewegung.

9. Getriebenes silbernes Vortragekreuz, 70 cm hoch, der Marianischen Bürgersodalität gehörig, mit grosser unterer Kugel und mit Engelsköpfchen verzierten kleeblattförmigen Schlussstücken.

10. Getriebenes silbernes Vortragekreuz, 61 cm hoch, der Marianischen Junggesellensodalität gehörig, mit reichen Rokokoarabesken, die Kreuzesarme bedeckt, am Fusse ein Totenkopf, hier wie bei dem ebengenannten Kreuz der schlanke und edle Kruzifixus von grosser Schönheit.

11. Vortragekreuz, 72 cm hoch, von Holz, mit silbernem Kruzifixus und silbernen Beschlägen der Eckstücke und der Kugel, inschriftlich vom J. 1728.

12. Silbernes Kruzifix, 88 cm hoch, auf barockem, dreiseitigem Fuss.

13. Ewige Lampe, 86 cm hoch, von Silber getrieben, an einem silbernen Deckel mit vier Kettchen befestigt, ein riesiges rundes Gefäss von schönen Umrissen, mit ausgeschnittenen Arabesken, vier weit ausladenden weiblichen Halbfiguren, an deren Köpfen die Kettchen befestigt sind und einer Traube als unterem Abschluss.

14. Brustschild, von teilweise vergoldetem Silber getrieben, 21 × 18,5 cm, das Mittelfeld von zwei Engeln gehalten, darauf das Monogramm Christi in Granaten und Rubinen und die Umschrift: w. w. (Wolfgang Wilhelm) C. P. R. B. I. C. M. D. C. V. S. M. R. M. D. I. R. S. P. 1610, am Fusse das kurfürstliche Wappen in Emailfarben. Marken:

15. Buchdeckel, aus vergoldetem Silber, 18,5 × 12 cm, mit reichen getriebenen Rokokoverzierungen, in der von einem Adler gekrönten vorderen Kartouche graviert das Wappen des Erzbischofs von Köln, auf der Rückseite die Embleme der geistlichen und weltlichen Herrschaft.

16. Messbuch, in neuem Lederband mit silbernen Beschlägen vom J. 1687, auf der Rückseite die Inschrift: MARIA ANNA JOSEPHA ARCHIDUX AUSTRIAE, auf der Vorderseite ihr Wappen.

17. Messbuch, von rotem (erneutem) Sammet, 32 × 44,5 cm, mit vortrefflich gearbeiteten, getriebenen und ciselierten Beschlägen von teilweise vergoldetem Silber, vom J. 1621. Auf der Vorderseite in der Mitte in reicher Kartouche Christus am Kreuz zwischen Maria und Johannes. Umschrift: R. D. JACOBUS CAMBERGH NOVESIENS. PASTOR ET CANONICUS IN GERISHEIM DONO DEDIT COLEGIO SOCIETATIS JESU DÜSSELDORP. HUNC LIBRUM ANNO 1621. Auf den Eckstücken die vier Evangelisten. Auf der Rückseite in der Mitte die Auferstehung, auf den Eckstücken die vier Kirchenväter. Künstlerisch das bedeutendste Stück des Schatzes.

18. Silbervergoldetes Ciborium, 34 cm hoch, mit rundem, getriebenem Fuss und ausgeschnittenen Arabesken um die Kuppa.

19. Kelch, 26 cm hoch, von vergoldetem Silber, auf dem Fusse die Inschrift: DER KELG UNSER LIEBE FRAWEN BRODERSCHAFT MARIAE REINIUNG DEREN HANTWERCKS JUNGEN GESELLEN IN DUSSELDORP 1719. Mit reichen scenischen Darstellungen in getriebener Arbeit, an der Kuppe Abendmahl und Fusswaschung. Der Junggesellensodalität gehörig.

20. Rokokokelch, 29 cm hoch, von vergoldetem Silber, mit grossem Fuss und kleiner Kuppa.

21. Kelch, 21,5 cm hoch, mit feinen barocken Ornamenten, aus dem 17. Jh., auf dem achtseitigen Fuss Embleme der Madonna und Christi mit Engelsköpfen abwechselnd. Marken: Anker und Schlange. (?)

22. Kelch, 26 cm hoch, Ende des 18. Jh., mit einfachen Riefelungen.

23. Ovale silberne Schale mit vergoldetem Rand und zwei 11 cm hohen Messpollen, mit den gravierten Wappen des Kurfürsten Johann Wilhelm und seiner Gemahlin Anna Maria Luise von Medicis.

24. Zwei Messpollen, 15,5 cm hoch, von Silber, 18. Jh.

25. Elf kleine silberne Reliquiare des 18. Jh., von einfachen Formen, sechs in Sonnenform, fünf mit aufrechten Glascylindern, ohne besonderen Kunstwert.

26. Achtundzwanzig silberne Leuchter des 18. Jh., von verschiedener Grösse, zwei der Junggesellen-, sechs der Männersodalität gehörig.

27. Kasel, von (erneutem) violettem, mit Gold durchwirktem Seidenstoff mit 23 cm breiten Stäben, vom Ende des 17. Jh., die Stäbe mit schwerer goldener und

silberner Bouillonstickerei bedeckt, nicht in einzelnen Fäden, sondern mit spiralen-
förmig gewickelten und gerollten Kördelchen der verschiedensten Form bestickt. In
das symetrische Muster sind grosse fünfzackige Kronen eingefügt.

28. Hierzu zwei Dalmatiken mit nur 6 cm breiten Stäben, aber 30 cm breitem
Querriegel mit derselben ausserordentlich reichen Bouillonstickerei bedeckt.

29. Kapelle, bestehend aus Kasel, zwei Dalmatiken, drei Manipeln, zwei Stolen,
von rotem, ursprünglich ungemustertem (das Muster erst 1880 eingepresst) Sammet, die
Stäbe mit einem Muster von parallel laufenden, wellen-artigen, dicht gedrängten Goldranken bedeckt.

Fig. 5. Düsseldorf. Andreaskirche. Schwarze Kasel mit Bouillonstickerei.

30. Zu der roten Kapelle gehörig ein Antependium, 3 m breit, 1,05 m hoch, von demselben roten Sammet-brokat, mit am oberen Rande hinlaufendem, 23 cm breiten Fries in goldener Bouillon-stickerei, durch eine dreimal geknüpfte Goldfranze abge-schlossen. In der Mitte das grosse Wappen des Kur-fürsten Max Emanuel von Bayern und seiner Gattin Theresia Kunigunde, von grünen, mit Gold bestickten Ranken umgeben. Der Chor-mantel aus demselben Stoff mit breiten Stäben und grosser Kappe, dicht mit Stickerei bedeckt.

31. Kapelle, von neuem grünem Sammet, ursprünglich von grünem Seidenbrokat. Die Kasel mit 22 cm breiten Stäben, die wiederum mit starker Bouillonstickerei von gedrehten Gold- und Silber-kördelchen bedeckt sind. Die
Einfassung und die gelblichen Goldkördelchen in der Stickerei erneut. Die Dalma-tiken mit schmalen Stäben, aber breiten Querriegeln in derselben Ausführung.

32. Schwarze Kapelle, von neuem schwarzem Sammet, ursprünglich auf schwar-zem Seidenbrokat, mit breiter Bouillonstickerei von gewundenen Gold- und Silber-kördelchen, mit schönem breiten Abschluss am Hals (restauriert). Die beiden dazu gehörigen Dalmatiken überaus reich mit 7 cm breiten Stäben, die auch um den Hals-abschluss herumgeführt sind und, 32 cm breiten Querriegeln und 22 cm breiten Arm-leisten, durchweg mit derselben schweren Stickerei bedeckt (Fig. 5).

33. Kasel, von braunem Sammetbrokat mit vertieftem, silberdurchwirktem Grunde, die 23 cm breiten Stäbe und die breite Randeinfassung in goldenem, flachem Plattstich, der Art, dass die Fäden über die ganzen Blätter gezogen sind. Das Muster wird durch Pflanzenranken gebildet, durch die einzelne geometrische Stäbe hindurchgezogen sind. Hierzu ein Kelchvelum, ein Manipel und eine Stola in derselben reichen und schweren Ausführung.

34. Kasel, von rotem, mit horizontalen Goldfäden durchwebtem Seidenbrokat, durch von Goldfäden eingefasste Bänder in Zickzackform und kleine Blütenbüschel verziert, mit 24 cm breiten Stäben, die auf einfarbigem, rotem Seidenbrokat mit einem symmetrischen Muster von kräftigen, höchst wirkungsvollen Ranken in schwerster goldener und silberner Bouillonstickerei bedeckt sind, in durchweg ausgedrehten spiralenförmigen Kördelchen. Hierzu zwei Dalmatiken mit denselben breiten Mittelriegeln wie bei der violetten Kapelle, zwei Stolen und drei Manipeln.

35. Kasel, von Purpursammet, die Stäbe wie der übrige Raum mit der schwersten Bouillonstickerei von Gold- und Silberfäden über untergelegten Wergpolsterchen bedeckt. Das Muster bilden nur wenig stilisierte symmetrische Blütenranken. Am unteren Rande die Zahl: 1685. Hierzu Stola und Manipel mit derselben Stickerei.

36. Antependium, von roter Seide, auf neuen Stoff aufgenäht, 3,05 m breit, 1,10 m hoch, bedeckt mit dichtgedrängten, äusserst sorgfältig ausgeführten goldenen und silbernen Ranken, zum Teil in Bouillonstickerei, in der Mitte die Zahl 1687.

37. Kelchvelum, von roter Seide, mit goldenen Ranken und Pailleten benäht, in der Mitte in Strahlensonne das Monogramm Jesu, Ende des 17. Jh.

38. Kelchvelum, von roter Seide, mit reicher Bouillonstickerei und Pailleten besetzt, in der Mitte Medaillon mit dem Pelikan.

39. Kelchvelum, von orangefarbener Seide mit Silberstickerei und farbigen Blättern in Plattstich, in der Mitte der Pelikan, 17. Jh.

KIRCHE DER BARMHERZIGEN SCHWESTERN. Bayerle S. 200 bis 221. — Geschichte der Stadt Düsseldorf S. 86. — Ann. h. V. N. XXVI, S. 416.

Das Karmelitessenkloster wurde durch Anna Maria von Knippenburg im J. 1642 hier gestiftet. An Stelle der alten Kirche wurde 1712 ein Neubau errichtet; nachdem das Gewölbe schon 1714 eingestürzt war, restauriert und 1715 vollendet; 1716 ward der Klosterbau beendet. Das Kloster wurde 1803 aufgehoben, 1831 wurde es den barmherzigen Schwestern des Cellitenordens eingeräumt, später den Kreuzschwestern übergeben.

Die Kirche ist in Kreuzesform mit abgerundeten Armen aus Backsteinen errichtet. Die Vierung bildet eine flache Kuppel, die Kreuzarme sind mit flachen Tonnen eingedeckt und durch gedrückte Gurte von der Vierung getrennt, die auf Pilastern mit jonischen Kapitälen und hohen Basen ruhen. Ein breites Krönungsgesims zieht sich rings durch das Innere. An der Westfaçade ein Rokokoportal, darüber in einer Nische das Christuskind, zur Seite in Nischen die schlechten Barockfiguren der Madonna und des h. Joseph. Nördlich von dem Chor befindet sich, durch starke Eisengitterfenster abgetrennt, ein Raum für die Nonnen.

Stark verblichene Deckenmalereien vom Anfang des 18. Jh., am Rande nur eine Architekturgliederung nachahmend, in den vier seitlichen Feldern Engelsgruppen, in dem mittleren in den Ecken die thronenden vier Kirchenväter, im Mittelrund die Himmelfahrt Mariä, unten kniecnd die h. Theresia.

Die ganze Kirche hat die wirkungsvolle und gut zusammenstimmende Ausstattung aus der 1. H. des 18. Jh. bewahrt.

Marginalien:
Andreaskirche
Kirche der barmherzigen Schwestern
Geschichte
Beschreibung
Malereien

Kirche der barmherzigen Schwestern
Hochaltar

Hochaltar, grosser hölzerner Aufbau vom J. 1732, in dem von je zwei Säulen und zwei Statuen flankierten Mittelfeld ein Holzkruzifix, darüber das Gemälde der Himmelfahrt Mariä.

Epitaph

Epitaph des am 26. Juli 1730 verstorbenen Grafen Adrian von und zu Diemantstein und der Gräfin Maria Elisabetha von Velbruck, † 19. Febr. 1740. (Inschr. bei BAYERLE S. 218.)

Paramente

Kapelle von rotem Sammet mit goldener Bouillonstickerei, der Chormantel mit besonders schönen Ornamenten; auf dem zugehörigen Antependium die Zahl 1700.

Chormantel von brauner Seide mit Silber durchwirkt, bedeckt mit breiten mit Pailletten besetzten Goldstickereien, kostbare mit Goldarabesken in Plattstich bedeckte Kappe, um 1700.

Kasel von weisser Seide mit Ranken und Blumen in Plattstich, 2. H. des 17. Jh.

Breite geknüpfte Albenspitze des 18. Jh.

Kelche

Kelch, 24 cm hoch, 2. H. des 17. Jh.

Kelch, 23 cm hoch, 18. Jh.

Kelch, 26 cm hoch, 18. Jh.

Monstranz

Monstranz vom J. 1728, 59 cm hoch, mit den Marken N, M und Löwe, angehängt elf Schaumünzen, eine mit falschen Brillanten besetzt.

Grosse Sonnenmonstranz des 18. Jh., 69 cm hoch, mit Marke H W und 4 Medaillen.

Garnison-Pfarrkirche

GARNISON-PFARRKIRCHE (BAYERLE S. 190. — Geschichte der Stadt Düsseldorf S. 369) mit der Infanteriekaserne im J. 1735 durch den Ingenieur *Carnon* errichtet im Auftrage Johann Wilhelms, à fin que la piété et le culte divin ne soient obmis par le soldat, de qui l'exercice n'inspire d'ordinaire que la licence et le libertinage (Hs. des RAPARINI, Archiv der Fahnenburg p. 144).

Beschreibung Äusseres

Die im Rokokostil erbaute Kirche ist ein kreuzförmiger Backsteinbau mit abgerundeten Kreuzarmen. Die in der Fluchtlinie der Kaserne stehende Façade wird von zwei zweimal abgetreppten Pilastern mit jonischen Kapitälen flankiert, die den geschweiften Giebel tragen. Hauptportal mit einfacher Einrahmung, darüber zwischen zwei hohen rundbogigen Fenstern eine Nische für eine Figur. Auf dem geschieferten Dache ein übereck gestelltes vierseitiges Türmchen mit achtseitiger Haube und vierseitiger Laterne.

Inneres

Im Inneren wird das Langhaus von einer ganz flachen Tonne überspannt, mit je einem Fenster zur Seite, die durch Pendentifs ins Achteck übergeführte Vierung mit einem Kuppelgewölbe von Holzverschalung. Über den durch je drei Fenster erhellten abgerundeten Kreuzesarmen ganz flache Halbkuppeln. Auf den Vierungspfeilern mit vortretenden Pilastern, hohen attischen Basen und jonischen Kapitälen sitzt das schmale unter der Decke durch den ganzen Bau herumgeführte Krönungsgesims auf.

Altar

Hochaltar, schwerfälliger Aufbau mit sechs marmorierten Holzsäulen, in der Mitte gutes Altarbild von *Ittenbach*.

Pieta

Im nördlichen Seitenaltar kleine neu polychromierte Pieta des 16. Jh., 38 cm hoch.

Lambertuskirche
Litteratur

LAMBERTUSKIRCHE. Urk. über die Errichtung des Stifts: Vaterländische Blätter II, 1815, S. 167. — BAYERLE S. 1—126. — LOTZ, Kunsttopographie I, S. 189. — AUS'M WEERTH, Kd. II, S. 46. — OTTE, Handbuch der Kunstarchäologie II, S. 285. — BINTERIM u. MOOREN, E. K. I, S. 276. — Zur Geschichte der Verehrung des h. Apollinaris in Düsseldorf: Ann. h. V. N. XXVI, S. 414; Heimat 1875, S. 55. — C. A. v. KLADT, Kurzgefasste Lebens- und Wundergeschichte des h. Apollinaris, Schutz-

patrons der Stadt Düsseldorf, o. J. — Geschichte der Stadt Düsseldorf S. 66, 361. —
[F. G. CREMER], Einige Worte zur inneren Ausschmückung und Instandsetzung der
St. Lambertuskirche zu Düsseldorf, D. 1889. — Köln. Volksztg. 4. März 1892.

Handschriftl. Qu. Im Pfarrarchiv (inventarisiert von H. FERBER): Urk.
vom J. 1300 ab. — Unter den IIsn. bemerkenswert: Origo, progressus et augmentum
Dussellanae huius ecclesiae collegiatae, 4⁰, 18 Bl., angehängt series decanorum, scholas-
ticorum etc. — Älteste Chronik des Stiftes vom Dechanten THOMAS WENDELEN,
Pap., fol. 7 Bl., mit dem J. 1335 beginnend (Anfang fehlt), angehängt eine Chronik
aus der Zeit des Dechanten VOETZ mit Volkszählung vom J. 1658, identisch mit dem
Origo, progressus et augmentum. — Pergamentband mit dem Verzeichnis des Schatzes
vom J. 1511, bez.: Incipit registrum sive processus reliquiarum ecclesie collegiate gloriose
semperque benedicte Dei genitricis et virginis Marie in Duysseldorp, mit alpha-
betischem Register. Wilhelmus Cluntz Trol. scrivere me fieri fecit a. d. MVᶜXI.
Darin Inventar vom J. 1393: Folgen die monstrancien und reliquien wie dieselbe in
dem alten menologio verzeichnet sindt. Weitere Inventare von 1437 und aus dem
17. Jh. unter den Urk.

Im Staatsarchiv zu Düsseldorf: 375 Urk. von 1288—1794. — Kopiar
B 115 a—c, a 619 Bl. mit Urk. von 1288 ab, b 84 Bl. mit Ergänzungen hierzu, c 163 Bl.,
zunächst ausführliches Inventar der clenodia vom J. 1397 Bl. 1ª—7ᵇ, dann Urk. vom
J. 1393, Verzeichnis des Inhalts der capsa s. Apollinaris, s. Pancratii, S. Wyleyci, weiter
Urk. des 15. Jh., Bl. 135ª—141ᵇ Inventar vom J. 1437 in zwei Abschriften, am Schluss
constitutiones et statuta capituli. — Hs. A. 65 Liber memoriarum, 15. Jh., Perg., Leder-
band (vgl. LACOMBLET, Arch. III, S. 126), A 66 Kalendarium, Perg. fol., 15. Jh., schöner
Lederband mit Schliessen und Knöpfen. Über die Akten vgl. ILGEN, Rhein. Archiv
S. 71. Inventar des alten Stiftsarchives vom Canonicus KEGELJAN vom J. 1785 (zweite
Abschrift im Pfarrarchiv).

In der Kgl. Landesbibliothek zu Düsseldorf: Hs. E. 8ª Sammelband, 72 Bl.,
14. Jh., Bl. 67: Statuta collegiate ecclesie Dusseldorpiensis.

Im Staatsarchiv zu Münster: Urk. in der KINDLINGERschen Sammlung
Bd. LIV, am Ende.

Eine Kirche zu Düsseldorf wird zuerst im J. 1159 erwähnt (LACOMBLET, U B.
IV, Nr. 627). Der älteste an Stelle der jetzigen Lambertuskirche liegende Bau war
eine Kapelle, deren Fundamente im Chor bei Anlage eines Totenkellers noch zum
Vorschein kamen (Pfarrarchiv, Origo Bl. 1ª. — BAYERLE S. 1).

Nachdem 1206 die Kapelle zur Pfarrkirche erhoben worden war, erfolgte am
Ende des 13. Jh. durch Graf Adolph von Berg und seinen Bruder Wilhelm eine Erweiterung der Kirche (Origo Bl. 1ª: ecclesiam ampliatam cum structura a moderno
choro cum interiore navi et turri).

Durch Graf Wilhelm wurde 1296, nachdem schon 1288 Papst Nikolaus IV. seine
Erlaubnis hierzu erteilt hatte (BROSIUS, Annales II, p. 24), die Pfarrkirche in eine
Kollegiatstiftskirche verwandelt (bestätigt 1306 durch Erzbischof Heinrich II. von Köln:
LACOMBLET, U B. III, Nr. 39. — Vgl. BAYERLE S. 4). Am Ende des 14. Jh. machte
sich eine zweite Erweiterung der Kirche notwendig, mit der Vergrösserung des Stiftes
(BROSIUS, Annales II, p. 35) liess Herzog Wilhelm zugleich eine Vergrösserung der
Kirche vornehmen, die von 1370—1394 andauerte; die Mauern des Schiffes und
Chores wurden durchbrochen und Seitenschiffe sowie ein Chorumgang angefügt, kurz
darauf, 1394, wurde südlich die Sakristei angebaut (Origo Bl. 1ᵇ: A. 1392 dux Wilhel-
mus censetur structuram templi in circumferentiam quoad duo latera perfecisse cum

3*

Lambertus-
kirche
sacristia. — BAYERLE S. 7). Zwölf neue Altäre wurden errichtet, der Herzog gab
dazu der Kirche einen besonderen Glanz durch die Sammlung kostbarer Reliquien
(Ausführlich BAYERLE S. 9, 9:. — KREBS, Zur Geschichte der Heiligthumsfahrten,
Köln 1881, S. 31. — Geschichte der Stadt Düsseldorf S. 69, Anm. 2). Nach der
Pulverexplosion vom J. 1634 wurden die Fenster der Nordseite wiederhergestellt.

Restauration
Nach dem Brande vom J. 1815 (BAYERLE S. 93. — Der Niederrhein 1884, S. 78)
wurde die Turmhaube erneut. Seit dem J. 1870 erfolgte in einzelnen Absätzen eine

Fig 6. Düsseldorf. Lambertuskirche.

Restauration des Inneren und Äusseren, zuletzt unter der Leitung des Architekten
Ludwig Becker in Mainz.

Beschreibung
Dreischiffige gothische Hallenkirche mit um den dreiseitigen Chor als Chorumgang herumgeführten Seitenschiffen, im Lichten 41,80 m lang, 26,70 m breit, das
Mittelschiff 9,10 m breit. Die beiden Bauperioden des 13. und 14. Jh. treten schon
durch das verschiedene Material sichtbar hervor: der ältere Bau zeigt Tuffverblendung
über Ziegelkern, der jüngere ist reiner Backsteinbau.

Turm
Der aus Tuff aufgeführte, dem Mittelschiff vortretende fünfstöckige Westturm
besitzt Eckverklammerung von Hausteinquadern. Das Erdgeschoss enthält nach Westen

das einfache im Rundbogen geschlossene Portal mit horizontalem Sturz, das zweite
Geschoss ein dreiteiliges Portalfenster, das dritte und vierte je drei rundbogige Blenden,
das letzte je zwei spitzbogige Doppelfenster mit Mittelsäule. Die achtseitige geschieferte
schlanke Turmhaube ist mit kleinen Giebelchen versehen, auf die Ecken des Turmes
sind vorgekragte achtseitige Türmchen gesetzt. Die ganze Haube ist im Zimmerwerk
etwas gewichen und hat eine leise Drehung nach Westen gemacht (Fig. 1 u. 6).

Die Aussenarchitektur der Schiffe ist durchaus schmucklos. Die Westfaçaden
der Seitenschiffe zeigen je ein vermauertes Portal, im Giebel eine einfache spitzbogige
Blende. Die Streben sind zweimal abgetreppt, unter den Sohlbänken der Fenster
zieht sich eine Horizontallisene hin. Im Norden ist an die Kirche unter frühgothischer
Halle der grosse Kalvarienberg in lebensgrossen überaus ausdrucksvollen Figuren vom

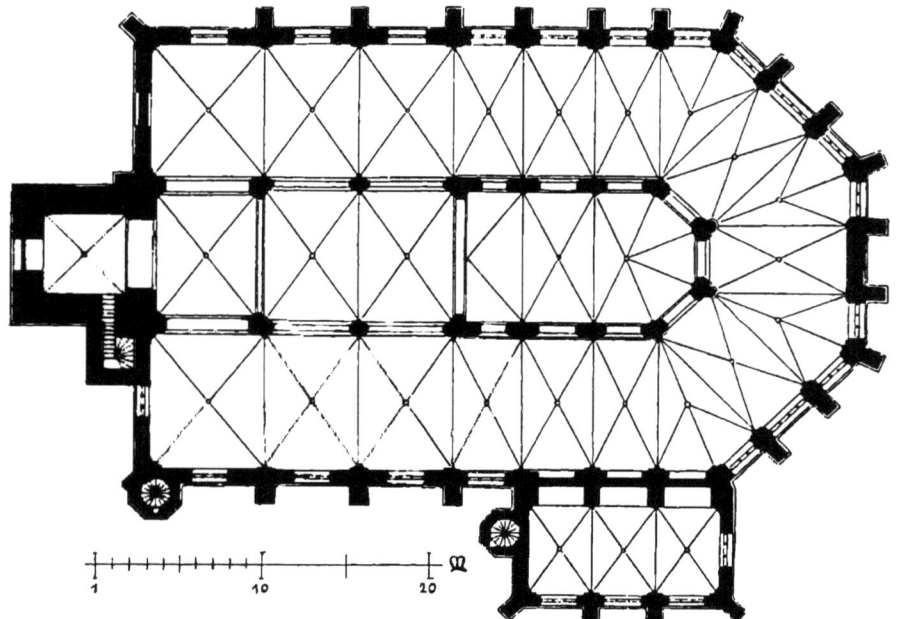

Fig. 7. Düsseldorf. Grundriss der Lambertuskirche.

Bildhauer *Reiss* angebaut. An seiner Stelle stand bis 1883 der alte kurz vor 1469
errichtete aus neun lebensgrossen Figuren bestehende Kalvarienberg, der rücksichtslos
beseitigt wurde. Der Verbleib der Reste ist unbekannt (vgl. C. L. STRAUVEN, Der
Kalvarienberg in der Altstadt, Düsseldorf 1883). Im Süden erhebt sich neben dem Westturm, mit diesem durch ein Pendentif verbunden, der nur bis zur Höhe des ersten
Stockwerkes aufgeführt, aus fünf Seiten des regelmässigen Achtecks konstruierte
Treppenturm. An der Südwestecke des südlichen Seitenschiffes führt ein weiterer
Treppenturm bis zur Dachhöhe empor. Der im Süden angefügte zweigeschossige
Sakristeibau nimmt die Gliederung durch die Horizontallisene auf und zeigt über
der ersten Fensterreihe eine zweite Lisene. Sein Dach trägt einen eigenen Dachreiter,
nach Osten einen erkerartigen Mansardenbau mit gothischer Hausteingliederung, der
zur feierlichen Schaustellung der Reliquien diente (Fig. 6). Nach Westen ist ein aus
fünf Seiten des regelmässigen Achtecks konstruierter Treppenturm angebaut.

Lambertus-
kirche
Inneres

Im Innern werden die Gewölbe von vierzehn Pfeilern auf 1,5 m hohen Basen getragen, von denen die das Chorhaus umgebenden nur rechteckig gestaltet sind, das erste und dritte Paar von Westen aus achtseitig mit starken Vorlagen nach innen, das zweite Paar einfach achtseitig. Nur das erste und dritte (den Hochchor abtrennende) Paar sind durch Gurte verbunden. Die mit Hohlprofil versehenen Gewölberippen ruhen mit verschieden skulptierten Blattkapitälen auf schlanken Dreiviertelssäulen, die bis zum Boden herabgeführt sind. Im Chor sind die Gewölbekappen neben den Arkadenbögen tief gesenkt. Die Aussenmauern sind nur durch die unter den Sohlbänken der dreiteiligen, mit erneutem Masswerk versehenen Fenster hingezogene Horizontallisene belebt. Die Gewölbeschlußsteine sind im Chor mit skulptierten Rosetten, im Mittel- und Seitenschiff mit gemalten Wappen versehen. Die den Hochchor abschliessenden Schranken bestehen zwischen den ersten drei Pfeilerpaaren aus einfachen ungegliederten Mauern, im Chorabschluss aus einfach stilisierten gothischen schmiedeeisernen Gittern.

Hochaltar

Der Hochaltar, aus dem 18. Jh., 1823 erneut, trägt einen hohen Rokokoaufsatz; vor den beiden Pfeilern des Chorabschlusses je ein von drei gewundenen Säulen getragener Architrav, darauf ein fackeltragender Engel — in der Mitte die Holzstatue der Madonna, darüber aufgehängt eine frei schwebende Krone. Zur Seite die Figuren der hh. Thomas und Apollinaris, Lambertus und Pankratius, vor dem Altar Antependium von *Andreas Achenbach,* Geschenk des Künstlers.

Altäre

Im Chorumgang vier weitere Rokokoaltäre. Der erste (von Süden her) enthält ein schlechtes Bild der Himmelfahrt, und ausser zwei barocken Aposteln als Abschluss eine Statue des h. Antonius aus dem 15. Jh. Der zweite Altar zeigt wertlose Rokokofiguren, der dritte birgt im Mittelfeld hinter Glas ein neu polychromiertes hölzernes aus der Kreuzherrenkirche stammendes Madonnenbild vom Anfang des 15. Jh., 1 m hoch: die Madonna sitzt auf hohem, mit durchbrochener Lehne versehenen Thron, in der Rechten das erhobene (erneute) Scepter, mit der Linken das auf ihrem linken Knie stehende Christuskind haltend, das mit langem Hemdchen bekleidet ist und in der Linken ein (erneutes) Scepter hält. Das Gesichtchen der Madonna zeigt den Kölnischen Typus mit weichen Wangen, spitzem Kinnbuckel und kleinem Mund (vgl. Geschichte der Stadt Düsseldorf S. 67). Auf dem vierten Altar als Abschluss ein Holzbild des h. Martinus aus dem 16. Jh., zur Seite die 90 cm hohen Holzstatuetten der hh. Thomas und Lambertus (?) vom Ende des 15. Jh.

Sakraments-
häuschen

Das Sakramentshäuschen (Fig. 8. — AUS'M WEERTH, Kd. Taf. XXXI, 1; II, S. 47. — BAYERLE S. 26), das an der nördlichen Aussenseite des Hochchores bis zur Höhe des Gewölbes aufgeführt ist, ist durch seinen ornamentalen Schmuck und seinen Figurenreichtum das bedeutendste spätgothische derartige Werk des Niederrheins, nach den Wappen gestiftet zwischen 1475 und 1479 von Herzog Wilhelm III (1475—1511) und seiner Gemahlin Elisabeth († 1479).

Das fünfseitige Gehäuse wird von einem fünfseitigen Sockel auf reich profiliertem Fuss getragen, dessen Kanten gewundene Säulen vortreten, aus zwei umeinandergeflochtenen Stämmen bestehend, von hockenden Löwen geschirmt, die in der äusseren Vorderpranke Schilde mit den Wappen der Stadt Düsseldorf, der Länder Jülich-Berg-Ravensberg und Nassau-Saarbrücken halten. Die vier freien Seiten des Sockels sind nischenartig ausgerundet und zeigen je eine (erneute) Heiligenfigur auf Konsole unter Baldachin, darüber je eine figürliche Scene in starkem Hochrelief: Adam und Eva im Paradies und nach dem Sündenfall, Christus am Ölberge, das Wunder des h. Hubertus. Das Gehäuse selbst zeigt an der Unterseite zwei Kehlen, die mit freigearbeitetem, gothischem Laubwerk gefüllt sind, die obere mit menschlichen Drôleries versehen. Die vier freien Seiten des Gehäuses sind mit vergoldetem, schmiedeeisernem Gitter geschlossen, das an den Rändern mit geschnittenem, vortrefflich gearbeitetem Laubwerk verziert ist. Die trennenden Pfeiler, denen eine dünne Mittelsäule vortritt, zeigen unter Baldachinen mit gewundenen Fialen auf vorgekragten Laubwerkkonsolen je zwei (erneute) Heiligenfigürchen. Die Gitterfelder selbst rahmt eine tiefe Kehle ein, an den Seiten mit einfachem Laubwerk gefüllt, in den beiden mittleren Feldern mit dem Baum Jesse verziert, derart, dass in dem einen auf der unteren Sohlbank Jesse, auf der anderen Maria sitzt.

Über jedem Felde ein vorgekragter dreiseitiger Baldachin mit barocken Krabben. Darüber erhebt sich in drei Stockwerken, ein jedes übereck auf das darunterbefindliche gesetzt, der hohe und luftige Baldachin. Die Pfeiler sind durch Kielbögen mit einander verbunden, das untere Geschoss ist mit gewundenem Laubwerk gefüllt. Die alten Heiligenfigürchen, die in den beiden unteren Stockwerken den fünf-

Fig. 8. Düsseldorf. Sakramentshäuschen in der Lambertuskirche.

Lambertus-
kirche

seitigen Mittelpfeiler umgeben, sind bis auf eines erhalten. Den Abschluss des Ganzen bildet ein Pelikan mit ausgebreiteten Flügeln.

Chorstühle

Chorstühle, ohne Rücklehne, zweireihig, rechts hinten acht, vorn sieben, links hinten neun, vorn sieben Sitze, mit von Säulchen getragenen Armlehnen, die Miserikordien einfach mit Wappen, Tieren, Bauern, die hinteren Wände der ersten Reihe geriefelt. An den Wangenstücken nach Westen die Einzelfiguren des h. Laurentius und eines Bauern mit Narrenkappe, nach Osten zwei Engel, Johannes der Evangelist und S. Antonius, derbe Arbeit vom Ende des 15. Jh.

Kanzel

Rokokokanzel, rundes Gehäuse mit den Medaillons der vier Kirchenväter, runder Schalldeckel.

Mobiliar

Bänke und Beichtstühle mit leichten Rokokoornamenten.

Taufstein

Taufstein, von Sandstein in Kelchform, achtseitig, mit derbem kräftigem Masswerk, Ende des 15. Jh.

Skulpturen

Sandsteinfigur des h. Christophorus am zweiten nördlichen Pfeiler von Westen aus, die mächtige Gestalt in fast doppelter Lebensgrösse, mit der Linken auf einen Stamm gestützt, die Rechte in die Seite gestemmt, auf der rechten Schulter das Kind mit der Weltkugel, der bärtige Kopf von energischem Realismus erfüllt, ähnlich dem zu Kempen (Kunstdenkmäler d. Kr. Kempen S. 93) und Emmerich (Kunstdenkmäler d. Kr. Rees S. 44), kurz nach 1500. An der Konsole ein von zwei reich gelockten schwebenden Engeln gehaltener Schild mit Hausmarke, darunter geriefelte Säule mit zierlichem Blattkapital.

Kreuzigungsgruppe des 17. Jh., weiss überstrichen, in der Taufkapelle im linken Seitenschiffe, von Holz, in lebensgrossen Figuren. Im Chorumgang Holzfiguren von Christus, an die Säule gefesselt, und S. Nepomuk mit dem Engel, 18. Jh.

Grabmal des
Herzogs Wilhelm

Grabmal des am 5. Jan. 1592 gestorbenen Herzogs Wilhelm V. an der Ostwand der Kirche (Taf. II, III. — TH. LEVIN, Grabdenkmal des Herzogs Wilhelm: Düss. Beitr. I, S. 175; IV, S. 253). Das fast die Höhe des Gewölbes erreichende Monument ist aus schwarzem, weissem (für alles Figürliche), rotem (für Säulen), gelbem (für Obelisken und Seiteneinfassungen) und braunem Marmor gearbeitet und durch ein schmiedeeisernes Gitter mit vergoldeten Rosetten abgeschlossen. Auf vier Stufen von schwarzem Marmor, auf deren Ecken acht aus weissem Marmor gebildete Löwen als Schildhalter mit den Ahnenschilden des Herzogs hocken (die Wappen bei LEVIN S. 186, Berichtigung Beitr. VI, S. 189), erhebt sich der Unterbau, dem der Sockel des sargähnlichen Sarkophages als Risalit vortritt. Auf dem Sarkophag liegt das lebensgrosse Bild des Herzogs, in voller, fein ciselierter Rüstung, in freier und ungezwungener Haltung auf dem rechten Arm aufgestützt, dessen Ellenbogen auf einem Kissen ruht. Der durch die kurze spanische Krause wirkungsvoll abgehobene fein gemeisselte Kopf mit dem kahlen Schädel, den tiefliegenden Augen und dem kurzgehaltenen Bart ist auf die rechte Hand gestützt und leicht nach oben gekehrt. Zu den Füssen des Herzogs Visierhelm und Handschuhe.

Über dem Unterbau ist eine Stellung von vier korinthischen Säulen angeordnet, welche die Verkröpfungen des aus Architrav, Fries und stark ausladendem Hauptgesims bestehenden Gebälks tragen. Im Mittelfeld über dem Sockel zunächst in Kartouche das volle herzogliche Wappen von Jülich-Kleve-Berg mit drei Turnierhelmen, von zwei Putten gehalten, darüber ein grosses im Halbrund abgeschlossenes Relief mit der Darstellung des jüngsten Gerichts, mit technischer Virtuosität stark malerisch behandelt, die vordersten Figuren völlig frei herausgearbeitet, einige der Auferstandenen von wunderbarer Weichheit in der Behandlung des Nackten, mit weitem Horizont.

Düsseldorf. Grabmal des Herzogs Wilhelm in der Lambertuskirche.

Düsseldorf. Figuren vom Grabmale des Herzogs Wilhelm.

In den Nebennischen zur Seite der Hauptnische sind die Figuren der vier Kardinaltugenden angebracht, von links nach rechts die Klugheit mit der Schlange, die Gerechtigkeit mit Schwert und Wage, die Tapferkeit mit einer durchbrochenen Säule, die Mässigkeit mit zwei Gefässen (Taf. 111).

Der Giebelaufsatz des Denkmals zerfällt in zwei Stockwerke. Auf den durch die Verkröpfung der Attika gebildeten Sockeln erheben sich vier weitere allegorische Gestalten, links Glaube, rechts Liebe als Caritas, in der Mitte zwei weibliche Gestalten mit Grabscheit und Totenkopf, wohl den Tod und die Vergänglichkeit darstellend. Über dem halbrunden Abschluss des Mittelfeldes zwei geflügelte Viktorien mit Kranz und Palme, dazwischen eine Tafel mit dem Wahlspruch des Herzogs: IN DEO SPES MEA.

Das oberste Stockwerk enthält zwischen zwei Hermen in der mittleren Nische die sitzende Gestalt der Hoffnung, auf den Abflachungen des durchbrochenen Giebels ruhen zwei Engel, die Krönung des Ganzen bildet die Gestalt des Auferstandenen.

Über dem Sarkophag die Hauptinschrift: ILLUSTRISS. PRINCIPI D. GUILIELMO DUCI JULIAE CLIVIAE ET MONTIUM COMITI MARCAE ET RAVENSBURGI D. IN RAVENSTEIN, PARENTI OPTIMO MERITO, QUI ANNO CHRISTI MDXVI KAL. AUG. NATUS VITAM USQUE AD ANNUM MDXCII PRODUXIT, INEUNTE VIRILI AETATE OB DUCATUM GELDRIAE ET COMITATUM ZUTPHANIAE DIFFICILLIMO BELLO CONTRA CAROLUM V. IMPERATOREM TANQUAM DOMINUM BELGII IMPLICATUS, POST QUADRIENNIUM PACE FACTA ET SERENISS. D. MARIA FERDINANDI ROM. REGIS ET POSTEA IMP. F. IN MATRIMONIUM DUCTA EADEMQUE IN COELUM PRAEMISSA CLIVISQUE TUMULATA, PLURIMIS TURBIS OB BELLA INTESTINA GERMANIAE ET VICINA BELGICUM ET COLONIENSE, CUM ANTEA PRO CONSERVANDA PACE PUBLICA IMPERII MULTOS SAEPE LABORES RE ET CONSILIO FELICITER SUSCEPISSET, JACTATO TANDEM POSTQUAM LIII ANN. LAUDABILITER SUIS PRAEFUISSET, OMNIUM DOLORE NON. JAN. SENIO CONFECTUS ANIMAM DEO OPT. MAX. PLACIDISSIME REDDIDIT. JOANNES GUILIELMUS UNICUS FILIUS ET HAERES MOERENS M. E. P.

Links von der Gestalt des Herzogs die auf den Vater des Verstorbenen bezügliche Inschrift: ILLUSTRISS. PRINCEPS D. JOANNES JOAN. F. DUX CLIVIAE, COMES MARCAE, DOMINUS IN RAVENSTEIN, ILLUSTRISS. D. GUILIELMUM, CUIUS MEMORIAE HOC POSITUM UNICUM FILIUM ET HAEREDEM DITIONUM SUARUM ANNO CHRISTI MDXXXIX. NON. FEB. CLIVIS MORIENS RELIQUIT.

Rechts die auf die Mutter bezügliche Inschrift: ILLUSTRISS. PRINCEPS D. MARIA GUILIEL. F. DUX JULIAE ET MONTIUM, COMITISSA RAVENSBURGI ILLUSTRISS. PRINCIPIS D. JOANNIS DUCIS CLIVIAE, COMITIS MARCAE ET DOMINI IN RAVENSTEIN CONIUNX DUCATUS SUOS ET COMITATUM UNICO FILIO ILLUSTRISS. D. GUILIELMO ANNO MCI (für ᴐ D) XLIII III. KAL. SEPTEMB. VITAM BUDERIACI CLAUDENS CESSIT ET TRIBUS ILLIS DUCATIBUS CAETERISQUE DOMINIIS PRINCIPEM ET DOMINUM NATUM DEDIT.

Das Grabdenkmal ist in den Stilformen der italienischen Hochrenaissance errichtet, im Anschluss an das durch *Andrea Sansovino* festgestellte Schema des Triumphbogens. Die Figuren, zumal die weiblichen Idealfiguren, sind von grosser Schönheit in der Linienführung. Die Gestalten haben einen auffallend kleinen und feinen Kopf, dabei weiche und breite Schultern, volle Hüften. In die Gewandung, durch die der Körper gut durchmodelliert ist, ist durch das Motiv des vor- oder zurückgesetzten Spielbeines reiche Mannigfaltigkeit gebracht. Die Falten sind im Interesse der deutlichen Hauptumrisse zuweilen tief unterarbeitet.

Als Künstler sind (nachdem schon in der ‚Düsseld. Ztg.' vom 8. Jan. 1838 hierauf hingewiesen war, vgl. Beitr. IV, S. 253) von LEVIN die Meister *Gilles de Rivière* und *Niccolo Pippi von Arras* wahrscheinlich gemacht worden, die für den 1575 in Rom verstorbenen Jungherzog Karl Friedrich in der Kirche S. Maria dell' Anima ein

Lambertus-
kirche
prachtvolles Grabmal errichtet hatten (Beitr. I, S. 188. — Berg. Zs. XXIII, S. 166)
Das Düsseldorfer Grabmal steht in der Einzelausführung dem Römischen Werke
wenig nach und nähert sich nur in den Bewegungsmotiven der Figuren dem in
Bartholomäus Spranger verkörperten Manierismus.

Grabmal
der Margaretha
von Windeck
Grabmal der Margaretha von Windeck (?), Gräfin von Berg und Ravensberg, † 1384 (Fig. 9). die Tumba 2,30 m lang, 1,06 m breit, 86 cm hoch, die Seitenflächen mit sechs und zwei nasenverzierten Spitzbogen, die Deckplatte an den Kanten
abgeflacht, an der Vorderseite die Inschrift: MISERICORDIE : PARENTI :, an der
gegenüberliegenden Seite die Wappen von Jülich, Berg und Waldeck.

Die 1,80 m lange Gestalt der Herzogin liegt langausgestreckt, den Körper in
einen auf der Brust durch eine Vierpaßschliesse gehefteten Mantel gehüllt,. den Kopf
von einer Rüschenhaube umgeben, die bis auf die Schultern fällt. Die Hände sind vor
der Brust flach anein-
ander gelegt, die Füsse
gegen zwei Hündchen
gestemmt.

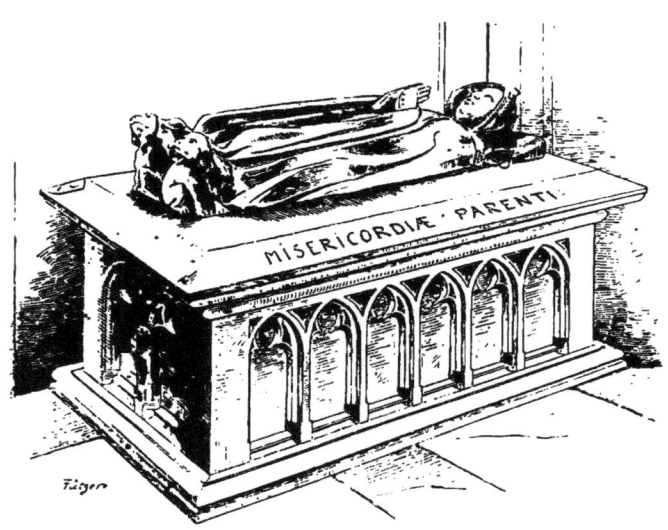

Fig. 9. Düsseldorf.
Grabmal der Margaretha von Windeck in der Lambertuskirche.

Das Denkmal, die
blaue Margareth ge-
nannt, im 18. Jh. im
nördlichen Seitenschiff
eingemauert, war 1816
verschwunden u. wurde
1851 im Grabgewölbe
des Mausoleums Her-
zog Wilhelms IV. wie-
der aufgefunden. Der
Sockel war 1711 als
Kreuzessockel auf dem
Friedhofe von Deren-
dorf aufgestellt wor-
den. Nach der hsl.
Chronik des EWALD
BAICHMANN v. J. 1625
und der Hs. Monumenta et sepulturae comitum et principum vom 18. Jh. ist Elisabeth
von Waldeck dargestellt (zuletzt 1388 genannt). So auch STRAUVEN, Geschichte des
Schlosses zu Düsseldorf S. 17. — Ann. h. V. N. XXV, S. 291. Vgl. JOESTEN, Das restaurierte Grabmal der Margaretha von Windeck in der Lambertuskirche, Düsseldorf 1871.

Epitaphien
Epitaph des Hermann von Hochsteden aus dunklem Granit, 2,50 m hoch
(BAYERLE S. 78), in reicher barocker Einrahmung, gekrönt von dem Alliancewappen
der Hochsteden und Pranck, zur Seite die Ahnenaufschwörungen der beiden Gatten
(je 16 Wappen). Inschrift in der Mitte: PERILLUSTRI AC GENEROSO D. D. HERMANNO
L. B. DE HOCHSTEDEN, DOMINO IN NIDERZIER ET VELDE ETC., SERENISSIMI PRINCIPIS
ELECTORIS PALATINI CONSILIARIO INTIMO, CAMERARIO SUPREMO, AULAE MARESCHALLO,
TOPARCHAE IN GREVENBRUCH ET GLADBACH, SERENISSIMAE ELECTRICIS PALATINAE
SUPREMO AULAE PRAEFECTO, VITA FUNCTO DIE 4. MENSE AUG. ANNO 1686, ET PER-
ILLUSTRI AC GENEROSAE D. D. SUSANNAE ELISABETHAE, BARONISSAE DE HOCHSTEDEN,
NATAE BARONISSAE DE PRANCK IN PUX ET KOPPELSBACH, SAECULO DENATAE DIE 7.
MENSE JAN. ANNO 1688.

Epitaph der Maria Anna Klara von Bongardt, geb. von Blanckart (BAYERLE ⟨Lambertus-kirche⟩
S. 79), mit dem Wappen und der Ahnenaufschwörung der Blanckart. Inschrift: D. O.
M. PERILLUSTRI AC GENEROSAE D. MARIAE ANNAE CLARAE NATAE L. B. DE BLANCKART
EX ALSTORFF PERILLUSTRIS AC GENEROSI D. D. CAROLI LOTHARII L. B. DE BONGARDT
DOMINI IN HEYDEN, BLIT, NOTBERG, BERGERHAUSEN QUONDAM CONIUGI, PERILLUSTRI
AC GENEROSO D. D. CAROLO PHILIPPO L. B. DE HOCHSTEDEN, D. IN VELDE, BETGEN-
HAUSEN, SECUNDO THORO IUNCTAE, DOMINAE TEMPORALI IN VELDENHAUSEN, OREV,
GRANDVILLE, SERENISSIMAE ELECTRICIS PALATINAE AULAE PRAEFECTAE, DIE 24. MAII
VITA FUNCTAE 1717.

Epitaph des am 8. März 1685 verstorbenen Melchior Voetz im linken Seitenschiff (Inschrift BAYERLE S. 71).

Zwei Bilder der Rosenkranzbruderschaft an der Westwand des süd- ⟨Gemälde⟩
lichen Seitenschiffes, Holz, jedes dreiteilig, beide ganz übermalt. (BAYERLE S. 88.)
Auf dem ersten Maria, darunter der h. Dominikus und Papst Alexander VII., umgeben
von Engeln mit Rosenkränzen. Links und rechts die herzogliche Familie mit ihrem
Hofstaat, dahinter je acht Päpste, Unterschrift links: PHILIP. WILH. PA. JUL. CLIV. ET
MONT. DUX JOANNES WILH. FILIUS; rechts: AMELIA ELIS. MAGD. DUCISSA ELEONORA
TERESIA MAGD. FILIA. Auf dem Rahmen: RENOVATIO ET CONFIRMATIO ARCHIF. SS.
ROSARII SUB PAPA ALEXANDRO VII. POSITA A. 1679. Auf dem zweiten Maria mit
Kind stehend auf dem Halbmond vor einem ausgespannten Teppich, den zwei auf den
Seitenflügeln befindliche Engel halten, links und rechts der Herzog und die Herzogin
mit Kindern und Gefolge knieend. Unterschrift links: JOANNES III. JUL. CLIV. MONT.
DUX. WILHELMUS FIL. 1528; rechts: MARIA JUL. ET MONT. DUCISSA. ANNA AEMILIA
FILIA 1528. Überschrift: DIS IST DIE BRODERSCHAFFT DER FREUDEN UNSER LEVER
FRAUEN VOR SUSTEREN UND BROEDEREN DES ROSENKRANTZ RENOVATA A. 1678. Über
die Rosenkranzbruderschaft W. HERCHENBACH in der Düss. Zs. 1883, S. 123. —
BAYERLE S. 88. — Ann. h. V. N. IX, S. 241.

Porträt des Wilhelmus Bont Wedanus s. Theol. doct. a. 1611 Marianae huius
ecclesiae decanus, obiit 1637, Kniestück, auf Holz.

Über 1634 zerstörte Glasgemälde vgl. Ann. h. V. N. XXVIII, S. 42. ⟨Glasgemälde⟩

Cyklus von zehn Ölgemälden, 1675 der Lambertuskirche geschenkt, mit Darstellungen aus dem Leben des h. Apollinaris, in der Art des *Johann Spilberg* (Genaue
Beschreibung mit den Inschriften in den Ann. h. V. N. XXVI, S. 414).

Wandmalereien. STRAUVEN, Die Wandmalereien der hiesigen Lambertus- ⟨Wandmalereien⟩
kirche, D. o. J. Bei den Restaurationsarbeiten im Inneren der Kirche wurde unter
der Tünche die alte polychrome Ausstattung entdeckt, die aus zwei verschiedenen
Perioden stammt: aus der Zeit von 1370—1408 und der Zeit von 1450—1480. Das
dekorative System war dieses: die Säulenschäfte wie die Gewölberippen dunkelrot
bemalt, mit schwarzer Einfassung, die Kapitäle vergoldet, die Knäufe und Rosetten
mit Wappenschildern auf hellblauem Grunde, aus der Zeit von 1402—1408 stammend.
Aus der Zeit vor der Erweiterung im J. 1394 stammen die Wandgemälde auf den ⟨Ältere Periode⟩
Chorschranken, Einzelfiguren von männlichen und weiblichen Heiligen, deren Köpfe
zum Teil bei dem Abbrechen der oberen Partien der alten Chormauern weggeschnitten
worden sind. Erhalten sind im ganzen fünfzehn solcher Figuren, darunter nur sechs
mit Köpfen, alle von grosser Einfachheit im Faltenwurf auf gelbem oder grünlichem,
gemustertem Grunde (Fig. 10).

Alle weiteren Wandgemälde gehören der 2. H. des 15. Jh. an. Es sind dies: ⟨Spätere Periode⟩
das Martyrium der h. Agatha an der äusseren nördlichen Chorwand, darüber drei

Lambertus-kirche Heilige zwischen zwei Söhnen, erkenntlich darunter der h. Bernhard und die h. Bernhardine. Auf derselben Wand der h. Georg, den Drachen tötend. Im Südschiff der h. Severus mit Webergerät, zur Seite kniend die Meister der Weberzunft. Neben der Sakristeithür die Anbetung der h. drei Könige, dann das Martyrium des h. Reinold, die h. Margaretha, einen Drachen an der Kette führend, endlich das grössere, durch Professor *Lauenstein* restaurirte Bild der thronenden Madonna mit dem Christuskinde auf dem Schoss (Fig. 11), ein feines und bedeutendes Werk der Kölnischen Schule. Auf breitem Kissenthron sitzt die Madonna in blauem Rock und rotem mit goldenen Granatäpfeln besticktem Obergewande. Über ihr sechs Engel, das erste Paar mit Musikinstrumenten, das zweite mit Büchern, das dritte mit Spruchbändern: GLORIA IN EXCELSIS DEO — ET IN TERRA PAX HOMINIBUS. Links unten kniet der Stifter mit der Inschrift: SANCTA MARIA ORA PRO NOBIS. An der äusseren südlichen Chorwand endlich noch zwei Martyrien von Heiligen und Fragmente einer Darstellung der Auferstehung.

S. Kümmernis Über der südlichen Eingangsthür befindet sich ein Bild der h. Wilgefortis oder Kümmernis (Fig. 12), die Heilige bärtig und langgewandet am Kreuze darstellend, zu

Fig. 10. Düsseldorf. Wandmalereien an den Chorschranken der Lambertuskirche.

Füssen des Altares kniend der Geiger, dem sie den goldenen Schuh zuwirft (K. F. STRAUVEN in der ‚Düsseldorfer Ztg.‘ 1869, Nr. 272, 290. — Organ für christl. Kunst 1870, Nr. 5. — B. J. XLIX, S. 186). Die Vereinigung des bergischen Löwen mit den sächsischen Farben weist auf die Vermählung des Herzogs Gerhard II. mit Sophie von Sachsen-Lauenburg im J. 1441. Die Wandgemälde sind bis auf die thronende Madonna sämtlich mit Stoff überspannt und übertüncht worden.

Farbige Kopien der Wandgemälde, von dem hochverdienten Düsseldorfer Geschichtsforscher, dem verstorbenen Herrn Notar Strauven mit grosser Sorgfalt hergestellt, befinden sich im Besitze seines Sohnes, des Herrn Amtsgerichtsrats Strauven in Neuss.

Sakristei Die Sakristei ist ein hoher mit drei Kreuzgewölben überdeckter Raum, dessen Rippen mit skulptierten Blattkapitälen auf Dreiviertelssäulen ruhen. An der Nordseite drei tiefe Blenden (in der Aussenmauer der Kirche), unter den dreiteiligen Fenstern läuft eine Horizontallisene mit breiter Abdeckung hin.

Kapitelsaal Der über der Sakristei gelegene durch die enge Wendeltreppe im Westen zugängliche Kapitelsaal ist ein heller, durch die fast zum Boden reichenden hohen dreiteiligen Fenster mit reichem Licht versehener Saal mit denselben Blenden nach Norden und Dreiviertelssäulen, die auf polygonalen Kapitälen die hohlprofilierten Rippen tragen.

Sakristeischrank, vom J. 1623, Geschenk des Dechanten Wilhelmus Bont, Lambertus-
kirche
mit dem Bildnis des Schenkgebers und des h. Wilhelmus. Im Kapitelsaal grosser Schrank
eichener gothischer Fugenschrank.

Pieta, Stein, 70 cm hoch, leicht restauriert, ursprünglich polychromiert, edle Pieta
gothische Gruppe um 1400, mit schönem Faltenwurf.

Fig. 11. Düsseldorf. Wandgemälde in der Lambertuskirche.

Der Schatz der Lambertuskirche enthält eine Reihe bedeutender Goldschmiede- Schatz
werke, darunter einige Geschenke der bergischen Herzöge und Kurfürsten. Vgl. Katalog
zur Ausstellung der Feier des 600jährigen Bestehens Düsseldorfs als Stadt 1888, S. 78,
Nr. 851, 891.

1. Kopfreliquiar, von vergoldetem Rotkupfer, 27 cm hoch, am Fuss mit 15 cm Kopfreliquiar
Durchmesser, 2. H. des 12. Jh. (Fig. 13), angeblich das des h. Vitalis (eher das im Inventar von 1393 genannte Kopfreliquiar des h. Candidus). Das streng stilisierte lebens-

Lambertus-kirche grosse Haupt zeigt eine scharfkantige gerade Nase, grosse mandelförmige ehemals mit Email gefüllte Augen, niedere Stirn. Der kleine Schnurrbart, der leichte Backenbart und das eng an den Hinterkopf angedrückte Haar mit schematisch geriefelten kleinen Löckchen, Wangen und Hals sind flach behandelt. Um den Fuss ein einfaches romanisches Akanthusornament. Das Hinterhaupt öffnet sich und ist als Deckel mit Scharnier und (erneutem) Schlösschen befestigt. Der Guss zeigt im Inneren einige zu dünn geratene gepflasterte Stellen. Die Reliquien (Schädelteile) in rotseidenem Beutel, dabei ein Säckchen mit Erde von Golgatha. Vgl. Katalog der Ausstellung kunstgewerbl. Altertümer in Düsseldorf 1880, Nr. 659.

Fig. 12. Düsseldorf.
Wandgemälde der h. Kümmernis in der Lambertuskirche.

Ostensorien

2. O st e n s o r i u m, von vergoldetem Silber, 51 cm hoch, in Monstranzenform, Mitte des 15. Jh. Der Fuss besteht aus Vierpass mit durchgeschobenem Quadrat, auf einem der Blätter das Jülich-Bergische Wappen. Zur Seite des Reliquien des h. Laurentius enthaltenden Glascylinders Strebesysteme, über dem Baldachin der vierseitige Aufsatz mit einer Statuette des h. Laurentius unter der Turmhaube.

3. O st e n s o r i u m, von vergold. Silber, 35,5 cm hoch, der Aufsatz mit Glascylinder und sechsseitigem Türmchen 15. Jh., der Fuss 18. Jh.

4. Kleines höchst zierlich. O st e n s o r i u m von Silber, 24 cm hoch, um 1500, zur Seite des aufrechten Glascylinders Maria und Joseph, von freien und luftigen Formen, auf dem Fuss: C. M.

Reliquiare

5. R e l i q u i a r, vergoldetes Silber, 28 cm hoch, 29 cm langer liegender Cylinder, gitterförmig durchbrochen mit Blattfries, Ende 15. Jh., auf rohem Fuss des 18. Jh.

6. R e l i q u i a r, vergoldetes Silber, 42 cm hoch, aus dem 15. Jh., auf schlankem Fuss, der Knauf mit vier Pasten, um ihn die Inschrift: RELIQUIAE S. APOLLINARIS MARTYR. EPISC. RAV. Zur Seite des aufrechtstehenden Glascylinders, über dem sich ein zweistöckiger Aufsatz erhebt, einfache, durch Gitter verbundene Streben. Katalog der Ausstellung kunstgewerbl. Altertümer in Düsseldorf 1880, Nr. 709.

7. R e l i q u i a r, Silber, 46 cm hoch, von 1646, im 18. Jh. restauriert, auf einem goth. Formen nachahmenden Fuss mit der Inschrift: R. D. PETRUS ALDENHOVEN CANONICUS HUIUS ECCLESIAE DONO DEDIT A. MDCXLVI und undeutlichen Marken. Das Reliquiengefäss bildet ein horizontaler Glascylinder, darüber unter Baldachin Madonnenstatuette.

8. R e l i q u i a r, Silber, 40,5 cm hoch, vom J. 1655, aufrechtstehender Glascylinder, von zwei Säulen flankiert, auf rundem Fuss. Inschrift: SEREN. PRINCIPIS CONSILIA-

RIUS QUAESTOR GENERALIS ET TELONII SCRIBA ADOLPHUS BLAREN ET CATHARINA Lambertus-
kirche RENSING HOC OPUS FIERI FECERUNT A. 1655.

9. Silbernes Armreliquiar, 39 cm hoch, vom J. 1590, steife röhrenartige Hülse mit Glascylinder, schlecht graviert, als Abschluss die ausgestreckte Hand. Um den Fuss die Inschrift: BRACHIUM S. THOMAE APOSTOLI A. 1590.

10. Kreuzreliquiar, Silber, aus dem 17. Jh., auf rundem, getriebenem Fuss, mit einem (gesprungenen) Krystall in der Mitte, der eine Kreuzpartikel enthält. Am Fuss die (ältere) massive Figur des h. Apollinaris, an den drei kleeblattförmigen Enden Medaillons mit den hh. Lambertus, Pankratius, Wileikus. Auf dem Fuss die Beschauzeichen

11. Grosse Monstranz, von Monstranzen vergoldetem Silber, 98 cm hoch, eines der grössten und künstlerisch bedeutendsten Werke um 1500, im J. 1662 der Lambertuskirche durch Philipp Wilhelm geschenkt, der sie von Gustav Adolf erhalten, durch den sie aus einer Kirche Böhmens entführt war (Düsseld. Beitr. VII, S. 439). Der ganze Fuss im 18. Jh. erneut (mit drei gravierten Heiligenfiguren und dem kurfürstlichen Wappen).

Der Glascylinder ist von feinem Gitterwerk eingefasst und von doppeltem Strebesystem flankiert. Zwischen zwei Pfeilern erhebt sich auf gewundener Säule rechts die Gestalt der Madonna, links die (im 18. Jh. erneute) Figur des h. Apollinaris, zur Seite noch die kleineren Figürchen der hh. Sebastian und Christophorus. Der Aufsatz ist von der grössten Freiheit in der Verwendung der spätgothischen Zierformen, die Fialen sind zum Teil

Fig. 13. Düsseldorf.
Romanische Reliquienbüste in der Lambertuskirche.

geschwungen, die Türmchen aus gewundenen Ästen geformt, die obere Kreuzblume besteht aus geschnittenem Blattwerk. Über dem sechsseitigen Baldachin die Gestalt des Auferstandenen.

12. Monstranz, 65 cm hoch, Ende des 15. Jh., von vergoldetem Silber, mit auffällig breitem Glascylinder und dünnen Streben, der Baldachin geschweift und geschuppt und durch ein Kruzifix abgeschlossen. Vgl. Katalog der Ausstellung kunstgewerbl. Altertümer in Düsseldorf 1880, Nr. 593a.

Lambertus-kirche

13. Monstranz, 75 cm hoch, vom Anfang des 18. Jh., in Sonnenform, von Silber, mit sechs guten Medaillen behängt. Marken: Anker und B in quadratischer Umrahmung.

14. Rokokomonstranz, 65 cm hoch, Silber vergoldet, 18. Jh., in Sonnenform auf ovalem, getriebenem Fuss. Der Baldachin mit echten Steinen besetzt, als oberer Abschluss ein grosses Kreuz mit sieben unechten Steinen. An der Sonne befestigt sieben Medaillen, zwei mit reicher Renaissanceumrahmung und drei kleine Schmuckstücke des 18. Jh., Beschauzeichen undeutlich.

Käunchen

15. Zwei Kännchen, ursprünglich als Messpollen, dann als Reliquiare dienend, 18,5 und 18 cm hoch (Abb. AUS'M WEERTH, Kd. Taf. XXXI, 2; II, S. 47. — CHR. W. SCHMIDT, Kirchenmöbel und Utensilien Taf. 16 gut. — C. BECKER und J. H. VON HEFNER-ALTENECK, Kunstwerke und Gerätschaften, Ausgabe von 1863, III, Taf. 56), das erste mit geschweiftem Krystallbauch, der Fuss und der Deckel in zierlichster durchbrochener Arbeit von Silber, teilweise vergoldet, als Henkel eine Schlange; das zweite einfacher. Eine ähnliche Arbeit in der St. Foillans-Pfarrkirche zu Aachen.

Schüssel

16. Silberne ovale Taufschüssel, 54 × 47 cm, 17. Jh., getrieben, zum Teil vergoldet, mit grossem, wirkungsvollem Herzornament. Dazu gehörige vergoldete Taufkanne, 51 cm hoch, von schönen Umrissen.

Ciborium

17. Ciborium, Silber vergoldet, 17. Jh., mit grossem Deckel zwischen zwei flachen, durch vier Säulen getrennten Platten, mit einzelnen Heiligenfigürchen. Krönung fehlt. Mit den Beschauzeichen

Kelche

18. Kelch, von vergoldetem Silber, 23 cm hoch, Mitte des 15. Jh., mit auf der Seite à jour durchbrochenem Fuss von sechsseitiger Rose, Aufsatz, Schaft und Knauf mit reicher architektonischer Gliederung. Die Kuppe erneut.

19. Kelch, von vergoldetem Silber, 24,5 cm hoch, der mittlere Teil aus dem Anfang des 16. Jh., mit achtseitigem Knauf und achtseitigem Aufsatz mit kleinen Heiligenfigürchen, Kuppe und Fuss bei der Restauration vom J. 1658 erneut.

20. Kelch, 22 cm hoch, vom Anfang des 17. Jh., in guten Renaissanceformen getrieben, im Aufbau noch den gothischen Charakter wahrend.

21. Renaissancekelch, 22,5 cm hoch, Ende des 16. Jh., mit edlen Arabesken und Riemenornamenten in getriebener Arbeit, auf dem Fuss die Beschauzeichen

22. Rokokokelch, 25 cm hoch, derb getrieben, mit den Beschauzeichen

Becher

23. Zwei Trinkbecher, 18 cm hoch, von vergoldetem Silber getrieben, mit Buckeln, 16. Jh. Beschauzeichen

Pokal

24. Pokal, 29 cm hoch, von vergoldetem Silber, von schlanken Formen, gebuckelt, 16. Jh. mit Marke P. S.

Buchdeckel

25. Buchdeckel (Fig. 14), 29 × 39 cm, von vergoldetem Silber getrieben, edle Arbeit des 15. Jh., auf neuem rotem Sammet befestigt. Im Mittelfeld die Krönung Mariä: Christus neben der die Hände andächtig faltenden Madonna thronend setzt dieser die Krone auf das Haupt. Der Sockel mit Filigranornament. Die vier Eckschliessen mit den vier gut stilisierten Evangelistensymbolen. Katalog der Ausstellung kunstgewerbl. Altertümer in Düsseldorf 1880, Nr. 969.

Abtsstab

26. Abtsstab von Kloster Altenberg, 1,92 m lang, aus gediegenem Silber. Der aus drei Teilen bestehende durch Schraubenwindungen zusammengesetzte Stab mit

schönen getriebenen Blattornamenten, abschliessend mit einem weit ausladenden durch zwei Puttenköpfe verzierten Knauf, ist eine edle Arbeit des 16. Jh., die 1723 durch eine neue Windung gekrönt wurde. Diese besteht aus einer ziemlich rohen, mit dünnen geschnittenen Silberblättern versehenen Wulst, in der Mitte vor Strahlensonne die Kniefiguren der Madonna und des h. Bernhard. Am Knauf zwei Medaillons, von Granaten eingefasst, mit dem Altenberger Wappen und der Inschrift: MEMORIA R. D. GODEFRIDI VET. MONTIS ABBATIS 1723.

Lambertus-
kirche

27. Kruzifix, von Holz mit Silberbeschlägen, 1,02 m hoch, der Fuss mit guten Ornamenten, 1706 v. Hermann Gerlac von Balen geschenkt.

Kruzifix

28. Sechs silberne Rokoleuchter, 70 cm hoch; sechs silberne Empireleuchter, 52 cm hoch.

Leuchter

29 Silb. Ampel, reich getrieben und durchbrochen, auf dem Körper die Inschrift: EX LEGATO D. PETRI ALDEN-HOVEN CANONICI SENIORIS HUIUS ECCLESIAE 1682. EX LEGATO DOMICELLAE MAGDA-LENAE GYPENBUSCH 1682.

30. Kapelle von silberdurchwirktem Lyoner drap d'argent aus dem 17. Jh., die Kasel mit 22 cm breiten Stäben mit den kostbarsten Stickereien in Lasurmanier und Plattstich. zu den grössten Meisterwerken der niederrheinischen unter burgundischem Einfluss stehenden Nadelmalerei der 2. H. des 15. Jh. gehörend, schöne edle Kompositionen, vortrefflich erhalten, leider im 17. Jh. beschnitten. Auf dem Kreuz die Verkündigung und der erste

Paramente

Fig. 14. Düsseldorf. Getriebener Buchdeckel in der Lambertuskirche.

Tempelgang Mariens, zur Seite die seltene Darstellung: Maria wird durch den Engel gespeist und getränkt. Auf dem Stab der h. Joachim und die h. Anna und Mariä Geburt. Vgl. BOCK, Geschichte der liturgischen Gewänder I, S. 270.

Zwei dazu gehörige Dalmatiken von demselben Stoff mit den alten verschnittenen Stäben des 15. Jh. besetzt, die Ärmel besetzt mit Kölnischen Borden, die die Namen JHESUS MARIA und die Wappen von Jülich-Berg und Sachsen-Lauenburg enthalten (die Stifter darnach Gerhard von Jülich-Berg, 1437—1475, und Sophia von Sachsen-Lauenburg, † 1473), auf dem Querriegel dieselben Wappen, auf jedem der Längsstäbe je drei Einzelfiguren in Lasurmanier appliziert. neben den Heiligen zweimal der Herzog. Vgl. Katalog der Ausstellung kunstgewerbl. Altertümer in Düsseldorf 1880, Nr. 546, 547.

4

31. Kasel von Seidenstoff des 17. Jh. mit velourartig aufliegendem Dessin auf silberdurchwirktem Grund. Kreuz und Stab in Goldfäden eingestickt. Vgl. Katalog der Ausstellung kunstgewerbl. Altertümer in Düsseldorf 1880, Nr. 551.

32. Mitra von rotem Sammet mit schwerer silberner und goldener Bouillonstickerei, zum Teil leicht mit blauer und grüner Seide lasiert, die Bänder mit alter Goldfranse, kostbare Arbeit des 17. Jh.

33. Antependium von rotem Sammet, Ende des 16. Jh., in fünf Feldern mit dem wechselnden Wappen des Reichsadlers und des Kreuzes von Jerusalem bestickt, in Bouillonstickerei von Seide, nur von Goldkördelchen umgeben, in der Mitte Kreuz mit Dornenkrone, zur Seite viermal das grosse herzoglich Bergische Wappen.

34. Rotsammetene Kasel mit goldener Bouillonstickerei, Kreuz von Silberstoff mit Goldranken des 17. Jh.

35. Weifsseidenes Antependium mit goldener Bouillonstickerei und goldener Spitze, Ende des 18. Jh.

Die drei folgenden Schreine werden hinter dem Hochaltar in einem vergitterten Schranke aufbewahrt.

36. Schrein des h. Apollinaris, von vergoldetem Rotkupfer mit Silberbeschlägen, darauf ruhend der h. Apollinaris, in Silber getrieben und vergoldet, vorn in Email das Pfälzisch-Bergische Wappen, 1665 vom Herzog Philipp Wilhelm geschenkt (BAYERLE S. 69. — Ann. h. V. N. XXVI, S. 414).

37. Schrein des h. Willeicus, Lade von schwarzem Holz mit silbernen Beschlägen, darauf die sitzende Figur des Heiligen mit Kelch und Buch, vergoldet, Ende des 18. Jh.

38. Schrein des h. Pancratius, hölzerne Lade vom Ende des 15. Jh., in der Form einer einschiffigen Kirche mit Giebel, die einzelnen Felder mit Gemälden auf schwarzgrünem Grunde bedeckt (leider übel restauriert). Die Kanten vergoldet. Auf den Giebelseiten St. Georg mit dem Drachen und die Madonna mit dem Kinde, um dessen Hals ein Rosenkranz geschlungen ist (darnach wohl Stiftung der Rosenkranzbruderschaft). Auf den Langseiten die zwölf Apostel, auf dem Deckel je zwei musicierende Engel.

Glocken. BAYERLE S. 112. Die grösste mit der Inschrift: † SANCTISSIMA ET INDIVIDUA TRINITAS, SANCTORUM APOLLINARIS, PANCRATII ET WILLEYCI PRECIBUS, QUORUM SANCTA CORPORA IN HAC ECCLESIA REPOSITA SUNT, PESTEM, FAMEM, BELLUM CUNCTAQUE PERICULA AB HAC CIVITATE CLEMENTER AVERTAT. FRANCISCUS ET PETRUS HEMONY ME FEC. ANNO 1644, verziert mit den Figuren der drei Schutzpatrone. Im J. 1893 umgegossen. Die vier übrigen Glocken 1812 verkauft. Ihre Inschriften bei BAYERLE S. 113. Die erste von 1737 durch *Christian Wilhelm Voigt*, die zweite von 1643 durch *Franz und Peter Hemony*, die dritte von 1717 durch *Godfried Dinckelmeyer* von Köln, die vierte von 1756 durch *Christian Wilhelm Voigt* gegossen. Vgl. BAUDRI, Organ für christl. Kunst VIII, S. 224.

Dafür befinden sich jetzt im Kirchturme drei aus Siegburg stammende Glocken. Die erste vom J. 1647 mit der Inschrift: S. MICHAEL ARCHANGELE, DEFENDE NOS IN PRAELIO. NE PEREAMUS IN TREMENDO JUDICIO. BERTRAMUS A BEILLINGHAUSEN, ABBAS ET DOMINUS IN SIEGBURG, STRALEN, GULS, EVENHEIM ET WIESKIRCHEN, FUNDI FECIT A. MDCXLVII.

Die zweite mit der Inschrift: PRAETIOSA SUNT THEBAEORUM MARTYRUM CORPORA S. MAURITII ET SOCIORUM EIUS, QUI SUB MAXIMIANO MORTEM DEBUERUNT SUSCIPERE. BERTRAMUS A BEILLINGHAUSEN, ABBAS ET DOMINUS IN SIEGBURG, STRALEN,

GULS, EWENHEIM ET WIESKIRCHEN, FUNDI FECIT A. MDCXLVII. CLAUDIUS LAMIRAL, ANTONIUS PARIS ME FECERUNT.

Die dritte mit der Inschrift: ANNO SANCTE PATER DEPELLE, INFRINGE, COËRCE HINC IMBRES, TONITRU (SO), DAEMONIS INSIDIAS. JOANNES A BACK IN BATTEREN, LIBERAE IMPERIALIS ABBATIAE IN SIEGBURG PRAELATUS, D. TERRITORIALIS IBIDEM, STRALENAE, GULSAE, EWENHEIM ET WIESKIRCHEN, FUNDI FECIT A. 1662.

Die Rosenkranzglocke aus der 1. H. des 18. Jh. stammt aus der Kreuzherren-kirche. Inschrift: EX LIBERALI BENEFICENTIA SERENISSIMAE ELECTRICIS ELISABETHAE AUGUSTAE REFECTA CONFRATRIBUS ET SORORIBUS REVIXI. CHRISTIAN WILHELM VOIGT.

Die Uhrglocke vom J. 1462 mit der Inschrift: COLLIGO PATRONOS DEFENSORES OPE PRONOS: CHRISTOFORUM, THOMAM, LAMBERTUM, APOLINAREM: CUM SUIS CERTIS COMPATRONIS SOCIARIS. ANNO DOMINI MCCCCLXII.

Fig. 15. Düsseldorf. Ansicht der Maxkirche.

MAXKIRCHE, ehemal. FRANZISKANERKIRCHE. BAYERLE S. 170 bis 189. — Geschichte der Stadt Düsseldorf S. 87.

Handschriftl. Qu. Im Staatsarchiv zu Düsseldorf: Hs. A. 185, Chronica conv. Düsseldorp. fratrum minorum recollectorum 1650—1693.

Nachdem 1650 die Franziskaner nach Düsseldorf gekommen waren, wurde 1655 mit dem Bau der älteren Kirche und des Klosters begonnen, die 1659 und 1661 ein-geweiht worden sind. Im J. 1734 wurde der erste Stein zum Neubau der Kirche gelegt, die 1737 am 4. Okt. eingeweiht ward. Im J. 1805 wurde sie, nachdem das Franziskanerkloster 1803 aufgehoben worden, zur zweiten Pfarrkirche der Stadt erhoben.

Dreischiffiger Hallenbau von Backstein, im Lichten 46,40 m lang, 18 m breit. Die Aussenarchitektur hat durch leichte Hausteingesimse und kräftigere cementierte Pilaster einige Gliederung erhalten. Die Westfaçade mit dem risalitartig vortretenden Mittelteil schliesst mit einem flachen Giebel ab, über dem sich der hübsche sechs-seitige geschieferte Dachreiter erhebt. In den Triglyphen des Architravs die Jahres-zahl: MDCCXXXVI. Über dem von zwei Säulen mit korinthischen Kapitälen flankierten Portal eine Nische mit der (neuen) Statue des h. Franziskus, darüber ein im Rund-

Maxkirche

Inneres

Fig. 16. Düsseldorf. Adlerpult in der Maxkirche.

bogen geschlossenes Fenster m. geschweifter Hausteinumrahmung. Über dem Beginn des Chores sitzt auf dem geschweiften u. gebrochenen Dach noch ein zweites sechsseitiges offenes Türmchen auf (F. 15).

Im Innern tragen vier Säulenpaare mit schönen polygonalen Basen und hohen jonischen Kapitälen, auf denen noch hohe würfelförmige mit einem Kämpfer gekrönte Gebälkstücke aufsitzen, die flachen Gratgewölbe, die durch Gurte getrennt und mit flachen leicht polychromierten Stuckarabesken bedeckt sind. Die Kirche ist nach Süden orientiert. Nach Osten zu je vier grosse rundbogige Fenster. Im Chorhaus auf beiden Seiten je ein gleiches Fenster. Die Pilaster im Chorabschluss zeigen den gleichen Kapitälschmuck wie die Säulen des Langhauses. An der Westwand entsprechen d. Fenstern grosse Blenden mit Emporen. Die Sakristei mit Mittelsäule u. vier Gratgewölben. Vom Kloster nur ein Stück des Kreuzganges a. d. 18. Jh. bemerkenswert.

Zweireihige Rokokochorstühle ohne Rückwand mit hübsch geschnitzten Wangenstücken.

Maxkirche
Ausstattung

Reichgeschnitzte Rokokokanzel mit Freitreppe und Baldachin. Die weitere Ausstattung der Kirche in den leichten und zart geschwungenen Formen des rheinischen Rokoko, die Sitzbankwangen kühn ausgeschweift.

Bronzenes Adlerpult, 2 m hoch, vom J. 1449, aus der Abtei Altenberg stammend (Fig. 16. — BAYERLE S. 187. — CHR. W. SCHMIDT, Kirchenmöbel u. Utensilien Taf. 25). Um den dreiseitigen Fuss die Inschrift: ANNO INCARNACIONIS HOC CONFLATUM LECCIONIS M QUATER C ET VIIII QUATER X FORE FATUR CONFECTUM VETERIS MONTIS JOH. CURAM GERENS NOMEN KODEKONEN FERENS HOC FIERI FACIENS. Der über dem mit Masswerk bedeckten einfach profilierten Unterbau sich erhebende Aufsatz ist auf jeder der drei Seiten von einem nasenbesetzten Spitzbogenfenster durchbrochen, über dem zwei Reihen von gothischen Vergitterungen sich hinziehen, an den Kanten Strebesysteme. Der sechsseitige zinnengekrönte Mittelbau trägt eine Kugel, auf dem ein mächtiger prachtvoll stilisierter Adler sitzt, jede Feder einzeln durchgeführt, die Augen von Krystall eingesetzt. Die Tragleiste für das Buch auf seinem Rücken stützt eine kleine hockende Hundefigur, die Krallen ruhen auf einer Art Fledermaus, deren ausgebreitete Flügel genau erkennbar sind, während Kopf und Schwanz abgebrochen sind.

Adlerpult

Ähnliche Werke im Münster zu Aachen und in der Kirche zu Erkelenz (Abb. AUS'M WEERTH, Kd. Taf. XXXVIII, 14; XXXI, 11), in der Reinoldikirche zu Dortmund (STATZ u. UNGEWITTER, Gothisches Musterbuch Taf. 197, 4—9), in der Marienkirche daselbst und in der Kirche zu Marienfeld, in den Kirchen St. Martin zu Hal und St. Germain zu Tirlemont (YSENDYCK, Documents classés de l'art dans les Paisbas I, pl. 5. — L'art pour tous XXI, Nr. 533), in S. Severin in Köln, in S. Marco und im Museo Correr zu Venedig.

Alliancewappen des Kurfürsten Philipp Wilhelm und der Sophia Dorothea, von Holz, vergoldet, von zwei Löwen gehalten (im Kreuzgang).

Wappen

Die Sakristei mit Holzverkleidung und grossen Schränken, durch leichte und graziöse Ornamente ausgezeichnet, dazu ovale Medaillons mit den geschnitzten Halbfiguren der hh. Bonaventura, Peter von Siena und Antonius Franziskus. Bunte holländische Kacheln an den Wänden verstärken die gute Gesamtwirkung des Raumes.

Sakristei

Kasel von burgundischem purpurroten Sammetbrokat auf glattem goldenen Grunde, auf dem das Granatapfelmuster mit Früchten frisés d'or stehen geblieben ist, in grossem Dessin, leider beschnitten, auf dem Kreuz der Kruzifixus mit Gottvater, Maria, Johannes und vier Engeln, auf der Vorderseite zwei Heilige mit den Wappen des Herzogs Wilhelm von Jülich-Berg † 1511 und der Sibylle von Brandenburg † 1524. — Dazu zwei Dalmatiken, auf den Stäben je drei Einzelfiguren von Heiligen, auf dem breiten Riegel ein schöngezeichneter Engel, in der Hand das Wappen des Herzogs haltend, auf der Rückseite das Wappen der Herzogin.

Paramente

Kasel von kostbarem und seltenem roten Sammetstoff, der Grund von parallelen Goldfäden durchzogen, mit in zarten Wellenlinien ausgeführtem Blattmuster. Die 13 cm breiten Stäbe enthalten übereinander die drei Einzelfiguren von Christus, S. Johannes dem Täufer und S. Peter, appliziert und in Plattstich ausgeführt, durchweg mit der Nadel modelliert. Auf der Rückseite die Madonna und der h. Benediktus. Das Prachtstück, das nach den Wappen ein Geschenk des Herzogs Reinhard zu Geldern und Jülich † 1423 und seiner Gattin Maria v. Harcourt ist, ist ebenfalls beschnitten und verstümmelt. — Dazu zwei Dalmatiken von gut erhaltenem Stoff, auf den 6 cm breiten Stäben die hh. Paulus und Jakobus, Joseph und Andreas mit

Maxkirche denselben Wappen wie auf der Kasel. Beide Kapellen stammen aus Altenberg (BOCK, Geschichte der liturgischen Gewänder I, S. 270).

Glocken Glocken. Die älteste, aus der Kreuzherrenkirche stammend, mit der Inschrift: SUB TUTELA ET PATROCINIIS SS. DONATI ODILIAE VII IDUS JUNII REPARATA. CHRISTIAN WILHELM VOGT IN DUSSELDORF ME FECIT. Die übrigen erst aus dem 19. Jh.

Rochuskapelle ROCHUSKAPELLE in Pempelfort, im J. 1667 geweiht (Berg. Zs. XII, S. 200) zur Danksagung wegen des Aufhörens der Pest; schmuckloser und unbedeutender kreuzförmiger Backsteinbau mit geschweiftem Giebel und achtseitigem Dachreiter.

Ursuline-rinnenkirche URSULINERINNENKIRCHE. BAYERLE S. 221. — Geschichte der Stadt Düsseldorf S. 88, 379.

Die neue Kirche für die 1681 nach Düsseldorf gekommenen Ursulinerinnen wurde 1702 erbaut. Schmucklose flach gedeckte Kapelle mit rundum laufender Empore.

Altar Altar in reizvollen Rokokoformen, weiss und gold.

Kruzifix Kruzifix, 1,10 m hoch, Ende des 15. Jh., hart und steif mit gutem Kopf, neu bemalt.

Paramente Paramente des 17. Jh., zumeist Stickereien der Schwester Maria Louise vom J. 1680, Kaseln in roter Seide, mit Blumen bestickt, in weisser Seide mit Darstellung der h. Familie; rotes Kelchvelum mit Blumen, weisses mit Darstellung der Madonna und des Christkindes, der hh. Michael, Antonius, Augustinus; Antependium, von roter Seide, 2,60 × 1 m, mit Ranken und Blumen in Plattstich und Bouillonstich. Vgl. Katalog der Ausstellung zur Feier des 600jähr. Bestehens Düsseldorfs als Stadt S. 80.

Evangel. Kirche EVANGELISCHE (lutherische) KIRCHE. Geschichte der Stadt Düsseldorf S. 378.

Im J. 1687 errichtet, Ziegelrohbau ohne Turm in deutscher Renaissance, das Innere mit Spalierstichbogengewölben und zwei Reihen Emporen auf Holzpfosten.

Silberschatz Der Silberschatz des Presbyteriums der evangelischen Gemeinde birgt eine Reihe einfacher älterer Werke aus dem 17. Jh., vor allem fünf silberne Taufschüsseln, drei datiert von 1615, 1659, 1673, Abendmahlskannen und Kelche des 17. Jh., vgl. ausführlich Katalog der Ausstellung zur Feier des 600jähr. Bestehens Düsseldorfs als Stadt 1888, S. 81, Nr. 909—931.

Ehemalige Klosteranlagen.

Coelestine-rinnenkloster COELESTINERINNENKLOSTER. BAYERLE S. 67. — Geschichte der Stadt Düsseldorf S. 85. — Urk. von 1582—1676 bei ILGEN, Rhein. Archiv S. 72.

Das Kloster von 1688—1691 erbaut, die Kirche 1699 begonnen, 1701 vollendet; beide 1794 bei dem Bombardement zerstört.

Das ehemalige Kloster, Ratingerstrasse Nr. 13 dient jetzt als Städtisches Pflegehaus. Die Kirche, Nr. 17, jetzt Privathaus, zeigt äusserlich noch sechs Pilaster mit grossen jonischen Kapitälen. Im Pflegehaus barocke, derb polychromierte Madonna, sechs Nonnen mit ihrem Mantel deckend.

Kloster Düsselthal KLOSTER DÜSSELTHAL. Geschichte der Stadt Düsseldorf S. 354. — v. MEHRING, Burgen, Klöster und Abteien im Rheinlande XI, S. 1. — Düsselthal: Allgemeine Unterhaltungsblätter, Münster 1830, Nr. 4; 1831, Nr. 2. — W. GREVEL, Overdyck: Rhein.-Westfäl. Ztg. 29. Okt. 1893.

Handschriftl. Qu. Im Staatsarchiv zu Düsseldorf: 250 Urk. von 1467 ab. Vgl. ILGEN, Rhein. Archiv S. 72.

Kurfürst Johann Wilhelm siedelte im J. 1707 zu Düsselthal eine aus der Abtei Orval in Luxemburg hervorgegangene Niederlassung von Cisterciensermönchen an, die 1714 zur Abtei erhoben wurde; die Klostergebäude entstanden in den nächsten Jahren.

Kloster Düsselthal Geschichte

Von den Gebäuden ist nur der Thorbau vom J. 1716 erhalten, mit zwei höheren nach aussen turmartigen Seitenflügeln; über dem von Bossenquadern eingefassten Thor zwei Löwen als Wappenhalter, darüber eine Madonna. In der Bogenrundung eine Holzschnitzerei, darstellend den Stern über den Wassern. In gleichen Abständen rechts und links vor dem Thore vier gleiche Häuser für die Bauleute des Klosters mit je auf vier Pfeilern ruhender Vorhalle.

Reste

KAPUZINERKLOSTER. BAYERLE S. 63. — Geschichte der Stadt Düsseldorf S. 380.

Kapuziner-kloster

Die Kirche wurde von 1621—1624 erbaut, 1670 daneben eine Kapelle der h. Anna errichtet; 1706 wurde der neue Klosterbau begonnen. Das Kloster wurde 1803 aufgehoben.

KREUZHERRENKLOSTERKIRCHE. C. R. HERMANS, Annales canon. regul. S. Augustini ord. s. crucis, Herzogenbusch 1858, I, p. 95; II, p. 547; III, p. 161. — BAYERLE S. 23, 242. — Geschichte der Stadt Düsseldorf S. 67, 70, 357, 363, mit Abb. — v. SCHAUMBURG, Historische Wanderung S. 17.

Kreuzherren-kloster

Handschriftl. Qu. Im Staatsarchiv: 216 Urk. von 1369—1793 und Akten, vgl. ILGEN, Rhein. Archiv S. 72. — In der Landesbibliothek: Cod. B. 106 HENRICI MILLINGE sermones de sanctis, 15 Jh., mit Nachrichten über das wunderthätige Bild der Kapelle.

Neben der Liebfrauenkapelle vor dem Liebfrauenthor wurde 1443 durch die von Herzog Gerhard von Jülich-Berg nach Düsseldorf berufenen Kreuzherren eine Klosterkirche erbaut (nicht schon 1399: STRAUVEN, Die fürstlichen Mausoleen Düsseldorfs S. 11. — Geschichte der Stadt Düsseldorf S. 67). Das Hospital wurde bald verlegt, zuletzt (1772) nach der Neustadt, wo es noch jetzt besteht. Die Kapelle wurde 1811 abgebrochen, die Kirche dient jetzt als Montierungsdepot.

Geschichte

Zweischiffige Hallenkirche von Backstein mit hohen vorstehenden Giebeln und zweimal abgetreppten Strebepfeilern, von grosser Schmucklosigkeit in den Formen. Zwischen den beiden Chörchen im Osten eingebaut ein vierseitiges Türmchen, auf das zwei barocke Obergeschosse aufgesetzt sind mit ins Achteck übergeführter geschieferter Haube. In die Aussenmauern sind bei dem Umbau des Inneren neue Fenster eingebrochen, die alten hohen spitzbogigen Fensteröffnungen sind vermauert. Im Inneren fünf achteckige Pfeiler mit je zwei vorgelegten Diensten, welche ebenso wie die entsprechenden Dreiviertelssäulen der Wandpfeiler Blattkapitäle tragen.

Beschreibung

Inschriften von Grabsteinen in der REDINGHOVENschen Sammlung XXIV, Bl. 200 (München, Staatsbibliothek), darunter eine Kupferplatte mit dem Epitaph der 1576 verstorbenen Elisabeth vom Haus, weiter verschiedene Herren von Horst, Plettenberg, Nesselrat, Reuschenberg, Mettenich, Lützenradt, Landsberg. Vgl. auch BAYERLE S. 87.

Inschriften

IV. Weltliche Gebäude.

STADTBEFESTIGUNGEN. Ausführlich W. HERCHENBACH, Düsseldorf als Festung: Düss. Zs. 1883, S. 128. — OTTOMAR MOELLER, Die Baugeschichte von Düsseldorf: Geschichte der Stadt Düsseldorf S. 351. Vgl. Taf. IV.

Stadt-befestigungen

1. Periode bis zum Ende des 13. Jh. Die älteste Stadt (Urk. über die Stadterhebung: LACOMBLET, U B. II, Nr. 846; vgl. I, S. 501, Anm. 2) bildete ein unregel-

Bis Ende des 13. Jh.

Stadt-
befestigungen mässiges Viereck, dessen Ummauerung auf dem rechten Ufer der Düssel vom Anfang der Krämerstrasse bis zur Liefergasse ging, dort nach der Altestadt umbog, von hier in schräger Richtung bis zur Ritterstrasse und von dort bis zum Rheine lief. Die Burg der bergischen Grafen lag ausserhalb der Gräben (Taf. IV, 1).

Bis Ende des
14. Jh. 2. Periode bis zum Ende des 14. Jh. Im Laufe des 14. Jh. wurde die Stadt gegen Süden vergrössert, die Mühlenstrasse, die Kurze Strasse, die untere Bolkerstrasse und ein Teil des Burgplatzes wurden als „neue Stadt" angebaut und wohl auch mit einer Mauer umzogen (Taf. IV, 2).

1394—1550 3. Periode von 1394—1550. Durch Wilhelm I. wurde 1394 der Platz zwischen Oberdüssel, Rhein und neuer Stadt den Bürgern zur Bebauung überwiesen: es entstanden die Flinger-, Berger- und Rheinstr. (LACOMBLET, U B. III, Nr. 1001, 1009).

Der neue Mauerring führte im 15. Jh. von dem am Nordwestende der Stadt gelegenen Zollturme bis zu dem am Eiskeller im Nordosten liegenden Turme (die Fundamente im Eiskellerberg erhalten), von diesem nach dem Turme am Stadtbrückchen, weiter nach Südwesten bis zum Zusammenstoss der jetzigen Hafen- und Akademiestrasse, wo ursprünglich das Bergerthor stand, und endlich von da nach Nordwesten durch die Akademie- und Rheinstrasse nach dem Rheinthore. Die fünf Hauptthore waren Ratingerthor, Flingerthor, Bergerthor, Rheinthor, Zollthor.

1550—1620 4. Periode von 1550—1620. Im J. 1614 begann der Pfalzgraf Wolfgang Wilhelm eine Erweiterung der Fortifikation, die 1621 fortgesetzt ward. Durch sie wurden die bisher als Wallgänge gebrauchten Neu- und Wallstrassen, sowie der jetzige Friedrichsplatz geschaffen. Ausser den vier Bastionen am Eiskeller, am Mühlenplätzchen, am alten Flingerthore und am Bergerthore wurde die bereits 1552 begonnene Citadelle auf der Südwestseite der Stadt mit zwei Bastionen nach der Neustadt und einer Bastion am ehemaligen Hafen gegenüber dem Rheinörtchen ausgebaut. Bergerthor und Flingerthor wurden hinausgeschoben (Taf. IV, 3).

1620—1764 5. Periode von 1620—1764. In der 2. H. des 17. Jh. wurden die Hafenstrasse, die Citadellstrasse, die Dammstrasse, im J. 1709 die Neustadt angelegt. Die grossartigen, vom Kurfürst Johann Wilhelm geplanten Neubauten, darunter das Schloss in der Neustadt, kamen nicht zur Ausführung, dafür wurde die Festung durch die sogenannte „Extension" erweitert, eine Linie, die an der Ecke der heutigen Königsallee und Königsstrasse bei den alten Festungswerken begann, bis zur Gegend der bisherigen Bahnhöfe lief und von da an bis zur Citadelle die Richtung nach dem Schwanenmarkt nahm (Taf. IV, 4).

1764—1798 6. Periode von 1764—1798. Unter der Leitung des Grafen Goltstein wurde die durch die Extension entbehrlich gewordene Front von der Flinger- bis zur Bergerbastion geschleift: auf der gewonnenen grossen Fläche konnte die Karlsstadt angelegt werden (Taf. IV, 5).

Von 1801 ab 7. Periode vom J. 1801 an. In diesem Zustande befanden sich die Befestigungen bis zum Friedensschlusse von Luneville 1801, in dem die Schleifung der Festungswerke angeordnet wurde, die gegen 1811 durchgeführt war. Kurfürst Maximilian Joseph, der die hohe Bedeutung der Stadterweiterung erkannte, setzte eine besondere Kommission ein, an deren Spitze der Hofrat Jacobi stand. Im J. 1802 beginnt der systematische und glänzende Ausbau des modernen Düsseldorf.

Hofgarten Nachdem der alte Hofgarten zu Pempelfort schon 1769 in eine öffentliche Promenade verwandelt worden war, erfolgte vom J. 1803 ab durch *Maximilian Friedrich Weyhe* die Schöpfung des neuen Hofgartens auf dem durch die Schleifung der Festungswerke gewonnenen Terrain, eine der schönsten und reizvollsten Gartenanlagen der

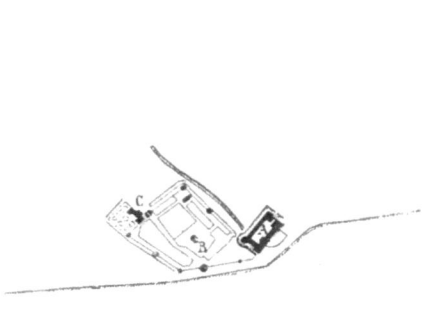

1280.

1384.

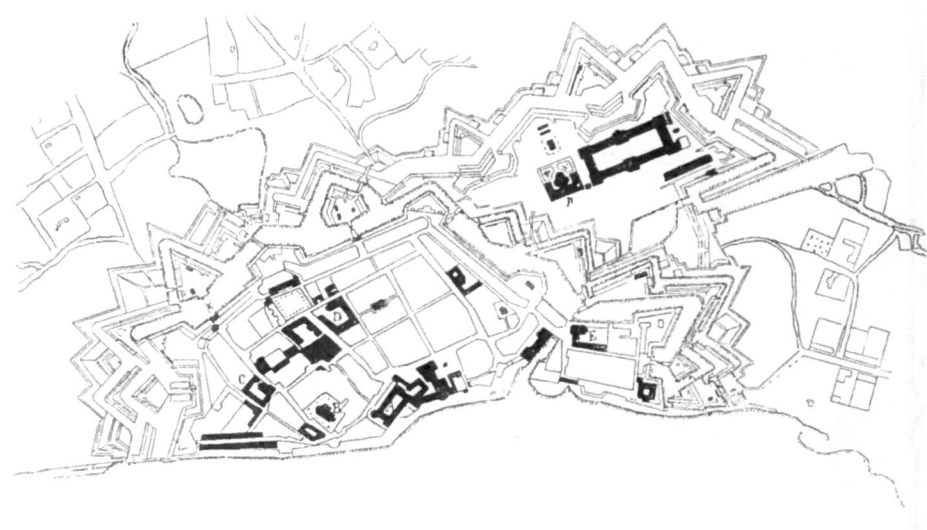

1762.

Düsseldorf. Erweiteru

A. Schloss.   B. Lambertuskirche.   C. Kreuzherrenkirche.

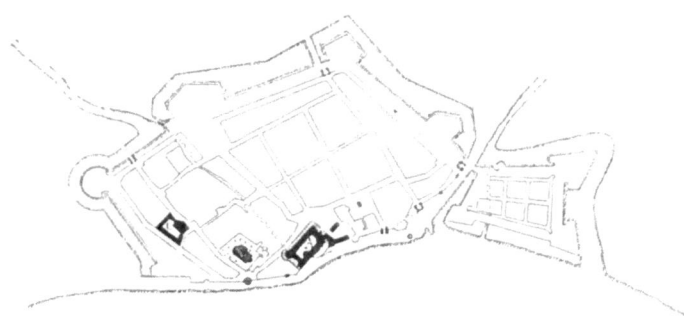

1620.

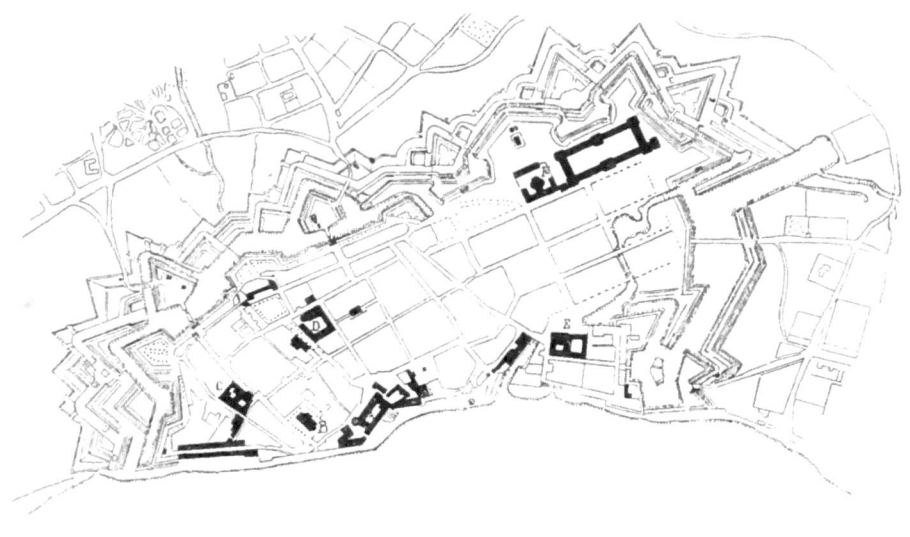

1798.

r Stadt von 1280 bis 1798.

suitenkirche. E. Franziskanerkirche. F. Garnisonpfarrkirche.

Neuzeit. Ausführlich O. REDLICH und FR. HILLEBRECHT, Der Hofgarten zu Düssel-

Von den älteren Thoren ist nur noch eines, das B E R G E R T H O R am Beginn
Düsseldorf 20. Nov. 1893). An der alten Bergerpforte liess 1609 Kurfürst Sigismund
das Brandenburger Wappen anschlagen. Dieses alte Thor fiel bei der Verstärkung der
Befestigungen um das J. 1620;
an ihrer Statt wurde am anderen Ende der Citadellstrasse
ein neues Thor errichtet, das
1751 durch Karl Theodor
erneut wurde. Der plastische
Schmuck wurde hierbei durch
Balthasar Späth ausgeführt.

Das Thor ist ein grosser
zweistöckiger Backsteinbau, mit
einem mittleren Teil, der nach
der Bergerallee als Risalit vor-
springt und zwei Seitenflügeln
von je drei Achsen. Die mit
flachen Tonnen überspannte
Durchfahrt erweitert sich in
der Mitte zu einem runden
kuppelartigen Raum m. Schiefs-
schartenöffnungen in den Seiten; in der Ostseite führt die
Treppe in das obere Stockwerk. Der obere Aufbau zeigt
nach der Bergerallee zu eine
interessante Gliederung. Während nach der Citadellstrasse
sich ein einziges durchlaufen-
des zweites Stockwerk erhebt,
ist dies nach der entgegen-
gesetzten Seite in drei Trakte
zerlegt, denen über dem Risalit
ein vierter sich anschliesst. Über
der Durchfahrt liegt ein kleiner
cementierter Hof, nach dem   Fig. 17. Düsseldorf. Das Bergerthor von der Bäckerstrasse.
sich die Gefängniszellen öffnen.

Die der alten Stadt, der Bäckerstrasse zugekehrte Façade (Fig. 17) wird von
einem in der Mitte im Halbrund ausladenden Hausteingesims abgeschlossen. Über
dem Portal, dessen Schlufsstein ein Löwenkopf bildet, über dem sich ein behelmtes
Kriegerhaupt erhebt, zeigt der von zwei auf Konsolen gestellten Pilastern eingerahmte
Mittelteil einen wirkungsvollen plastischen Schmuck in Haustein. Zur Seite des Mittelfensters bauen sich kriegerische Trophäen auf, die Krönung bilden zwei von dem
Kurhut überragte Kartouchen mit den Medaillons C T (Carl Theodor) und E A (Elisabeth Augusta). Unter dem Fenster die Inschrift: REÆDIFICATUM MDCCLI.

Bergerthor   Die der Bergerallee zugekehrte Façade zeigt, ähnlich der Citadelle zu Wesel (Kunstdenkmäler d. Kr. Rees S. 143), eine kräftige Gliederung durch zwei starke, mit bossenartigen Querbändern durchzogene Pilaster aus riesigen Trachytquadern, die den hohen Architrav tragen. Ein flacher Giebel mit einem Rundfenster bildet den Abschluss. Darüber erhebt sich eine Attika, auf der, von Löwenkopf und Löwenklauen gehalten, ein plastisch gearbeitetes Tuch ausgespannt ist mit dem Chronikon: ITA SVRREXI PIE REGNANTIBVS VERIS PATRIAE PARENTIBVS SERENISSIMIS CAROLO THEODORO ET ELISABETHA AVGVSTA (1751).

Der Bogenabschluss der Ausfahrt ist auf dieser Seite mit dem grossen bergischen Wappen darüber (die Klammern sind noch erhalten) ausgebrochen. Eine Zeichnung des Wappens befindet sich im Besitz des Herrn Amtsgerichtsrats Strauven in Neuss.

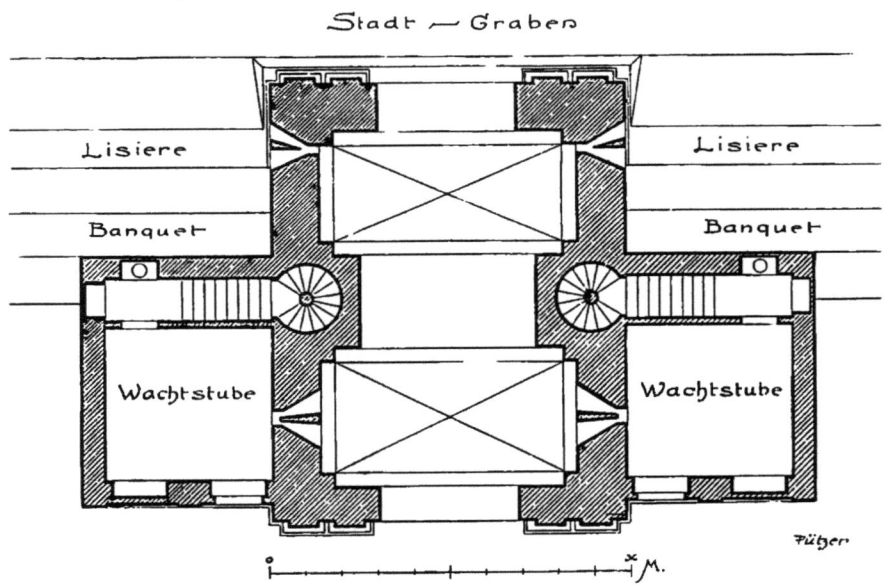

Fig. 18. Düsseldorf. Grundriss des abgerissenen Ratingerthores.

Ratingerthor   Die übrigen Thore sind bei der Schleifung der Festungswerke niedergelegt worden. Dem Bergerthor ähnlich war das RATINGER THOR, dessen Innenfaçade entsprechend der Aussenfaçade des ersteren gegliedert war (Zeichnung von *Custodis* im Stadtarchiv, Mappe VI, Nr. 6 und im Historischen Museum; Abb. Geschichte der Stadt Düsseldorf S. 368). Das jetzige aus dem Anfang des Jh. stammende Thor besteht aus zwei fast quadratischen Hallenbauten im Schinkelschen Stile, mit grossen dorischen Säulen, Architrav mit Lorbeerkränzen in den Metopen und flachem Giebel, die ursprünglich durch ein grosses schmiedeeisernes Gitter verbunden waren. Der Grundriss des alten Thores (Fig. 18) zeichnete sich noch mehr als der des Bergerthores durch grosse Symmetrie der Anlage aus und kann als typisch für die gleichzeitigen Befestigungen dienen. Abbildungen der alten Thore in der Geschichte der Stadt Düsseldorf S. 368 u. 369.

Schloss   SCHLOSS. K. STRAUVEN, Geschichte des Schlosses zu Düsseldorf von seiner Gründung bis zum Brand am 20. März 1872, Düsseldorf 1872. Dazu Ann. h. V. N.

XXV, S. 289. — H. Keussen, Beitrag zur Baugeschichte des Düsseldorfer Schlosses: Berg. Zs. XXII, S. 148. — Geschichte der Stadt Düsseldorf S. 362, 373. — Reise auf dem Rhein, Koblenz 1790, S. 361. — Georg Forster, Ansichten vom Niederrhein, Berlin 1791, I, S. 114, 163.

Die Burg wurde wohl schon vor 1260 gegründet: der älteste Teil A stand auf der Westseite des Platzes, den später das Ständehaus einnahm. Er bestand aus Sandsteinquadern mit Trachyt vermischt, dazu spätere Verstärkungen von Ziegelmauerwerk. Noch im 13. Jh. wurde ein zweiter Flügel B mit dem schweren runden Eckturme C angefügt, der 1499 ein weiteres Stockwerk erhielt. Im J. 1392 bestand schon eine Schlosskapelle (Strauven S. 13). Im 15. Jh. wurde dann parallel dem ältesten Teile der Flügel D errichtet mit einem viereckigen Turme E, der die Mühlen- und Kurzestrasse, den Burg- und Marktplatz beherrschte. Noch im J. 1456 wurde wohl an diesem Teile

Schloss

Älteste Geschichte

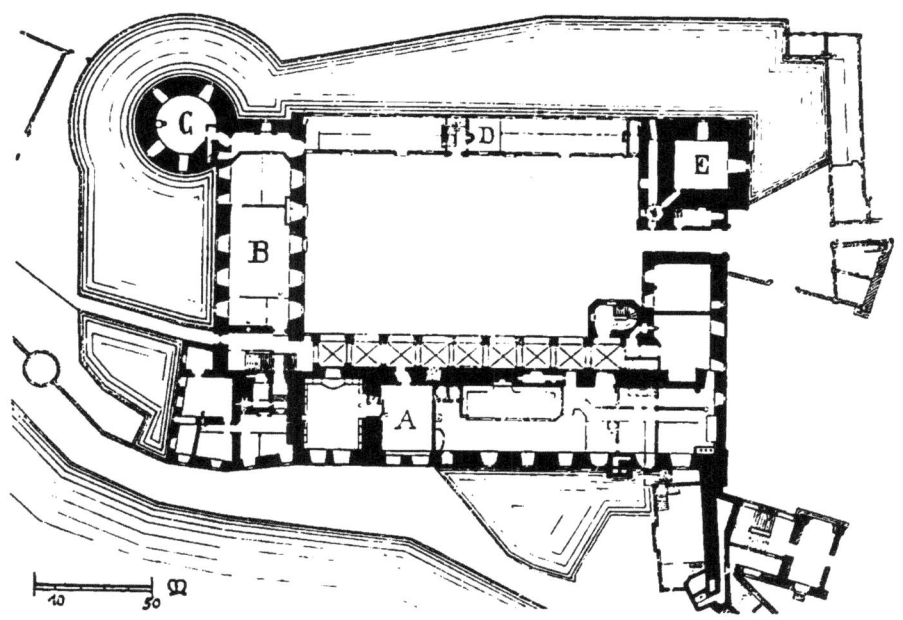

Fig. 19. Düsseldorf. Grundriss des Schlosses im 18. Jh.

gebaut (Berg. Zs. XXII, S. 148). Sein Unterbau bestand aus Basaltblöcken, deren Zwischenräume mit Ziegeln ausgefüllt waren. Bis zum Zollthor, dem früheren ‚neuen Zollhaus‘, schon 1442 genannt, liefen die Dienerwohnungen.

Im J. 1510 wurde der Flügel B ein Raub der Flammen. Wassenbergs Duisburger Chronik (Hs., vgl. Kunstdenkmäler d. St. Duisburg S. 13) berichtet Bl. 203[a]:

Brand

In den jair 1510 op den 23sten dach December brande die alde borch to Dusseldorp gans aff, ende dair geschach groiten verderflichken schaeden. Dair verbranden myns alden heren van Gulich al syn silveren werck, al syn koisteliche kleider, voel geltz, manicherlei seirait van kisten, van kasten, van trisoren, van kontoren, van bedden, van laicken etc. Ende dat wart versumpt: die koicken wolden dat speck des nachtes roicken ende hadden angelacht weickeldoirn holt, ende dat ginck in der nacht aen, ende al, die op der borch waeren, sleipen altosamen ende solden oick altosamen doit verbrant sin, hedde ein borger gedaen in der stait, die des vuirs wys wart.

Schloss

Die Wiederherstellung nahm ein volles Jahrzehnt in Anspruch. Die nächste Erweiterung fand 1538 statt. Gleichzeitig wurden Dach, Giebel, Turmhauben in den Übergangsformen von der Gothik zur Frührenaissance errichtet. Abbildungen bei GRAMINAEUS. Beschreibung der Hochzeit des Herzogs Johann Wilhelm vom J. 1585.

Umbauten des 17. Jh.

Nach dem J. 1634. als durch das Auffliegen des Pulverturmes auch die Gebäude des Schlosses arg beschädigt worden waren, erfolgte eine gründliche Reparatur. Der Kurfürst Johann Wilhelm liess weitere Umbauten nach 1693 vornehmen und die Räume auf das Kostbarste ausstatten, im Hofe liess er die Kolonnaden errichten. Das Galleriegebäude wurde zur Aufnahme der berühmten Gemäldegallerie des Herzogs errichtet.

Umbauten des 18. Jh.

Fig. 20.
Dusseldorf. Der Schlossturm vor der Wiederherstellung.

Unter Karl Theodor erhielt dann das Schloss durch den Baumeister *Nosthofen* 1755 eine wesentliche Umgestaltung: die Brustwehren des Daches wurden entfernt, auf den gothischen Bogenstellungen wurde ein zu Wohnräumen für die Dienerschaft eingerichtetes viertes Geschoss und darüber ein neues schweres französisches Dach von drei Speichergeschossen aufgeführt, den neuen Marstall baute 1780 *Nicolas de Pigage,* der Architekt von Benrath (L. DUSSIEUX, Les artistes français à l'étranger, Paris 1856, p. 56). Bei dem Bombardement vom J. 1794 brannte das Schloss im Inneren aus, der nördliche Flügel B wurde bis auf den Grund zerstört. Der Wiederausbau erfolgte im 19. Jh. behufs Einrichtung der für die Versammlung der Stände und für die Kunstakademie erforderlichen Räume. Der grosse Brand am 20. März 1872 legte das ganze Schloss in Trümmer, das nicht wieder aufgebaut wurde.

Alte Zeichnungen

Unter den alten Zeichnungen des Schlosses bemerkenswert zwei kolorierte Federzeichnungen der Sammlung Guntrum im Histor. Museum, 48 × 33 und 64 × 34 cm, bez.: Seithen Prospect des Churfürstlichen Residentz Schlosses nach dem Rhein zu sambt Durchschnitt zwischen der Gallerie und dem Schloss (Abb. Geschichte der Stadt Düsseldorf S. 377); Profil sambt Façade des Churfürstlichen Residentz Schloss wie man von seithen des Burgplatz herein kombt. Der Hof auf dem ältesten Ölgemälde von *Andreas Achenbach* (Sammlung Pflaum auf der Fahnenburg) und auf einer Aquarelle von Prof. *Hildebrand* (Histor. Museum).

Schlossturm

Der alte runde Schlossturm erhalten in zwei Aquarellen von *Gross* in Düsseldorfer Privatbesitz (Katalog der Ausstellung zur Feier des 600jähr. Bestehens der

Schloss

Stadt S. 18, Nr. 126, 127. — Abb. bei WACHTER im Düsseld. Adressbuch von 1892),
in einer Zeichnung von *Adolf Heinrich Richter* vom J. 1840 im Histor. Museum (V. 39ᵃ)
und in einer Zeichnung von *L. Heilland* im Histor. Museum, 28 × 42 cm (Abb. Fig. 20).
Der Turm zeigt hier noch die Ansätze der Wölbungen der anstossenden Seitenflügel,

die Bedachung des Turmes bestand ursprünglich in einer einfachen Spitzhaube,
an deren Stelle 1552 eine geschweifte
Kuppel mit einer kleinen Laterne trat.
Im J. 1844 wurde auf das mit Halbsäulen
geschmückte oberste Stockwerk eine von
Friedrich Wilhelm IV. eigenhändig ent-
worfene Laterne und Plattform aufgesetzt, die nach dem Brand von 1872
erneuert ward.

In dem Zimmer der scholasteria,
in dem Herzog Wilhelm 1511 starb, be-
fand sich die Inschrift: IM JAR UNSS
HEEREN MDXI UFF DE SESTEN DACH DE
MAYNTZ SEPTEMBRIS IST GESTORVEN DER
DURCHLUCHTIGE HOICHGEBORNE FURST
INT HEERE HER WILHELM HERTZOUG ZO
GUYLIGE, ZO DEM BERGHE, GRAVE ZO
RAVENSBERG, HEERE ZO HEYNSSBERG IND
LEWENBERG ALLHY YN DIESER CAMERE
YN SVNS CAPELLANS HERREN JOHANS
NYDECKEN VAN BOESSWICKE, CANONICHS
DIESSER KYRCHEN, WONUNGE. GOT SY
DER SELEN GNEDICH (BAYERLE S. 28. —
Köln, Stadtarchiv, Farragines des GELE-
NIUS X, Bl. 268. — München, Staats-
bibl., Sammlung REDINGHOVEN, Cod.
germ. 2213, Bl. XVII, Bl. 280).

Der Riesenbau, den Kurfürst Johann Wilhelm nach 1700 in der Neustadt plante, kam wegen Geldmangels
nicht zu stande. Der im Histor. Museum
der Stadt aufbewahrte 2,25 × 3,30 m
grosse Plan zeigt eines der ausgedehn-
testen Schlossbauprojekte, einen gewaltigen zweiflügeligen Bau mit Mittelrotunde.

In der Mitte des Schlosshofes
stand ursprünglich eine Broncefontaine
von *Grupello*, die durch Karl Philipp
nach Schwetzingen gebracht und durch

Inschrift

Geplanter
Neubau

Fig. 21.
Düsseldorf. Marmorstatue Johann Wilhelms von Baumgärtgen.

eine Marmorstatue Johann Wilhelms
ersetzt wurde. Die Statue (Fig. 21), jetzt auf neuem Sockel im Hofe hinter dem alten
Galleriegebäude aufgestellt, ist ein Werk des Bildhauers *Johann Baumgärtgen* vom
J. 1780 (Die Düsseldorfer Gallerie, D. 1818, S. 13), nicht *Bäumgen* (STRAUVEN, Geschichte des Schlosses zu Düsseldorf S. 33). Die lebensgrosse untersetzte Gestalt steht
in voller Rüstung, die Linke in die Seite gestemmt, in pathetischer Haltung da.

Marmorstatue

Jägerhof

JÄGERHOF, ehemaliges Schloss Pempelfort. Reise auf dem Rhein von Andernach bis Düsseldorf. Koblenz 1790, S. 432. — Geschichte der Stadt Düsseldorf S. 380. — C. GURLITT, Geschichte des Barockstiles und des Rokoko in Deutschland S 466.

Geschichte

In Pempelfort bestand schon 1713 ein weitgedehntes Jägerhaus, von dem nur der Marstall erhalten. Nach 1750 wurde unter Karl Theodor, wahrscheinlich durch den Statthalter Grafen Goltstein, ein neues Schlösschen in den vom Rokoko zum Klassicismus überführenden Formen der Pariser Schule erbaut, ähnlich wie Schloss Benrath (s. u.), das bis zum Ende des 18. Jh. den bergischen Oberjägermeistern zur Wohnung diente. Seit 1815 königliches Eigentum und von der königlichen Regierung aus verwaltet. Unter dem Prinzen Friedrich von Preussen wurden 1845 die Flügel angebaut. Zuletzt bis 1874 vom Fürsten Leopold von Hohenzollern als Erbprinzen bewohnt.

Fig. 22. Düsseldorf. Jägerhof.

Beschreibung
Äusseres

Der dreistöckige Mittelbau, dem nach beiden Seiten ein Risalit mit abgerundeten Kanten vortritt, trägt ein gebrochenes Dach mit Mansarden. Über dem vorderen und hinteren Eingang ein zierliches schmiedeeisernes durchbrochenes Geländer mit dem Namenszuge C. T. An der Vorderseite in der Krönung zwischen zwei Löwen die Alliancewappen von Carl Theodor und Elisabeth Augusta.

Der Hauptaufgang entstellt durch ein in der Mitte dieses Jh. vorgesetztes Glashaus. Die zweistöckigen Flügel von sieben Achsen sind in den einfachsten Formen gehalten.

Inneres

Im Inneren liegt in der Mittelachse in Erdgeschoss die ovale Eingangshalle, dahinter der grosse Gartensaal, entsprechend ist die Gliederung des Hauptstockwerkes. Die Räume sind in der Mitte dieses Jh. neu ausgeschmückt worden.

Bronzefigur

Im Gartensaal Bronzefigur Johann Wilhelms, 1 m hoch, die Linke eingestemmt, in der Rechten den Feldherrnstab, ihm zur Seite ein Löwe (ähnlich der Marmorfigur S. 61, Fig. 21), auf einem hohen pyramidenförmig aufsteigenden Sockel mit Trophäen,

am Fusse ein gestürzter Feind, zur Seite zwei Löwen. Wahrscheinlich ein Bronze- Jägerhof
guss *Grupellos* und identisch mit einer der von RAPARINI (s. u. S. 65) erwähnten
Pyramiden. Ähnlich die Bronzegruppe von *Titon du Tillet* im Vorraum der Gallerie
Mazarin in der Bibliothèque nationale zu Paris.

An der Rückseite des Marstalles nach der Pempelforterstrasse zu drei grosse Marstall
hölzerne Giebelfüllungen mit Jagdemblemen (Fig. 23). Die erste und dritte mit Giebelfüllungen
Hirschen, Ebern und Hunden, in der Mitte eine Kartouche mit der Kette des Hubertus-
ordens. Die zweite mit dem Alliancewappen und der Inschrift: F. F. ANNO MDCCXIII
SUPREMO VENATORE JOAN. FRANC. L. B. DE WEICHS. Darunter: REST. SCHULENBURG 1848.

RATHAUS. In den J. 1570—1573 durch Meister *Heinrich Tussmann* von Rathaus
Duisburg erbaut (Staatsarchiv, Urk. 59, 60, 63, 65. — Düss. Beitr. IV, S. 103, Urk.
9—15). Der Renaissancebau wurde im J. 1749 erneuert. Vgl. FERBER, Historische
Wanderung II, S. 1.

Ein dreistöckiger Backsteinbau, nach dem Marktplatze zu mit zwei geschweiften Beschreibung
Giebeln, die mit kuppellosen Türmchen besetzt sind. Zwischen den beiden Giebeln
erhebt sich der achtseitige fünfstöckige Treppenturm, der unter dem Dachrand mit
einem nasenbesetzten spätgothischen Rundbogenfries abschliesst.

Fig. 23. Düsseldorf. Giebelfüllungen am alten Marstall des Jägerhofes.

Bei dem Umbau vom J. 1749 wurden den Kanten des Treppenturms Pilaster vor-
gestellt, die einzelnen Geschosse durch Horizontallisenen getrennt. In der Mitte des
dritten Geschosses wurde in einer Nische eine unschöne Statue der Justitia aufgestellt.
Unter dieser — über dem 1749 erbauten Portal — in zwei Blenden das Bergisch-
Märkisch-Klevische und das Düsseldorfer Wappen. Links neben dem Treppenturm
wurde bei dem Umbau ein neues Portal angebaut mit einfacher Rokokogliederung.
Der Balkon über dem Portal und das Portalfenster zeigen gute schmiedeeiserne, aber
flachgehaltene Gitter mit dem von Löwen gehaltenen Wappen von Düsseldorf. Über
dem Balkonfenster die Jahreszahl 1749 und das Monogramm C. T. E. A. (Carolus
Theodorus, Elisabeth Augusta). Westlich stösst ein schlichter dreistöckiger Trakt von
sieben Achsen an, im Erdgeschoss ein vermauertes Portal mit interessantem schmiedeeisernen Gitter über dem Portalfenster, in Ranken von zwei Löwen gehalten die
Alliancewappen von Karl Theodor und Elisabeth Augusta.

Im rechten Winkel stösst, mit der Hauptfront dem Markte zugewandt, der Neubau
Neubau des Rathauses an, nach Süden mit dem imponierenden, ganz aus Haustein
aufgeführten, mit reichstem Skulpturenschmuck bedachten Turm abschliessend, dessen
festliche Architektur seltsam mit dem Zuchthausstil des Hofes und des Durchganges
kontrastiert. An der Stelle des jetzigen Turmes stand ein antikisierender Bau mit einer

Rathaus von jonischen Säulen getragenen Tempelvorhalle (Stich von *R. Bodmer* nach *F. Massau*, 14 × 9 cm.), das alte Theater.

Seine Fortsetzung findet dieser Flügel in einem niedrigeren und nüchternen dreistöckigen Trakt von sieben Achsen, an der Ecke des Marktes und der Zollstrasse, mit einem einfachen Portal, auf dem Architrav zwei bronzene weibliche Idealbüsten des 18. Jh., angeblich von *Grupello*.

Fig. 24. Düsseldorf. Ansicht des Rathauses.

Auf dem Polizeigebäude, dem ehemaligen Grupello'schen Hause, befand sich als Wahrzeichen eine angeblich den Giesserjungen Grupellos darstellende Sandsteinfigur (vgl. W. HERCHENBACH i. d. Düss. Zs. 1882, X, Nr. 2, S. 17. — Heimat 1877, S. 131). Jetzt verschwunden.

Reiterstatue REITERSTATUE des Kurfürsten Johann Wilhelm auf dem Markte. Taf. V. — W. HERCHENBACH, Gabriel von Grupello: Düss. Zs. 1881, S. 51; 1882, S. 10. — SMETS, Grupello: Düsseld. Kreisblatt 1840, Nr. 200. — Geschichte der Stadt Düsseldorf S. 302. — FERBER, Historische Wanderung II, S. 5. — J. P. LENTZEN, Über Grupello: Heimatskunde 1879, S. 43. Ausführliche Nachrichten über Grupello

Düsseldorf. Reiterstatue des Kurfürsten Johann Wilhelm von Grupello.

und Abbildung seiner Werke bei RAPARINI, Le portrait du vrai mérite (Hs. auf der Reiterstatue
Fahnenburg), p. 146. Vgl. die Beschreibung des Frhrn. v. Vohenstein vom J. 1709
in den Ann. h. V. N. XVIII, S. 170.

Das Werk wurde 1703 begonnen, im Düsseldorfer Giesshause (im alten Theater) Geschichte
gegossen, und 1711 aufgestellt. Der Sockel trug ursprünglich die Inschrift: SER. JOAN.
WILH. ELECT. PALAT. ARTIUM PROTECTORI (Reize langs den Nederrhyn, Kampen
1785. — Dagegen Denkwürdiger und nützlicher rheinischer Antiquarius, Frankfurt
a. M. 1744, S. 757). Der alte Sockel wurde im J. 1830 durch einen neuen Granit-
sockel vom Bildhauer *Kamberger* ersetzt, an dem einige mit pedantischer Steifheit aus-
gerichtete, vergoldete, bronzene Palmzweige und Lorbeerkränze angeheftet sind. Er
trägt an der Südseite die Inschrift: JOANNI GUILELMO COM. PAL. RHEN. S. R. I. AR-
CHIDAP. ET EL. BAV. JUL. CLIV. MONT. DUCI PRINC. OPT. MERITO URBIS AMPLIFICA-
TORI PINACOTHECAE FUNDATORI. An der Nordseite: POSUIT GRATA CIVITAS MDCCXI.
BASIS INSTAURATA MDCCCXXX.

Der Kurfürst, in voller Rüstung, über dem Panzer ein breites Ordensband und Beschreibung
eine Kette, sitzt gerade und steif auf dem ruhig ausschreitenden, starken, breitbrustigen
Pferde, das den edel geformten, verhältnismässig kleinen Kopf auf dem geschwungenen
Halse leicht nach links wendet und den rechten Vorder- und den linken Hinterfuss
hebt. Der nachschleppende starke Schweif dient dem Guss als dritte Stütze. Die
Linke des Reiters hält den Zügel, die Rechte zur Seite gestreckt den Marschallstab,
der von der Allongeperücke umwallte Kopf trägt die Kurfürstenkrone, die die Silhouette
der Statue etwas stört. Das Pferd ist, besonders an der Vorderseite, gut und mit viel Stu-
dium durchgebildet, das Gesicht des Reiters dagegen auffallend flach und ausdruckslos.

INFANTERIE-KASERNE (KOHTZ, Geschichte der Infanterie- und Ar- Infanterie-
kaserne
tillerie-Kaserne zu Düsseldorf: Düss. Zs. 1883, S. 1. — Reise auf dem Rhein von
Andernach bis Düsseldorf S. 355. — Geschichte der Stadt Düsseldorf S. 379), 1735 als
Putzbau aufgeführt durch den Architekt *Aloysius Bartolus* (Hs. des RAPARINI p. 143),
1771 durch Aufsetzen eines Stockwerkes vergrössert. Der ausgedehnte nüchterne Bau
erstreckt sich in gerader Linie 260 Schritt lang und wird nur durch drei vortretende
Risalite, die durch sechs oder acht Pilaster belebt sind, einigermassen gegliedert. Der
Bau ist durch ein gewöhnliches flaches Ziegelsatteldach eingedeckt, nur die Dächer
über den Risaliten sind gebrochen. Das anstossende niedere Wachgebäude mit
fünf Bogen und Pilastern, flach gedeckt.

Das ehemalige JESUITENKLOSTER, jetzt REGIERUNGSGEBÄUDE Jesuiten-
kloster
(Geschichte der Stadt Düsseldorf S. 378), 1625 gegründet, schmuckloser dreigeschossiger
Ziegelputzbau. Von bemerkenswerten alten Bauteilen nur erhalten neben der Andreaskirche ein Rest des Treppenhauses mit Kreuzgewölben und auf Engelsköpfen ruhen-
den Kämpfern.

KUNSTAKADEMIE. Über ihre Gründung und Schicksale vgl. die oben S. 19 Kunst-
akademie
angeführte Litteratur, über die Vorgeschichte Ann. h. V. N. XLII, S. 179. Der Neubau
wurde nach dem Brande des Schlosses in Angriff genommen und durch den Architekt
Riffart 1879 vollendet.

Die Kunstsammlungen verzeichnet von THEODOR LEVIN in dem Repertorium Sammlungen
der bei der Kgl. Kunst-Akademie zu Düsseldorf aufbewahrten Sammlungen, D. 1883.
Die Gemäldesammlung umfasst 165 Gemälde, darunter aus der ehemaligen Kurfürstl.
Galerie Simson und Delila von *J. van Winghe* und die Himmelfahrt Mariä von
Rubens, 1614 gemalt, 1716 erworben (ausführlich M. ROOSES, L'oeuvre de P. P. Rubens
II, p. 170, Nr. 385, pl. 123, mit Litt.)

Kunst-akademie

Den Stamm der Handzeichnungen- und Kupferstichsammlung bildet die von Lambert Krahe bis 1776 zusammengebrachte Sammlung. Vgl. Füssli, Niederrh. II, S.653.

Marmorbüsten

Im Treppenhause: Marmorbüste des Kurfürsten Johann Wilhelm von *Grupello*, 1,10 hoch. Der Kurfürst in reich verziertem Panzer wendet das Haupt mit einer stolzen Bewegung leicht nach rechts. Die mächtige Allongeperücke fällt auf die Schultern und den durch die Ordenskette vom goldenen Vliess zusammengehaltenen Hermelinmantel herab, der als Draperie den einfachen Sockel umgiebt. Auf dem hölzernen Sockel die Inschrift: DOM. VIRTUTUM NOBISCUM.

Marmorbüste der Kurfürstin Maria Anna von *Grupello*, 1,12 m hoch. Der Kopf mit der gebogenen Nase, dem hochmütigen Mund und dem leicht zurückweichenden Kinn erscheint durch den hohen Chignon noch verlängert, von dem ein langer Lockensträhn auf die linke Schulter herabsinkt. Um das leichte Untergewand ist mit breiter Spitzenkante und Krause der schwere von den Schultern halb heruntergeglittene Hermelinmantel geschwungen, der den Sockel halb verdeckt. Auf dem Untersatz die Inschrift: A DEO OMNIA.

Präsidial-gebäude

Das PRÄSIDIALGEBÄUDE (Geschichte der Stadt Düsseldorf S. 379) zwischen 1760 und 1766 zugleich mit dem 1794 bei dem Bombardement niedergebrannten Marstall erbaut, ursprünglich Residenz genannt. Langgestreckter dreistöckiger Bau mit vortretendem, von einem flachen Giebel abgeschlossenen Mittelrisalit, zur Seite des Risalits je sieben Achsen. Im Giebel die Jahreszahl 1766, zwei Pferde auf Wolken, die Monogramme C T und E A (Carl Theodor und Elisabeth Augusta) und der Kurfürstenhut. Dieser auch als Krönung des vorgeschobenen in Hausteinarchitektur ausgeführten Portalbaues, über dem eigentlichen Eingang ein steif herabfallendes Löwenfell.

Privathäuser
Häuser mit go-thischen Giebeln

PRIVATHÄUSER. Von den gothischen Backsteinhäusern der Stadt ist keines unversehrt erhalten. Die Form des abgetreppten Staffelgiebels hält sich noch bis ins 16. und 17. Jh.; gute charakteristische Beispiele dieser Art finden sich in dem Haus ‚Zur goldenen Krone‘, Altestadt 13, von 1625, dem Eckhaus am Burgplatz 16, dem Eckhaus der Bilkerstrasse nach dem Karlsplatz, genannt ‚Im Spiegel‘, von 1625, 1887 erneut, dem Hause ‚Zum Churfürst‘, Flingerstrasse 36, von 1627. Charakteristisch für das 17. Jh. ist die Stellung des Giebels nach der Strasse, die Schmalheit der Façade bei ziemlich bedeutender Höhe, die grosse Zahl der dicht aneinander tretenden Fenster mit Steinkreuzen. Eine ganze Gruppe solcher Häuser findet sich in der Mühlenstrasse 16, 18, 20, 22, 28; die gegenüberliegenden vierstöckigen Häuser 15 und 17 haben noch die kleinen Scheiben bewahrt. Ähnliche Gruppen in der Kurzestrasse 9 (von 1697), 14, 7, 6 und am Burgplatz 8 und 10, Flingerstrasse 36—44.

Renaissance-häuser

Daneben kommen die geschweiften Giebel mit runden Abschlüssen, Voluten und Horizontalgesimsen vor. Gute Beispiele dieser Art sind die Häuser Ratingerstrasse 30, die Bierbrauerei ‚Zum jungen Bären‘, Ratingerstrasse 24, 8, hier mit Pilastern im Giebel und einem bärtigen Kopf im Abschluss, 5, weiter die Rathausapotheke am Marktplatz 7, mit Muschelgiebel und Voluten, die Häuser Flingerstrasse 55, 57, beide vornehmer im Aufbau und reicher im Giebelschmuck. Die Physiognomie der alten Stadt, zumal der Strassen um den Markt, wird aber am stärksten bestimmt durch die

Rokokohäuser

mageren Formen des rheinischen Rokoko, mit denen zum Teil ganz äusserlich ältere Häuser verkleidet wurden. Gute Typen dieser Periode finden sich am Marktplatz und am Burgplatz, dann Bilkerstrasse 42, Flingerstrasse 1. In dem Hause Altestadt 14, das über der Thür das Alliancewappen von Scheidt-Weschpfenning und von Tengnagel trägt, findet sich im Erdgeschoss, im Spezereigeschäft von Peter Leven, eine

gut erhaltene Plafonddecke in Stuck, mit grossem, ornamentiertem Mittelmedaillon **Privathäuser**
und Muschelmotiven, ohne figürlichen Schmuck (1880 in Nachbildung auf der Kunst- **Stuckdecke**
und Gewerbeausstellung). Von den älteren Privathäusern bis zum J. 1800 nimmt
keines durch architektonischen Schmuck einen besonderen Rang ein. Genaue Angaben über fast alle älteren Häuser enthält H. FERBERS Historische Wanderung durch
die alte Stadt Düsseldorf I u. II.

V. Sammlungen.

Das GEWERBE-MUSEUM, zur Zeit provisorisch Burgplatz 2, vom Mai 1896 **Gewerbe-Museum**
ab voraussichtlich im eigenen Gebäude am Friedrichsplatz aufgestellt, wurde als Anstalt
des Centralgewerbevereins für Rheinland und Westfalen 1882 begründet und im Mai
1883 eröffnet. Es enthält eine kunstgewerbliche Fachbibliothek, 24000 Vorbilder, eine
Sammlung von Kunstblättern, Kupferstichen, Gypsabgüssen und ein aus 17000 Ori-
ginalgegenständen bestehendes Museum, in welchem alle kunstgewerblichen Zweige
entsprechend vertreten sind, davon die Geflechte mit rund 100 Nummern, Gewebe
mit 5000, Stickereien mit 1200, Spitzen mit 1000, Posamenterien mit 500, Teppiche
mit 100, Bucheinbände und Lederarbeiten mit 600, Buntpapiere mit 400, Thonwaren,
Fayencen, Porzellan und Glas mit 2000, Holz mit 1000, Eisen mit 1500, Messing mit
1000, Kupfer mit 400, Zinn mit 200, Bronze mit 1000, Silber und Gold mit 500
Nummern.

Besonders beachtenswert die mittelalterliche Stoffsammlung, die persischen
Sammete und Goldbrokate, die orientalischen Manuscripte und Büchereinbände, die
damascener Fayencen und der cyprische Goldschmuck. Ausserdem besitzt das Museum
in der Eduard Böninger-Sammlung einen reichen Schatz von Vorbildern indischer,
chinesischer und japanischer kunstgewerblicher Arbeiten und von seltenen ethnogra-
phischen Gegenständen aus den Südseeinseln.

Einzelne Teile sind abgebildet im Westdeutschen Gewerbeblatt, im Kunstgewerbe-
blatt, in den SEEMANNschen Handbüchern: ADAM, Der Bucheinband; TINA FRAU-
BERGER, Handbuch der Spitzenkunde und anderwärts.

Von Druckschriften und Katalogen sind erschienen: Katalog frühchristlicher **Druckschriften**
Textilfunde des Jahres 1886, D. 1887 (von FR. BOCK). — Die Handwerker-Fortbil-
dungsschulen (von FR. ROMBERG), D. 1885. — Wegweiser durch die Textilausstellung
des Herrn Dr. Franz Bock, D. 1884. — Wegweiser durch die Levantinische Ausstellung des Herrn Dr. Franz Bock, D. 1885. — Katalog der Ausstellung der auf der
Orientreise des Direktors Frauberger erworbenen Gegenstände und Photographien,
D. 1891. — Katalog der Textilausstellung: Orientalische Stoffe, D. 1891. Reich illu-
strierte Kataloge der einzelnen Gruppen sollen bei der Eröffnung des Museums aus-
gegeben werden (Mitteilungen des Herrn Direktors Frauberger).

HISTORISCHES MUSEUM, im alten Galleriegebäude, dem von Johann **Historisches Museum**
Wilhelm umgebauten Ostflügel des Schlosses (vgl. o. S. 59). Das Museum enthält die
grösste Zusammenstellung von Porträts der bergischen Herzöge und Kurfürsten sowie
Darstellungen und Ansichten zur Geschichte des bergischen Landes und der Stadt
Düsseldorf (ausführlich beschrieben im Verzeichnis der in dem Historischen Museum
der Stadt Düsseldorf befindlichen bildlichen Darstellungen, 2. Aufl., D. 1892), daneben
eine bedeutende Sammlung von römischen, germanischen und fränkischen Funden an
Thongefässen, Gläsern, Metallarbeiten; nächst dem Provinzialmuseum zu Bonn die
grösste derartige Sammlung am Niederrhein, vor allem ausgezeichnet durch die vortrefflichen Stücke der durch Vermächtnis an das Museum übergegangenen Sammlung

5*

Historisches
Museum Guntrum. Vgl. kurz C. KOENEN, Die Sammlung des Historischen Museums: Düss.
Mon. 1881, S. 3, 11, 39. — Die Töpferstempel in den Düss. Beitr. VII, S. 233.

Deckengemälde Der grosse Hauptsaal, der ehemalige Antikensaal, enthält noch die alten
Deckengemälde, von einem der italienischen Hofkünstler Johann Wilhelms ausgeführt. Die Decke ist in drei Felder zerlegt. In dem mittleren Medaillon wird die
Kurfürstin Maria Anna nackt von Minerva in den Olymp eingeführt. Vor dem Thore
sitzt eine andere Göttin, die ihr eine Krone entgegenstreckt. Im ersten Felde die
Kurfürstin von Minerva auf eine Bergeshöhe geleitet; Engel halten über ihr den Kurhut; darüber schwebt ein Genius mit der Posaune. Im letzten Felde der Triumph
der Kurfürstin, die auf Wolken emporschwebt, von Putten und allegorischen weiblichen Gestalten umgeben. An der hinteren Wand sechs Gemälde mythologischen
Inhalts, braun in braun, von *G. J. Karsch.*

Röm. u. fränk.
Altertümer Die in diesem Saale aufgestellte Sammlung der römischen, germanischen und fränkischen Altertümer harrt immer noch ihrer endgültigen Aufstellung und einer Katalogisie-
rung. Im folgenden werden nur kurze Beschreibungen der einzelnen Gruppen gegeben.

Schrank I. Krüge aus Grimlinghausen, Gläser, Fläschchen, Schalen aus terra
sigillata, kleine Bronzefigürchen, darunter Knöchelspieler, zwei Löwen als Schildhalter,
Palmbaum, Hippokamp, schwarze Krüge und Becher mit Eindrücken und weiss auf-
gemalten Bezeichnungen, aus der Sammlung Guntrum.

Schrank II, III, IV. Asberger Fund, grosse Reihe vortrefflich erhaltener Schalen,
Kannen, Näpfchen, zum grössten Teil mit den feinen und sorgfältigen Profilen der
zweiten Kaiserzeit, kleinere Gläser, Lampen, Bronzegegenstände, Ausgufsschalen, Grabfunde von Neuss und Monterberg. Die Asberger Fundstücke verzeichnet bei F. STOLL-
WERCK, Die altgermanische Niederlassung Asciburgium, Uerdingen 1879. Vgl. Kunstdenkmäler d. Kr. Moers S. 9.

Schrank V. Grabfunde aus Neuss, Xanten, Kirchberg, Andernach.

Schrank VI. Fränkische Töpfe und Urnen, mit eingestempelten Ornamenten,
aus der Linneper Heide und vom Rhein bei Düsseldorf.

Schrank VII. Spätere fränkische, der merowingischen und karolingischen Zeit
angehörende Gefässe und frühmittelalterliche Gefässe mit Wellfüssen.

Schrank IX. Gräberfunde von der Chemischen Fabrik bei Neuss, aus der
Koenenschen Sammlung und von den Rautertschen Ausgrabungen des J. 1879 her-
rührend, Grabgefässe aus Gellep, meist blauschwarz in einfachen Formen, Glasurne
und Schalen, Urne aus Jurakalk, Grabfund von Norf bei Neuss, Fund in dem Nymphen-
heiligtum bei Gohr.

Römischer Grabfund von dem Reckberg bei Neuss, von M.-Gladbach, grosse
und prachtvolle römische Glasgefässe aus Neuss.

Schrank X. Prähistorische Funde aus der Niederlassung Martinsberg bei Andernach, Pfeilspitzen, Hammer, Beile, Messer aus Horn und Feuerstein.

Schrank XII. Schalen aus terra sigillata, die als germanische Graburnen gedient
haben, gefunden bei Eller, eine bei dem Hofe Leuchtenberg bei Kaiserswerth.

Schrank XIII. Germanische Kolossalurne, 65 cm hoch, am Gut Holtschürchen
am Kamp Heiligendunk zwischen Gerresheim und Erkrath 1890 gefunden. Grosse
germanische Graburnen von Rheindahlen. Germanische Graburnen aus dem Kaiserhain, dem Tannenwäldchen auf der Golzheimer Heide und von Hilden. Germanische
Graburne, Kopf aus gebranntem Thon und Lanzenspitze von Elten. Römische und
germanische Grabfunde von Richrath und Immigrath, bronzene Arm- und Kopfringe
aus der Golzheimer Heide.

Vitrine 7. Germanische Steinwaffen aus der neolithischen Periode, bearbeitete Historisches Museum Hirschgeweihe und Scherben von der alten Töpferei in Meckenheim.

Vitrine 11. Bronzefund von Rheinberg, an der nach Xanten führenden Römerstrasse gefunden, Depositum des Herrn Bürgermeisters Meckel in Rheinberg: zwei Schalen, Kanne von ausgezeichnet schönen und edlen Formen, mit Medusenhaupt und Pferdekopf am Henkel und ein loser Henkel mit Widderkopf.

Vitrine 22. Schöne und grosse Kollektion von Bronzegegenständen, Beschlägen, Spachteln, Schreibstiften, Spiegeln, Fibeln, Schlüsseln, Armringen, die römischen meist von Grimlinghausen und Gellep.

Die mittelalterliche Sammlung ist unbedeutend. Die übrigen Räume enthalten die Bibliothek, das Archiv und die Sammlung an bildlichen Darstellungen.

KÖNIGLICHE LANDESBIBLIOTHEK, auf der Stelle des Ostflügels Landes bibliothek des alten Schlosses. Vgl. PFANNENSCHMID, Die Königl. Landesbibliothek zu Düsseldorf seit der Zeit ihrer Stiftung (März 1770) bis zur Gegenwart: LACOMBLETS Archiv N F. II. S. 373. — Wd. Zs. I, S. 411. — ILGEN, Rhein. Archiv S. 169.

Die Bibliothek enthält eine Reihe kunsthistorisch wichtiger Bilderhandschriften, Bilder- handschriften aus den Klöstern des Niederrheins, vor allem Essen, Werden, Altenberg stammend. Angabe der hervorragendsten bei LAMPRECHT, Kunstgeschichtlich wichtige Handschriften des Mittel- und Niederrheins: B. J. LXXIV, S. 130 und LAMPRECHT, Initialornamentik des 8. bis 13. Jh., Leipzig 1882. Eine ausführliche Beschreibung der Handschriften mit Lichtdrucktafeln und Textabbildungen wird in den ‚Bilderhandschriften der Rheinprovinz' gegeben werden. Hier folgt nur eine kurze Charakteristik der einzelnen Codices.

1. A. 1 und A. 2. Altes Testament, 2 Teile, fol., 11. Jh., aus S. Martin in Köln, mit grossen, schön geschwungenen sowie gebilderten Initialen. LAMPRECHT 49 u. 50, Initialorn. 54 u. 55.

2. A. 4. Altes Testament, Genesis, Josua, Richter, Könige, fol., 12. Jh., mit einfachen romanischen Initialen.

3. A. 5. Altes Testament, 1. Teil, fol., Anfang des 14. Jh., Bl. 6 b als grosses Zierblatt in Deckfarben, Initial J mit den sieben Schöpfungstagen. LAMPRECHT 160.

4. A. 10. Evangeliar, 4⁰, 12. Jh., aus Altenberg, mit grossen Initialen und Kanonestafeln.

5. A. 14. Paulinische Briefe, 4⁰, 9. Jh., Bl. 119 b und 120 a rohe braune Federzeichnungen Titus und Paulus darstellend. Katalog der Ausstellung kunstgewerblicher Altertümer in Düsseldorf 1880, Nr. 415.

6. B. 17. Traktat des Beda zu Markus und Heiligenleben, 4⁰, 12. Jh., aus Altenberg, von dem Schreiber BYRCARDUS (Bl. 129 b), mit Initialen.

7. B. 31. Reden des h. Bernhard, 4⁰, Anfang des 14. Jh., mit gebilderten Initialen auf Goldgrund Bl. 23 a, 51 a, 94 b, 170 a; Bl. 122 b mit grossem allegorischen Gemälde, oben Auferstehung, unten Kreuzigung mit Maria, Johannes, Ecclesia und Synagoge.

8. B. 51. Traktate des Cassianus, 4⁰, der 1. Teil Anfang des 14. Jh., der 2. Teil 12. Jh., mit schönen Initialen.

9. B. 67. Sammelband, 4⁰, Anfang des 13. Jh., aus Altenberg, Bl. 1 a Rede des Bischofs Eusebius über die Auferstehung, mit Bild des Eusebius; Bl. 41 b Legende der hh. Barlam und Josaphat, mit grosser vorzüglicher Federzeichnung: Josaphat und Barlam; Bl. 83 a Geschichte der sieben schlummernden Heiligen, mit einer grossen Illustration. LAMPRECHT 77. — Düsseldorfer Katalog 1880, Nr. 416.

Landes-
bibliothek

10. **B. 113. Rabanus Maurus**, de institutione clericorum, 4°, 10. Jh., aus Essen, mit zwei Federzeichnungen auf Bl. 5ᵃ und 5ᵇ in angelsächsischem Stile, publiziert i. d. Photogr. der Düsseldorfer Kunst- und Gewerbeausstellung (SCHOENINGH, Münster i. W.) und von H. OTTE i. d. B. J. LXXII, Taf. 4 u. 5. — LAMPRECHT 32. — A. GOLDSCHMIDT im Repertorium für Kunstwissenschaft XV, S. 167. — Katalog der Koblenzer Kunst- und Gewerbeausstellung 1892, Nr. 153. — Düsseldorfer Katalog 1880, Nr. 414.

11. **C. 10ᵃ. Heiligenleben**, fol., Anfang des 12. Jh., aus Gross S. Martin in Köln, mit grossen Initialen, Bl. 25ᵃ Initial M mit den Medaillons von Christus, S. Martinus und dem Bettler.

12. **C. 26. Caesar von Heisterbach**, Homilien und Dialoge, 4°, 13. Jh., mit einzelnen interessanten Bilderinitialen Bl. 1ᵃ, 165ᵃ, 238ᵃ. LAMPRECHT 134.

13. **C. 27. Caesar von Heisterbach**, Dialog über die Wundergeschichten, 4°, 14. Jh., auf Bl. 1ᵃ und 2ᵃ in reicher Rahmenverzierung zweimal Cäsarius, schreibend und knieend. LAMPRECHT 159.

14. **C. 38. Rituale des Cistercienserordens**, 4°, 15. Jh., aus Altenberg, mit Stammbaum der von Altenberg ausgegangenen Cistercienserkirchen.

15. **C. 58. Breviar**, 8°, 13. Jh., mit Kalendar und Bild der Verkündigung Mariä. Düsseldorfer Katalog 1880, Nr. 417. — LAMPRECHT, Initialorn. 136.

16. **C. 60. Breviar**, 8°, 14. Jh., mit kleinen Initialen.

17. **C. 63. Breviar**, 8°, 15. Jh., mit Sterntafel, Bild der Verkündigung und grossem Initial E.

18. **D. 1. Missale**, 4°, Ende des 9. Jh. (um 870), aus Essen, mit den nomina vivorum et defunctorum der Abtei (LACOMBLET, Archiv VI, S. 69). Die üblichen Anfangsinitialen des Missale auf 40ᵇ und 41ᵃ, die Initialen D(eus) auf Bl. 52ᵃ und 67ᵃ von vornehmer Schönheit. LAMPRECHT 14, Initialorn. 15. — Archiv der Gesellschaft für ältere deutsche Geschichtskunde VI, S. 69.

19. **D. 2. Missale**, 4°, 10. Jh., aus Essen, mit Kalendar und Nekrologium, Bl. 26ᵇ S. Gelasius und S. Gregorius in Federzeichnung, Bl. 27ᵃ Initial V und T, der letztere mit Kreuzigungsgruppe. Vgl. LACOMBLET, Archiv I, S. 4. — LAMPRECHT 30, Initialorn. 32. — Archiv d. G. f. ä. d. G. XI, S. 750.

20. **D. 3. Missale**, 4°, vor 965, aus Essen, mit Kalendar. Bl. 17ᵇ und 18ᵃ Dedikationsbild, links Kleriker, rechts zwei bartlose Könige mit Palmen. Bl. 19ᵇ und 20ᵃ Initial V und T mit Christus am Kreuz, Zeichnung unter angelsächsischem Einfluss. LAMPRECHT 31, Initialorn. 33.

21. **D. 4. Missale**, 4°, 11. Jh., Bl. 8ᵃ Initialen V und T, mit bärtigem Christus, neben ihm Ecclesia und Synagoge, feine hellbraune Federzeichnungen. LAMPRECHT 91, Initialorn. 99.

22. **D. 6. Graduale**, 4°, 13. Jh., aus Kloster Kamp, Bl. 2ᵃ, 54ᵃ, 63ᵃ, 65ᵇ schöne Initialen. LAMPRECHT 129.

23. **D. 8. Graduale**, 4°, 14. Jh., Initialen.

24. **D. 10. Graduale**, 14. Jh., grosse gebildete Initialen auf Bl. 1ᵃ, 91ᵇ, 134ᵃ.

25. **D. 10ᵇ. Gebetbuch**, 8°, 15. Jh. (nach 1463), reich illustriert, mit sauberen flandrischen Deckmalereien: nur Bl. 1ᵃ Maria Magdalena von besonderem Kunstwerte. LAMPRECHT 228. — Düsseldorfer Katalog 1880, Nr. 426.

26. **D. 12. Antiphonar**, fol., Ende des 14. Jh., Kölnischen Ursprungs, mit grossen gebildeten Initialen, die mit ganzen Scenen und ausführlichen Beischriften gefüllt sind, ikonographisch wichtig. Bedeutendes Denkmal der Kölnischen Buchmalerei.

Landes-
bibliothek

27. D. 13. Antiphonar, fol., Mitte des 15. Jh. Bl. 1ᵃ Initial E mit Baum
Jesse, Bl. 30ᵇ, 194ᵃ Bilderinitialen.

28. D. 15. Psalter, fol., 1480 geschrieben durch *Friedrich Hugenpoet* in Werden,
Initialen.

29. D. 16. Antiphonar, fol., vom J. 1483, Initialen in Gold mit Rankenwerk.

30. D. 17. Antiphonar, fol., Mitte des 15. Jh., ähnlich D. 13, mit guten Bilderinitialen auf Bl. 1ᵃ, 29ᵃ, 117ᵃ, 177ᵃ.

31. D. 19. Antiphonar, fol., 15. Jh., aus Werden, Bl. 1ᵃ Bildnis eines Abtes.

32. D. 21. Antiphonar, fol., 1486 geschrieben von *Friedrich Hugenpoet*, mit
Bilderinitialen, Bl. 168ᵃ und 199ᵇ in hellen Farben.

33. D. 23. Antiphonar, fol., 1487 geschrieben von *Friedrich Hugenpoet*, mit
Bilderinitialen, Bl. 110ᵃ ikonographisch interessant.

34. D. 24. Antiphonar, fol., von *Hugenpoet*, obwohl nicht bezeichnet, mit
Federzeichnungen.

35. D. 27. Antiphonar, fol., von demselben, Initialen.

36. D. 28. Antiphonar, fol., 15. Jh., Initialen.

37. D. 29. Graduale, fol., Ende des 15. Jh., aus Werden, Initial Bl. 29.

38. D. 32. Antiphonar, fol., Anfang des 16. Jh., mit breiten Einrahmungen,
sehr reich verziert.

39. D. 33. Antiphonar, fol., geschrieben 1544 von *F. Heinricus Kürten* in
Altenberg, reich verziert mit Initialen und kleinen bildlichen Darstellungen.

40. D. 34. Antiphonar, fol., vom J. 1544, Bl. 1ᵃ das Altenberger Wappen,
mit gutgezeichneten, aber manierierten Figuren.

41. D. 36. Antiphonar, fol., 16. Jh., aus Altenberg, mit Bilderinitialen.

Ausser den Handschriften enthält die Landesbibliothek eine Reihe von kleinen
Bronzewerken aus dem alten Schlosse.

Bronzewerke

Statuette der Minerva, 33 cm hoch, aus unciselierter Bronze, Gusswerk von
Grupello. Die gewappnete Göttin, das Haupt mit hohem Helm und Lorbeerkranz,
steht vor einer Waffentrophäe, der linke Arm ist leicht erhoben.

Büste der Kurfürstin Maria Anna, Gemahlin des Johann Wilhelm, aus ciselierter Bronze, 56 cm hoch, von *Grupello*, auf einem 58 cm hohen geschweiften Sockel,
der an der Vorderseite in Basrelief einen auf Wolken thronenden Genius zeigt, mit
Posaune und Friedenspalme. Die Büste der Kurfürstin prächtig modelliert und kühn
drapiert, bedeutendes dekoratives Werk.

Bronzefigur des Paris, 35 cm hoch, nicht ciseliert, von *Grupello*, nackte
Jünglingsgestalt in weichen und ruhig fliessenden Linien.

Bronzefigur eines sitzenden Paris, 44 cm hoch, und einer ältlichen Gestalt,
48 cm hoch, in genau der gleichen Haltung, minderwertige Schülerarbeiten, möglicherweise aus der Gusshütte *Grupellos*.

STAATSARCHIV. Über die Bestände vgl. v. MÜLMANN, Statistik I, S. 465.
— HARLESS, Entwicklungsgang des Kgl. Provinzialarchives zu Düsseldorf: Berg. Zs.
III, S. 301. — GACHARD, Les archives royales de Dusseldorf, Brüssel 1881. Die auf
das Herzogtum Berg bezüglichen Aktenstücke ausführlich verzeichnet bei TH. ILGEN,
Rhein. Archiv, Ergänzungsheft II zur Wd. Zs. S. 25, 71.

Staatsarchiv

A. 4. Lektionar von St. Trond in Belgien, Prov. Limburg, 8ᵒ, Ende des 12. Jh.
Bl. 1ᵇ Initial J mit dem sitzenden Johannes, 2ᵃ Kreuzigungsbild in kolorierter Feder-
zeichnung. Der Deckel in Rotkupfer mit Emails (AUS'M WEERTH, Kd. Taf. XXXI, 4;
II, S. 48. — Katalog der Ausstellung kunstgewerbl. Altertümer in Düsseldorf 1880,

Emaillierter
Buchdeckel

Staatsarchiv Nr. 967ᵃ. — KRAUS, Die christlichen Inschriften der Rheinlande II, S. 317, Nr. 11). Auf der Vorderseite in der Mitte Darstellung des jüngsten Gerichts, Christus als Weltrichter auf dem Regenbogen, rechts die Inschrift: VENITE BENEDICTI PATRIS MEI, links DISCEDITE A ME MALEDICTI IN IGNEM AETERNUM, über ihm zwei posaunenblasende Engel, unter ihm die Gruppen der Seligen und Verdammten. Auf dem Rand Brustbilder der Apostel, in den Ecken die Evangelistensymbole. Das Mittelfeld und der Rahmen in Grubenemail, die Zwickel in Kupferblech getrieben. Auf der Rückseite kleines emailliertes Medaillon mit der Taube des h. Geistes.

Bilder-
handschriften　　　　A. 18. Chronik von S. Pantaleon in Köln, 4⁰, 12. Jh., aus S. Pantaleon. Über den Inhalt B. SIMSON in LACOMBLETS Archiv VII, S. 148. — LAMPRECHT, Initialorn. S. 31, Nr. 116. — Ders. in den B. J. LXXIV, S. 139, Nr. 108. — CLEMEN, Porträtdarstellungen Karls des Grossen S. 225; Zs. des Aachener Geschichtsvereins XII, S. 139. Bl. 93 Zeichnung des h. Bruno und der Mathilde, Bl. 133ᵃ Bild des Bischofs Bruno und Medaillons der sächsischen Kaiser, Bl. 148ᵇ und 150ᵇ Stammbäume. Alte Kopien in der REDINGHOVENschen Sammlung, München, Staatsbibliothek, Cod. germ. 2213, Bd. XVII, Bl. 263.

　　　　Urkunde der S. Lupusbruderschaft von Köln vom J. 1246 (bez. Köln, Domstift, Urk. 98) mit gemaltem Kopfstück, darstellend den h. Kunibert, den capellarius und die Mitglieder der Lupusbruderschaft (Kopie vom J. 1569 im Kopiar H des Domstiftes B. 17). LAMPRECHT in den B. J. LXXIV, S. 139, Nr. 110; Initialorn. 119.

　　　　A. 114—115. Missalen der Klever Hofkapelle, 15. Jh., mit sehr schönen Initialen und Randbordüren. Archiv d. G. f. ä. d. G. XI, S. 758. — LAMPRECHT in den B. J. LXXIV, S. 145, Nr. 207.

Sammlung
Bone　　　　Die SAMMLUNG DES HERRN PROFESSORS DR. KARL BONE, Kronprinzenstrasse 49, enthält einige tüchtige niederländische Bilder vom 16.—18. Jh., Landschaften von *J. Momper. J. Ruysdael, Waterloo*, Genrebilder von *Molenaer* und *Brouwer*, eine Limoger Emailplatte, Christus mit den Kindern darstellend, von *P. Courtey*, zwei Kölner Porträts vom J. 1586.

Sammlung
Braun　　　　SAMMLUNG DES HERRN PHILIPP BRAUN, Bismarckstrasse 33. Bedeutende Münzsammlung von etwa 12500 Stück, hauptsächlich römische Münzen in guten Exemplaren. Weiterhin eine reiche Kollektion römischer und germanischer Gefässe, Urnen, Becher, Gläser, Schalen, von Asberg, Gellep, Köln, Eller, Neuss, Grimlinghausen, Andernach, römische und germanische Bronzegegenstände, Fibeln, Schmuck etc. Grosse Sammlung von Autographen und Urkunden von 1366 an.

Sammlung
Dahl　　　　SAMMLUNG DES HERRN WERNER DAHL, Rosenstrasse 20, in den letzten 12 Jahren mit grossem Kunstsinn und auserlesenem Geschmack zusammengebracht und fast ausschliesslich aus holländischen Gemälden des 17. Jh. gebildet, nur anerkannt echte Bilder einschliessend (von WOERMANN und BREDIUS oft citiert).

Werke
histor. Stils　　　　Ältere Werke histor. Stils. Zwei Bilder von *C. L. Moeyaert*, Die Söhne Jakobs bringen ihrem Vater den blutigen Rock Josephs 1624 und Abraham erhält den Befehl, das Land Haran zu verlassen 1628. Dann *Paulus Bor*, Anbetung der drei Könige 1640; *W. de Poorter*, Achilles unter den Töchtern des Lykomedes; *Robert Griffier*, Diana und Kallisto; *Rottenhammer* u. *Breughel*, Die h. Familie unter dem Kirschenbaum.

Genrebilder　　　　Genrebilder. Ein früher *G. Terborch*, Wachtstube mit Gefangenen; eine andere grosse Wachtstube von *Pieter Potter* 1632; Kavaliere und Dame von *Pieter Codde*; Kavaliere Trictrac spielend von *A. J. Duck*; Musikalische Gesellschaft von *Pieter Quast*; Knabe mit Mausefalle von *Gerh. Dow*; Alchymist von *Th. Wyck*. Dann ein sehr feiner kleiner *J. M. Molenaer*, Lustige Gesellschaft und ein Spiel im Freien von demselben.

Von *Adrian von Ostade* Frau mit Burschen und Mann unter Laube und Interieur mit Sammlung Dahl
Mann und Frau; von *Isaac von Ostade* eine Gesellschaft von Schmausenden und In-
terieur mit Kartenspielern. Von *Corn. Bega* das grösste bekannte Bild, Leben in einem
Wirtshause; von *P. de Bloot* das Hauptwerk, Küche mit Stillleben. Von *Jan Steen*
die Politiker. Weiter *Egbert v. Heemskerk*, Zechende Bauern; *Thom. de Keyser*,
Mütterliche Sorgfalt; *Adr. Brouwer*, Kopf eines Mannes; *Jan Hals*, Mann auf der
Guitarre und Weib auf der Flöte musizierend. Ein schlafender Mann mit dem Bier-
kruge wohl auch von einem Sohne des *Franz Hals*.

Porträts. *Franz Hals*, Kleines Bildnis des Predigers Tegularius von Haarlem, Portrats
aus der mittleren Zeit des Künstlers; *J. M. Mierevelt*, Porträt des schwedischen Ge-
sandten Rudgersius; Porträt der Frau Gael von *Paul Moreelse*. Zwei Porträts von
J. v. Ravesteyn; drei Porträts von *Nicolaus Maes;* Frauenporträt von *J. A. Rotius*
1656; Kinderporträt von *Albert Cuyp* (mit Nr. 308 im Städelschen Institut zu Frankfurt a. M. aus einem grösseren Bilde herausgesägt).

Unter den Bildern mit Darstellung von Tieren ist *P. Wouwermann* sehr Tierbilder
gut vertreten, weiterhin *Barend Gael* mit einem Pferdemarkt; *Nic. Berchem* mit Hirten-
scene; *W. Romyn*, Abendlandschaft mit Herden; *H. Mommers*, Italienische Landschaft
mit Hirten und Herden, von demselben ein hervorragendes holländisches Landschafts-
bild mit Staffage von berittenen Jägern. Weiterhin Bilder von *Jac. v. d. Does, C. Saft-
leven, D. Wyntrack, A. v. Hoef, Palamedes, van der Stoffe, N. v. Ravesteyn, J. Beer-
straeten, G. Berckheyde, Th. Wyck, Jan Miel*.

Landschaften. *Jan Asselyn*, frühes Bildchen; *H. v. Averkamp*, Winter- Landschaften
vergnügen auf dem Eise. Von *Jan Both* ein holländisches Motiv und eine glühende
Abendlandschaft; von *Jacob v. d. Cross* zwei kleine Pendants und Heimziehende Herde
am Abend; von *Corn. Decker* Sommerlandschaft und Wohnung unter Bäumen am
Kanal; von *J. Decker* Kanal mit hoher Brücke. Weiterhin vier vortreffliche Bilder
von *J. van Goyen;* von *A. v. d. Neer* Winterlicher Kanal und Brand bei Mondschein,
ein Stück ersten Ranges; drei Bilder von *P. Molyn;* Flusslandschaft in Ruysdaelscher
Stimmung von *G. Dubois*. Dann Gemälde von *Raf. Camphuyzen, J. C. Droochsloot,
Cl. Molenaer, Franz de Momper, R. v. Vries, J. Vynck, D. Teniers, G. de Heusch,
Emanuel Murant, C. Huysmans, Luc. v. Uden*.

Marinen. Glattes Wasser mit Schiffen, sehr gutes Bild von *Bon. Peeters;* Stilles Marinen
Wasser mit dem alten Turm von Merwede von *H. M. Sorgh* 1647. Ferner Bilder
von *L. Backhuyzen, Wig. Vitringa* 1684, *R. Zeeman*.

Stillleben. Eine Reihe von Kapitalstücken: *Jan de Heem*, Arrangement von Stillleben
Früchten; *Franz Snyders*, Weidenkorb mit Obst, Affe und Katze zur Seite. Weiter-
hin vertreten *Jan van de Velde. J. v. Streeck, C. Mahn, Rachel Ruysch, Jan Fyt,
S. Horst, Herm. v. Steenwyck, J. Vonck, W. G. Ferguson, Pieter Potter*.

Ausserdem eine ausgewählte Sammlung von vortrefflichen modernen Bildern, in
der Hauptsache der Düsseldorfer Schule angehörig (nach Mitteil. des Herrn Werner Dahl).

Die SAMMLUNG DES HERRN MALERS PROFESSOR G. OEDER, Sammlung Oeder
Jakobistrasse 10, ist die bedeutendste deutsche Privatsammlung von altjapanischen
Kunstwerken, durchweg nur ausgezeichnete Stücke vereinigend, vor allem Lackarbeiten,
ältere Bronzen, wie auch Metallarbeiten aller Art, insbesondere interessante Schwert-
teile von hervorragenden Meistern, ferner Werke der Kunsttöpferei und eine ausgedehnte Kollektion farbiger Holztafeldrucke und illustrierter Bücher von *Moronobu* an
bis *Hokusai* und dessen Schule, meist in vorzüglichen Abzügen (zum Teil im J. 1890
bei Ed. Schulte in Berlin ausgestellt). Ausserdem besitzt Herr Prof. Oeder eine An-

Sammlung
Oeder

zahl niederrheinischer und holländischer Ballenschränke, Truhen, Schnitzereien (abge-
bildet im Westdeutschen Gewerbeblatt I und II), sechs Gobelins, fünf französischen
Ursprungs, wovon vier aus der Zeit Louis XVI., nach Kompositionen von *Andraw*,
und ein Brüsseler gezeichnet: B in braunem Schild *(Philipp Beharles)*, rechts in die
Ecke: JAN LEYNIERS. eine Anzahl charakteristischer Stilllebenbilder niederländischer
Meister und ein kleines (verdorbenes) Porträt von *B. de Bruyn.*

Sammlung
Rautert

SAMMLUNG DES HERRN OSCAR RAUTERT, Marienstrasse 1ª.
I. Münzsammlung, reiche Kollektion römischer Kaisermünzen in Gold, Silber und
Bronze, von Gellep, Neuss, Grimlinghausen, Bonn, Andernach, Niederbiber.

II. Sammlung antiker Funde. A. Palaeolithische Zeit. Steinmesser aus
Horn- und Feuerstein, durchbrochene und gespaltene Knochen vom Martinsberg bei
Andernach: geschlagene Feuersteine, Pfeilspitzen etc. aus der Thayinger Höhle.

B. Neolithische Zeit. Halsschmuck aus Muscheln und zwei Hornsteinmesser,
Fundort am Hinkelstein. Sammlung von Steinbeilen, Steinhämmern, Lanzenspitze aus
Feuer-, Horn-, Sandstein, Serpentin, aus Norddeutschland; Fundstücke aus den Pfahl-
bauten des Bodensees.

C. Bronzezeit. Thongefässe, Kelte, Messer, Nadeln aus Heddesdorf, Mainz,
Bacharach, Ochtendunk: fünf Gefässe des Lausitzer Typus.

D. Zeit der Römerherrschaft. Einheimische Gefässe und Fibeln von Bautzen,
Aachen, Eller, von der Golzheimer Heide, von Pyrmont. Römische Altertumsfunde
aus allen Perioden der Kaiserzeit: Gefässe, Gläser, Lampen, Bronzen (Fibeln, Phalli,
Löffel, Spachtel, Schüsseln, Nägel, Ringe, Ohrringe, armillae, Spiegel, lunulae); Gegenstände aus Knochen (Stili, Nadeln, Catrunculi, Würfel): tesserulae, Perlen aus Thon;
Lanzenspitzen, Schuhe für Brückenpfähle, Klammern, Nägel, Äxte aus Eisen, Augen-
salbenstein aus Thon (B. J. XC, S. 211), Schlufsstein eines Giebels mit einem Medusenhaupt, Teil eines mit Lorbeerblättern bedeckten Bogens aus Tuff, Ziegel, Wandputz
mit Bemalung, Wasserleitungsrohre. Fundorte: Neuss, Grimlinghausen, Norf, Köln,
Bonn, Andernach, Mayén, Bacharach, Bingen, Mainz, Lierenfeld, Oberbilk. Stempel
auf terra sigillata-Gefässen: MIILVRO, NONIO, SECVND, VRBANVS·F; auf terra nigra-
Teller: CATVLO; auf Lampen: EVCARPI, COMVNIS, FORTIS, RAECRA, SIMILIS.

E. Frühe fränkische Zeit. Gefässe, Gläser, Fibeln, Bronzen, Schnallen, Be-
schläge etc., Waffen (Scramasaxe, Saxe, Franziskae, Lanzen- und Pfeilspitzen), Scheere,
Zange, Kämme. Fundorte: Aachen, Köln, Lülsdorf, Kruft, Niedermendig, Andernach,
Mülhofen, Engers, Kreuznach, Mainz, Berkach bei Gross-Gerau.

F. Spätere fränkische Zeit. Gefässe, Lampen, Fläschchen, Messer, Handwerks-
zeug, aus Köln, Bonn, Meckenheim, Mainz.

III. Scherbensammlung. 1. Germanische Funde von Meckenheim, der Golzheimer Heide, Rheinbrohl, Andernach, Bassenheim, der Kapelle zum guten Mann
bei Urmitz, Heddesdorf, Mülhofen bei Engers, Langenlinsheim.

2. Römische Thonerzeugnisse von Gellep, Neuss, Grimlinghausen, Köln, Bonn,
Andernach, Heddesdorf, Niederberg, Mainz. Stempel: ALT, ANN, ARVERNICI, BASSI,
BITV , OFCALVI. COSSILLVS, IECVN, OFNASCLINI, MINVTVS, NATILISF, NARDN, NORVS,
OCCISOF, OFPATRO, PILENV, OFPRIM, RECVLLVSF, VITA, OFVITA, VITAL, OFICVIRIL.

3. Fränkische Thongefässe, frühe von Meckenheim, Andernach, Niedermendig,
spätere von Meckenheim (B. J. XCIII, S. 261), aus der Brandschicht und der karolingischen Töpferei, Ruine Tomberg, Burg Hohenstein im Taunus, Lintorf.

4. Spätmittelalterliche Gefässe und Scherben von Siegburg, Köln, Düsseldorf,
Neuss, Bonn, Raeren (nach Mitteilungen des Herrn Rautert).

BILK.

RÖMISCHE UND GERMANISCHE RESTE. SCHNEIDER (Neue Beitr. XIV, S. 11. — Ders. in Düss. Beitr. V, S. 11) verzeichnet eine Landwehr (Nr. 16) vom Rheine über Oberbilk nach Flingern. Warthügel zwischen Bahnhof und Düssel (vgl. die SCHNEIDERsche Karte).

Römische u. Germanische Reste

Funde von Schalen von terra sigillata (B. J. LXII, S. 184. — Geschichte der Stadt Düsseldorf S. 11). Funde germanischer Urnen (FAHNE, Neue Beitr. zum limes S. 51. — Düss. Beitr. IV, S. 2, 6). In Unterbilk Aschenurnen nebst Gefäfsstücken aus terra sigillata, ausserdem ein Ring mit Onyx gefunden (B. J. XXXVI, S. 88). Auf dem Wege nach Flehe 1850 ein römisches Bronzestück mit der Inschrift UTERE FELIX ausgegraben (Geschichte der St. Düsseldorf S. 11, Histor. Museum. — FAHNE in den Neuen Beitr. zum limes S. 55 mit Abb.). Ein römischer Fund, 1877 zu Oberbilk gemacht, jetzt im Provinzialmuseum zu Bonn (FAHNE a. a. O. S. 52). Auf dem Gebiete des ehemaligen Bilkerbusches in der Nähe der Erkratherstrasse römische Gräber entdeckt (RAUTERT in den B. J. LXXXX, S. 202). Vgl. unter Düsseldorf S. 25 und unter Derendorf S. 78.

Fig. 25. Bilk. Ansicht der Pfarrkirche.

KATHOLISCHE PFARRKIRCHE (tit. s. Martini). BINTERIM, Kurze Beschreibung der jetzigen Pfarrkirche zu Bilk mit ihren Gemälden, Düsseldorf o. J. — BINTERIM u. MOOREN, E. K. I, S. 275. — Preuss. Ztg. 1860, Nr. 200. — LOTZ, Kunsttopographie I, S. 81. — J. H. KESSEL, Der selige Gerrich S. 19. — LACOMBLETS Archiv III, S. 21. — BAUDRI, Organ für christl. Kunst X, S. 227.

Kathol. Pfarrkirche

Der Ort schon 799 genannt (LACOMBLET, U B. I, Nr. 12: villa que dicitur Bilici). Eine Kirche bestand hier schon i. J. 1019 (LACOMBLET, U B. I, Nr. 153). Der älteste Teil der Kirche stammt noch von diesem Bau. Um 1200 fand eine Erweiterung nach Osten statt, die Seitenschiffe wurden im 15. Jh. umgebaut und im 17. Jh. in Backstein roh erneut. Im J. 1860 durch Restauration entstellt (Preuss. Ztg. 1860, Nr. 200) und

Geschichte

Kathol.
Pfarrkirche
erst 1879—1881 durch die Architekten *Rincklake* und *Pickel* wiederhergestellt. Hierbei wurden die Seitenschiffe erneuert und das schwere Gewölbe in der Turmhalle eingespannt.

Beschreibung Dreischiffiger romanischer Tuffbau mit Westturm, 20,50 m lang, 10,90 m breit, der älteste Teil bis zum Triumphbogen 12,40 m lang, 4,12 m breit, Chor und Apsis 8,10 m lang. Die einzelnen Bauperioden sind noch genau erkennbar. Der älteste Bau kurz nach dem J. 1000, dem Turm und Mittelschiff angehören, war wohl flachgedeckt mit direkt anstossender Apsis (der Kämpfer im Triumphbogen hat das gleiche Profil wie der der Turmhalle), zwei vermauerte rundbogige Fenster im Obergaden erkennbar (Fig. 25). Der fünfstöckige leicht verjüngte Turm zeichnet sich durch besonders glückliche Verhältnisse aus und ist der imposanteste des ganzen bergischen Landes. Im Erdgeschoss das dreimal abgetreppte Portal mit ganz einfachem Kämpfer. Vom zweiten zum fünften Stock vermehrt sich die Zahl der Rundbogen im Rundbogenfries, der die Vertikallisenen des Baues verbindet, von zwei bis fünf; ein jedes

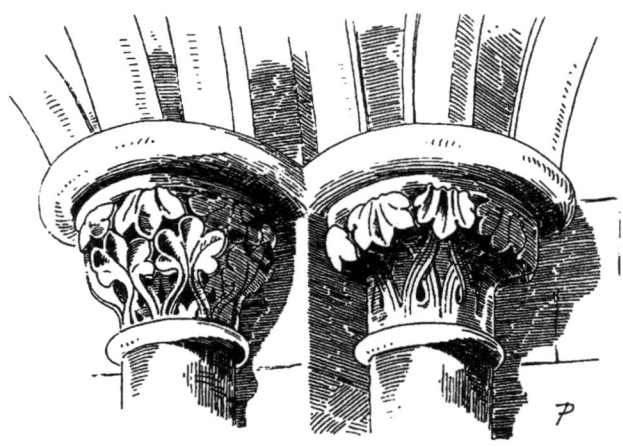

Fig. 26. Bilk. Romanische Kapitäle in der Pfarrkirche.

der Geschosse ist leicht eingerückt. Im obersten Geschoss je zwei Rundbogenfenster mit Mittelsäule, Würfelkapitäl und Kämpfer. Chor und Apsis mit Sakristei haben erst bei der Abtragung des Bodens den auffallend hohen Sockel erhalten. Im Chor drei rundbogige Fenster mit Rundstab, in der durch Vertikallisenen und Rundbogenfries nach Norden gegliederten Sakristei nach Osten ein Rundfenster mit Rundstab. Breites Dachgesims mit Klötzchenfries.

Inneres Im Inneren ist das Mittelschiff bei der Einwölbung mit zwei fast quadratischen und einem kürzeren Kreuzgewölbe bedeckt worden. Der Baumeister schob das störende schmälere Joch nach dem Turm hin. Die breiten Rippen sind nur leicht profiliert, in den Schildbögen sehr starke und klobige Rundstäbe, die mit den die Gurte vertretenden Querrippen auf starken Dreiviertelssäulen mit Knospenkapitälen, runder Deckplatte und Eckblattbasen aufruhen. Die Scheidemauern gegliedert durch Horizontallisenen und drei kleine, direkt unter dem Scheitel der Schildbögen gelegene Fenster. Die vierseitigen Pfeiler wie die rundbogigen Arkaden ohne Gliederung und nur aus der Mauerstärke geschnitten.

Chorhaus Im Chorhaus ruhen die breiten Rundstabrippen und die Rundstäbe der Schildbögen auf vier Ecksäulen mit Kelchkapitälen und runden Deckplatten. In der innen dreiseitig geschlossenen, aussen runden Apsis an den Kanten vier Säulen aus weissem Sandstein, schwarz gestrichen, mit Knäufen, Eckblattbasen und durchweg sehr schön und zart durchgeführten Blattkapitälen in Kelchform (Fig. 26), die Apsis ähnlich wie in Wittlaer und Kalkum (s. u.) belebt durch reich profilierte Rippen und Rundstäbe. Die nach Norden anstossende Sakristei ist mit zwei Kreuzgewölben überdeckt, ohne trennenden Gurt, mit breiten, scharf zugespitzten Rippen und Rundstäben in den Schildbögen; auf den sechs Säulen gute Knospenkapitäle.

Deckengemälde. Neue Preuss. Ztg. 1860, Nr. 227. — Ausführlich BINTERIM a. a. O. Die vier Gewölbefelder des Chorhauses enthielten interessante Malereien aus dem 13. Jh., 1875 bei der Restauration durch *Joh. G. Schmitz* gänzlich verdorben. Im östlichen Felde die Krönung Mariä, im westlichen die Verkündigung, nach Norden und Süden je ein Rauchfass schwingender Engel. Diese allein haben in der stürmischen Bewegung noch etwas den spätromanischen Duktus bewahrt. In der Laibung des Triumphbogens sechs Medaillons mit der Darstellung der klugen und thörichten Jungfrauen in Halbfiguren, dazwischen gutes romanisches Ornament. Die Inschrift: 1392 und J. v. w. (?) später hinzugefügt.

LORETTOKAPELLE (Geschichte der Stadt Düsseldorf S. 378), bis 1893 Pfarrkirche (tit. b. Mariae v.), im J. 1686 durch Herzog Philipp Wilhelm errichtet. Der Halbzirkel nach Westen erst 1739 durch Erzbischof und Kurfürst Clemens August erbaut, 1812 zur Pfarrkirche eingerichtet. Im J. 1893 niedergelegt, um einem Neubau Platz zu machen.

Auffälliger Barockbau mit hohen Pilastern, stark vorgekragtem Dachgesims und einer Art von Attika unter dem Dach, auf dem ein vierseitiger mit Zwiebelhaube gekrönter Dachreiter aufsitzt. Das Innere wird von vier sehr reich profilierten Pfeilerpaaren getragen, die drei gleich hohen Schiffe sind mit Kuppelgewölben überdeckt, der Altar steht vor dem im Osten sich erhebenden Turm, die Westseite ist im Halbkreis abgerundet. Über dem Westeingange das Bildnis des h. Joseph, zur Seite die Statuen der hh. Aloysius und Stanislaus.

Taufstein, achtseitig, von Sandstein, in Kelchform, 16. Jh.

Zwei silberne Weihrauchfässer vom Anfang des 17. Jh., von schönen graziösen und luftigen Formen, beide dreiteilig mit Engelsköpfen an den Henkeln. Beschauzeichen und Marken:

Ciborium, barock, 36 cm hoch, von vergoldetem Silber. Darauf aufgesetzt Medaillons mit Emailmalereien, derbe Arbeiten um 1700, alle in grober Silberfassung mit unechten Steinen. Marke: N und Löwe mit Anker.

Monstranz, 56 cm hoch, barock, 1855 renoviert, mit sechs Schaumünzen und sieben Medaillons mit guten Emailmalereien.

Kapelle von grünem golddurchwirkten Sammetbrokat (Kasel, zwei Dalmatiken, Manipel, Antependium), vorzüglich erhalten, mit dem prachtvoll ausgeführten kurfürstlichen Wappen in Bouillonstickerei, 17. Jh.

Kasel (mit Stola und Manipel) von schwerem roten filzartigen Stoff, bedeckt mit starker silberner Bouillonstickerei mit Pailleten; das Kreuz mit Goldstickerei in Plattstich und guter breiter Goldspitze, Ende des 17. Jh.

Kasel (mit Stola und Manipel) von golddurchwirktem Seidenstoff des 17. Jh. mit silbernen Arabesken.

Glocke aus dem 13. Jh., 87 cm hoch, mit 1,06 m unterem Durchmesser, um den oberen Rand vier und drei Streifen, der untere breite Schlagrand sehr dünn, mit sechs Ringen, ohne Inschrift.

DERENDORF.

GERMANISCHE UND RÖMISCHE FUNDE. Das bedeutendste Gräberfeld des Kreises Düsseldorf zieht sich vom Kaiserhain über die Golzheimer Heide

Germanische
u. Römische
Funde
hin, in der neuesten Zeit grosse Ausbeute an germanischen Graburnen (SCHNEIDER in den Neuen Beitr. VI, S. 9. — PICKS Ms. I, S. 98, IV, S. 17, 515. — Geschichte der Stadt Düsseldorf S. 4. — Düss. Beitr. IV, S. 3. — FAHNE, Neue Beitr. zum limes S. 50. — KOENEN im Korr.-Bl. der Wd. Zs. X, S. 25. — The American Journal of archaeology 1891, p. 560). Auf der Heide selbst eine Reihe römischer Münzen gefunden. Die Fundstücke zum grössten Teil im Histor. Museum zu Düsseldorf, in den Sammlungen Rautert und Braun (s. o.).

Kathol.
Pfarrkirche
Geschichte
KATHOLISCHE PFARRKIRCHE (tit. s. Barbarae).

Der Ort im 11. Jh. zuerst genannt (Therenthorpe: LACOMBLET, U B. I, Nr. 257), 1384 in die städtische Freiheit zu Düsseldorf aufgenommen (LACOMBLET, U B. III, Nr. 878). An Stelle einer älteren Kirche wurde 1693 eine neue errichtet, ein niedriger Backsteinbau von malerischer Aussenwirkung mit höchst merkwürdiger Anordnung der Türme, zwei die Hauptfaçade flankierend, der dritte über dem Chor, innen dreischiffig, mit Pfeilern und flachen Bögen, flachgedeckt. Im Giebel eine Blende mit Kruzifix, um die Türme Hausteinbalustraden mit interessanten späten barocken Pilastern. Im J. 1892 niedergelegt. Die neue Kirche, unweit der alten in den J. 1889—1892 errichtet, ist ein dreischiffiger gothischer Bau von *Caspar Pickel*.

Inschrift
In der Westseite der alten Kirche war unter einem Fenster eingemauert eine 60 cm hohe, 50 cm breite, 9,5 cm dicke Sandsteinplatte (jetzt in der neuen Kirche) mit der unten stehenden Inschrift, die von der alten Kapelle zu Kirchholten oder Holthausen herrührt (über den Ort v. MERING, Geschichte der Burgen, Rittergüter etc. in den Rheinlanden III, S. 69, Anm. 2), deren Materialien 1693 zum Bau der Derendorfer Kirche verwendet wurden (H. FERBER i. d. Düss. Beitr. VII, S. 126, Anm. 1).

Die Inschrift lautet: VIIII. KAL. MAII DEDICATUM EST HOC ORATORIUM IN HONORE S. CRUCIS ET S. MARIE PERPETUE VIRGINIS ET SANCTORUM APOSTOLORUM PETRI ET PAULI MARTIRUM GEORGII ADELBERTI HEIMMERAMMI BLASII VINCENCII MAURORUM ET S. CONFESSORUM MARTINI SEVERINI CUNIBERTI ET S. LUCIE VIRGINIS ET XI MILIUM VIRGINUM.

Bei dem Abbruch ergab sich, dass die Steinplatte auf der Rückseite eine römische Inschrift trug, der Stein aber, um die mittelalterliche Inschrift aufzunehmen, auf den Seiten behauen war. Am Kopfende ein zu drei Vierteilen erhaltenes 20 cm breites und 4 cm vertieftes Porträtmedaillon en face, darunter eine Inschrift (K. BONE in den Düss. Beitr. VIII). Vgl. F. X. KRAUS, Die christlichen Inschriften der Rheinlande II, S. 288, Nr. 626.

Die spätere Inschrift gehört nach der Verwandtschaft mit der zu Haan (LACOMBLETS Archiv II, S. 101) und der untergegangenen zu Duisburg (Kunstdenkmäler d. St. Duisburg S. 27) dem 10.—11. Jh. an.

KREIS DÜSSELDORF

ANGERMUND.

Schloss
Quellen

SCHLOSS. Th. J. J. Lenzen, Beyträge zur Statistik des Herzogthums Berg, Düsseldorf 1802, I, S. 18. — v. Restorff, Beschreibung der Rheinprovinzen S. 362. — v. Mülmann, Statistik I, S. 398. — Geschichte: Lacomblets Archiv IV, S. 379. — H. Ferber, Die Kellner zu Angermund: Düss. Beitr. IV, S. 252; V, S. 163. — Ders., Rentbuch der Kellnerei Angermund: Düss. Beitr. V, S. 112. — Ders., Die Gemarken

Fig. 27. Angermund. Ansicht der Burg.

im Amt Angermund: Düss. Beitr. VII, S. 67. — Ders., Die Rittergüter im Amt Angermund: Düss. Beitr. VII, S. 100.— Miscellen: Düss. Beitr. V, S. 161.

Handschriftl. Qu. Im Staatsarchiv zu Düsseldorf: Urbare, Rent- und Heberegister von 1364 an in Hs. A. 227. Vgl. Lamprecht, Verzeichnis niederrh. Urbarialien S. 43. Rechnungen des Amtes von 1475 ab. Vgl. Ilgen, Rhein. Archiv S. 26.

Im Gräflich von Speeschen Archiv zu Schloss Heltorf: Eigentliche Beschreibung des Angerfluss zwischen Angermundt und dem Hause Winkelhausen mit seinen Wiesen, 1594 von Joh. Mercator, Karte mit alter Ansicht. — Briefschaften über die Kapelle zu Angermund (Inv. II, II, conv. IIIᶜ). — Akten des 15.—17. Jh., Einkünfte der Kellnerei, Steuerbuch (Inv. II, II, conv. XIII).

Geschichte

Das Schloss wird schon unter den Erwerbungen des Erzbischofs Philipp von Heinsberg (1167—1191) genannt (castrum Angermunt et curia adiacens: Mitteilungen aus dem Stadtarchiv von Köln XII, S. 54. Darnach 1222: Lacomblets Archiv IV, S. 379). Bei dem Vergleich im J. 1247 erhält Gräfin Irmgard von Berg das Schloss (Lacomblet, U B. II, Nr. 312. — Kremer, Akad. Beitr. III, S. 94). Das Erzstift behält die Lehensherrlichkeit. Im J. 1327 wird das Schloss von Graf Adolph von Berg seiner

Gemahlin zum Wittum ausgesetzt (LACOMBLET, U B. III, Nr. 226, Anm.). Im 14. Jh. kommt die Kölnische Lehensoberhoheit in Vergessenheit. Noch einmal im J. 1450 übergiebt Herzog Gerhard von Jülich und Berg sein Land Berg mit Angermund wiederum dem Erzstift Köln (LACOMBLET, U B. IV, Nr. 294), aber der Erzbischof Ruprecht verzichtet 1469 endgültig auf seine Ansprüche. Von der Mitte des 15. Jh. an ist es der Sitz der Herzoglichen Kellner (Rentmeister) bis zum J. 1801. Der jetzige Eigentümer ist der Fürst Alfred von Hatzfeld. Die Burg dient zur Zeit als Hofgebäude und Försterwohnung.

Das Schloss (Ansicht Fig. 27. Grundriss Fig. 28) bildet ein unregelmässiges Oval. Es war von breiten Gräben umgeben, die jetzt sumpfartig erweitert sind. Der

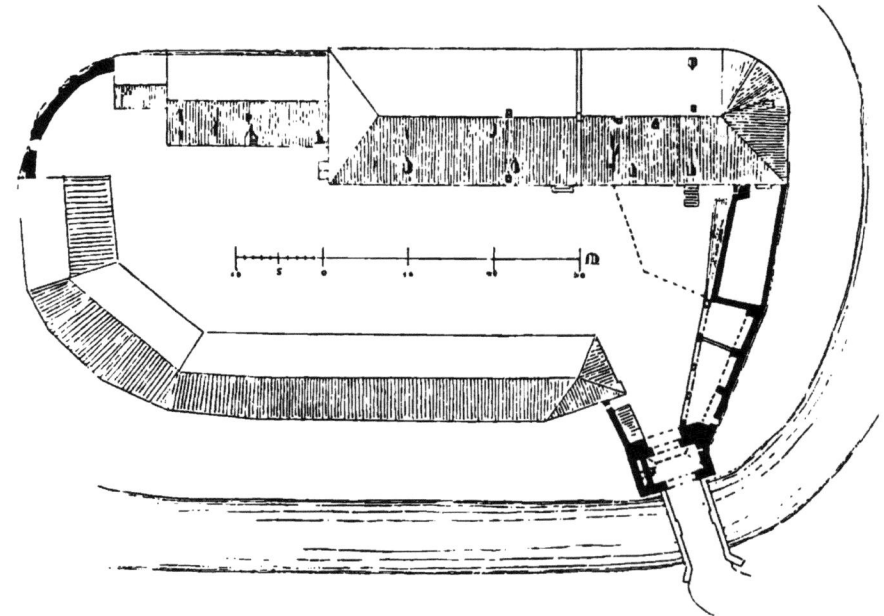

Fig. 28. Angermund. Grundriss der Burg.

älteste nach Westen zu gelegene dreistöckige, aus mächtigen Bruchsteinmauern aufgeführte Hauptbau, an der Nordwestecke abgerundet, stammt im wesentlichen noch aus dem 13. Jh. Er besass ursprünglich romanische Doppelfenster, von denen eines vermauert mit Mittelsäule an der Ecke noch erhalten ist. Im Erdgeschoss nach dem Hofe zu schmale geradlinig geschlossene Fenster. An der Südecke die Ruinen eines Turmes und die Reste eines grossen Backsteintraktes. An den alten Mauerring sind niedrige Wirtschaftsgebäude angelehnt. Die Thorbefestigung mit dem vierseitigen Thorturm stammt erst aus dem 16. oder 17. Jh. Der dicht mit Epheu umwachsene graubraune Bau, von dem hohen roten Dach gekrönt, wirkt mitten in den saftigen Wiesen überaus malerisch.

PFARRKIRCHE (tit. s. Agnetis). H. FERBER, Die Pfarre Angermund: Düss. Beitr. VI. S. 146. Die Kapelle zuerst 1326 genannt (Düsseldorf, Staatsarchiv, Hs. A. 23, Bl. 299), 1630 von den Holländern zerstört, 1637 unter Johann Bertram von

Scheidt wieder neu erbaut (Archiv Heltorf, Inv. II, II, conv. IIIc). Im J. 1703 von Pfarrkirche der Mutterkirche zu Kalkum abgetrennt und zur selbständigen Pfarrkirche erhoben (Staatsarchiv, Reg. Kaiserswerth 546). Eine neue Pfarrkirche wurde 1870 durch *A. Lange* aus Köln erbaut.

Über eine LANDWEHR von Angermund zur Ruhr vgl. M. WILMS in den Landwehr B. J. LII, S. 6. — TH. V. HAUPT in dem Beibl. zur Köln. Ztg. 1820, Nr. 15 und 16. — Zu den SCHNEIDERschen Untersuchungen vgl. die WILMSschen Berichtigungen, weiterhin Kunstdenkmäler d. St. Duisburg S. 15. Die Landwehr erwähnt in einer Urk. vom J. 1460 (Archiv Heltorf, Urk. Kesselsberg Nr. 5).

BENRATH.

KATHOLISCHE PFARRKIRCHE (tit. s. Caeciliae). BINTERIM und Kathol.
Pfarrkirche MOOREN, E. K. I, S. 280. — STRAUVEN in der Berg. Zs. X, S. 72.

Die älteste Kirche soll im J. 1005 errichtet sein nach einer nicht mehr erhaltenen, Geschichte über der Chorthür befindlichen Inschrift (ANNO DNI MV INDICT. III. EXTRUCTUM EST HOC EDIFICIUM CHORI (BINTERIM u. MOOREN a. a. O. Anzuzweifeln: MV vielleicht Lesefehler für MVc). Der jetzige Turm stammt erst aus dem Ende des 12. oder Anfang des 13. Jh. Das hässliche Langhaus wurde 1823 angebaut.

Dreistöckiger romanischer Turm von Tuff mit achtseitiger geschiefter Haube. Beschreibung Die Turmvorhalle mit je zwei rundbogigen Blenden und vermauerten Fenstern zur Seite. Im Erdgeschoss zweimal abgetrepptes leicht spitzbogiges Portal mit Rundstab, im zweiten Geschoss zwei spitzbogige Blenden, im dritten von Vertikallisenen, Rundbogenfries und rechtwinkligen Blenden eingerahmt je zwei Doppelfenster mit Mittelsäulen.

Gothischer Taufstein, 15. Jh., achtseitig, einfach, Anfang des 18. Jh. Taufstein

Madonna, aus weissem Marmor in Lebensgrösse, angeblich ein Werk *Grupellos* Statue (HERMANNS, Geschichte von Benrath S. 40). 1854 aus der Schlosskapelle hierher versetzt.

Glocken. Die erste vom 14. August 1453 mit der Inschrift: CECILIA HEIS ICH. Glocken IN DE ERE GODT LUID ICH. MELCHER HERMAN VAN ALFTER GOUS MICH ANNO D. MCCCCLIII IN VIGILIA ACCUMPCIONIS (so) MARIE.

Die zweite vom 4. Juli 1454 mit der Inschrift: MARIA HEIS IC. IN DE ER GODES LUDEN ICH. HERMAN VAN ALFTER GOS MICH ANNO MCCCCLIIII DES ANDEREN DAGES NA VISITASIONIS (so) MARIE.

SCHLOSS. STRAUVEN, Historische Nachrichten über Benrath: Berg. Zs. X, Schloss S. 49. — AL. HERMANNS, Geschichte von Benrath und Umgebung, Düsseldorf 1889. Dazu Düss. Beitr. IV, S. 244. — CORN. GURLITT, Geschichte des Barockstiles und der Rokoko in Deutschland S. 466 mit Abb. — R. DOHME, Barock- und Rokokoarchitektur, Berlin 1892, S. 1 mit 2 Tafeln. — Ders., Geschichte der deutschen Baukunst S. 379, 414. — Düss. Ill. Zeitung 1891, Nr. 25. — Eine ausführliche Publikation mit reichen Abbildungen von Herrn HALMHUBER in Düsseldorf in Vorbereitung.

Das älteste Schloss, der Sitz der Herren de Benrode, die 1222 zuerst erwähnt 1. Bau werden (München, Staatsbibliothek, Sammelband Redinghoven XLII, p. 255; 1224 bei KREMER, Akad. Beitr. II, S. 252), lag an der Stelle der jetzigen Kaserne und ging schon im 13. Jh. an die Grafen von Berg über, es diente im 15. Jh. mehrfach als Leibzucht und Wittum, aber auch als Pfandobjekt und wurde wahrscheinlich im dreissigjährigen Kriege zerstört.

Im J. 1660 überwies Pfalzgraf Philipp Wilhelm Benrath seiner Gemahlin, der Pfalz- 2. Bau gräfin Elisabeth Amalie Magdalena, die dort in den J. 1662—1666 ein neues Schloss

Schloss

Fig. 29. Hemrath. Hauptfacade des Schlosses.

errichten liess, das einige hundert Schritt hinter dem jetzigen Bau mitten in dem
langen Weiher lag.

Der neue Schlossbau litt indessen in Folge von Feuchtigkeit und Brand so, dass er bald unbewohnbar wurde. Kurfürst Karl Theodor liess daher das Schloss im Weiher abbrechen und am Ende des Weihers im J. 1755 ein neues Palais errichten, dessen Bau der einfallenden Kriegsjahre des siebenjährigen und des Erbfolgekrieges halber gegen 20 Jahre in Anspruch nahm und über 800000 Thaler kostete. Um die grossartigen projektierten Wasserwerke zu speisen, ward der Itterbach durch einen eigenen Kanal vom Kloster Noven nach dem Park geleitet. Das Schloss diente Karl Theodor und seiner Gemahlin als Sommeraufenthalt, nach ihm nur noch Joachim Murat und dem Erbprinzen Leopold von Hohenzollern-Sigmaringen als Wohnung.

Fig. 30. Benrath. Hinterfront des Schlosses.

Der Baumeister war *Nicolaus de Pigage* (1721—1796), der Schöpfer des Mannheimer Schlosses, der Schwetzinger Gartenanlagen und des russischen Hofes zu Frankfurt (GURLITT a. a. O. S. 463). Das Schloss ist Eigentum der Krone.

Das Schloss ist ein einstöckiger villenartiger Bau mit hoher Freitreppe, flankiert
von zwei abgetrennten niedrigeren, im Halbrund geschlossenen Flügelbauten, die je
101 Räume und im Inneren einen grossen Hof besitzen, um welchen längs des Gebäudes kleinere Säulengänge führen, gekrönt durch ein gebrochenes Dach mit Mansarden. Den Flügeln treten zur Seite zwei kleine rechtwinkelige Nebengebäude mit je einem grossen von je zwei Pilastern flankierten Portal. Die vordere Schlossterrasse ist um drei Stufen erhöht, die Rampe mit geschweifter Zufahrt wiederum um neun Stufen. An den vier Ecken des Hauptbaues originelle steinerne Schilderhäuschen mit römischen Helmen in den Giebeln, mit Pyramiden als Aufsätzen.

Der Hauptbau (Fig. 29 von vorn, Fig. 30 von hinten, gute Abb. bei GURLITT
S. 465) ist in den Aussenformen von fast gesuchter Einfachheit. Der Grundriss zeigt

Schloss ein Rechteck mit wenig vortretendem Mittelrisalit, kräftigen Seitenrisaliten und stark vortretendem hinteren Pavillon. Um den ganzen Bau herum zieht sich eine schmale, mit einem eisernen Geländer versehene Veranda. Die nur durch schmale Lisenen, an den Kanten durch Quadernachahmung gegliederten Wände sind von den sehr hohen von Festons eingerahmten, mit Holzläden versehenen Fenstern durchbrochen. Das geschieferte Dach, von sehr interessantem Umriss, erhebt sich über einer mit Zinkblech verkleideten Attika erst steil, um dann in einer Welle umzubiegen und nach einem Absatz sich fast horizontal umzulegen. Die runden Mansardfenster zeigen eine schöne geschweifte Kartoucheneinrahmung. Der Risalit des Mittelbaues enthält drei von Festons eingerahmte Portale, im Architrav das Wappen Karl Theodors, von dem Kurhut überragt, zur Seite ruhende Löwen, mit denen Putten spielen. Als Aufsatz eine von zwei Putten gehaltene Uhr mit darüberfallendem Vorhang, an den Ecken Vasen mit je zwei Putten.

Pavillons Die seitlichen Pavillons zeigen ausgeschweifte Seitenflächen und sind von geschweiften, an das Hauptdach angelehnten Kuppeldächern überragt. Über der mittleren Wandfläche ein Giebel mit kleiner Gruppe (im Osten Hirten mit Schaf, im Westen Pan), als Schlufsstein des Mittelfensters eine Gruppe von Musikinstrumenten, zur Seite auf grossen Konsolen je eine Büste. In den Seitenflächen liegen die Fenster in besonderen Nischen, in der Rundung durch eine Muschel verziert, mit einem Widderkopf als Schlufsstein geschmückt.

Der Pavillon der Rückseite, zu dem in zwei Absätzen eine Freitreppe von zwölf Stufen hinaufführt, enthält wiederum drei grosse mit Festons eingerahmte Thüren, als Giebelschmuck eine in der Silhouette höchst wirkungsvolle gut erhaltene Gruppe in Sandstein (alle freien Teile, Geweihe, Bogen, Guirlanden, in Blei ausgeführt). In der Mitte in königlicher Haltung auf den Bogen gestützt Diana, auf dem Wagen hinter ihr ein Putto mit Köcher, links ein von Hunden zerfleischter Hirsch, rechts ein zwei Hunde haltender Putto. An den zurückliegenden Ecken des Daches Putten mit Jagdemblemen. Die hinter dem Schloss gelegene Terrasse ist mit sechs überlebensgrossen derben Sandsteinfiguren (Pan und Nymphen) auf festonverzierten Sockeln geschmückt.

Inneres Im Inneren ist zunächst die Gestaltung des Grundrisses sehr bemerkenswert. In der mittleren Achse liegt das Vestibul und der runde Kuppelsaal, zur Seite zwei ovale Lichthöfe, um die sich die Gemächer der Flügel legen. Die grosse Kunst in der Raumverteilung liegt darin, wie die nahezu achtzig Räume angeordnet sind, so dass von aussen her und für den flüchtigen Besucher des Inneren nur die Festräume sichtbar sind, während alle Neben- und Bedientenräume in dem äusserlich überhaupt nicht sichtbaren zweiten Stockwerk um die Lichthöfe gruppiert sind. Acht Treppen führen in das Obergeschoss hinauf, die mit schönem schmiedeeisernen Rokokogeländer versehene Haupttreppe rechts vom Vestibul. Das ganze Gebäude ist unterkellert. Nach den überaus kräftigen Gewölben und Säulen der Kellerräume, die sich selbst unter den Terrassen hinziehen, war möglicherweise ursprünglich ein grösserer Bau geplant.

Das Vestibul zeigt als Wandfüllungen in Stuck die vier Elemente, als Thürfüllungen die vier Jahreszeiten. Der dem Vestibul gegenüber gelegene runde Speisesaal enthält seine Wandgliederung durch acht Paare kannelierter Pilaster, zwischen die die Thüren und Spiegel treten; zwischen den zusammengehörigen Pilastern Putten mit Füllhörnern als Leuchterhalter. Die kassettierte und mit Rosetten geschmückte Kuppel öffnet sich mit zwei weitausladenden Kehlen, von denen die untere mit einem Geländer abschliesst, zu zwei weiteren Kuppelkrönungen, durch deren Bemalung eine gelungene perspektivische Wirkung hergestellt ist. An der zweiten Kuppel im Rund

herumgeführt der Jagdzug der Diana, in leichten duftigen Tönen, die Zeichnung reich
an Verkürzungen, darüber ein herabhängender schwerer Vorhang mit plastischen Putten,
in der Krönungskuppel eine Aurora. In den Lunetten von Putten gehalten Porträt-
medaillons und die Namenszüge c. t. und e. a. (Carl Theodor und Elisabeth Augusta).

An den Kuppelsaal schliessen sich rechts und links grosse und helle Räume an,
links der Gesellschaftssaal, rechts der Audienzsaal, beide mit je fünf grossen Spiegeln
und Lunettenbildern über der Thür, dazu mit prachtvollen Stuckornamenten, der erste
mit einer grossen Deckenmalerei: Apollo mit den Musen, und Putten in den Eckstücken, der zweite mit einem dreiteiligen Deckengemälde, Jupiter, Juno und Ceres
darstellend. Die an den Schmalseiten gelegenen achtseitigen Zimmer zeichnen sich

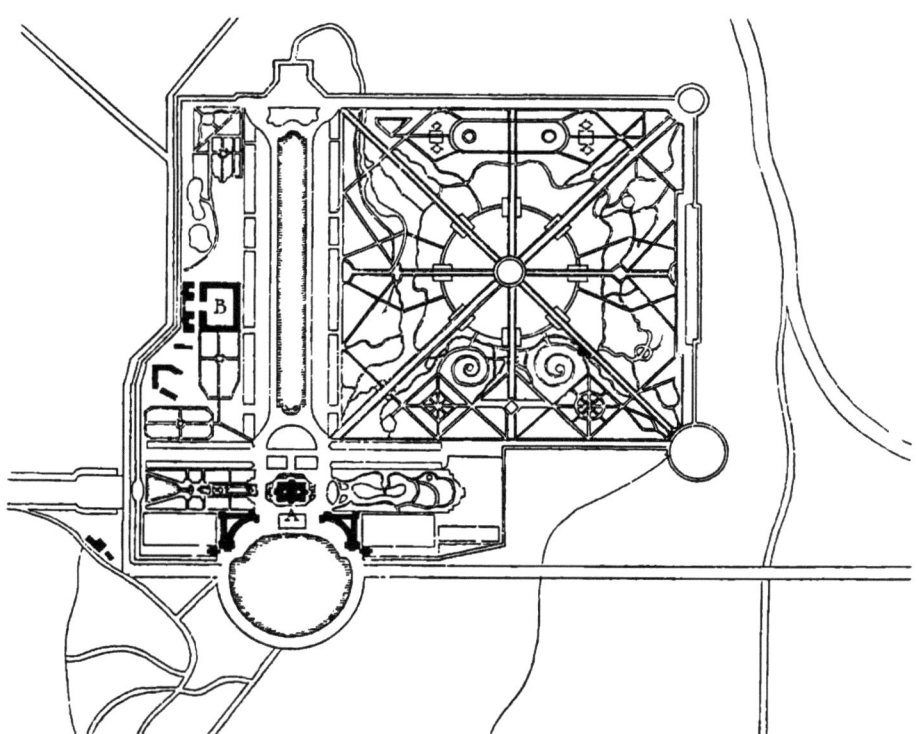

Fig. 31. Benrath. Grundriss der Gartenanlage.

durch besonders gelungene Wandfüllungen und Holzschnitzereien aus; in den Lunetten
reizvolle Putten, in den Medaillons der Decke Embleme der Schäferei, nach den
äusseren Schmalseiten zu Blumenfenster. Die einzelnen Räume enthalten in Wand-
bekleidung, Deckendekoration, in geschnitzten und eingelegten Möbeln (die letzteren
zum Teil aus der Residenz der Fürstäbtissinnen zu Essen stammend) eine Fülle der
besten Vorbilder des deutschen Rokoko (Proben und Details in der HALMHUBERschen
Publikation). Unter den Möbeln sind einige kostbare Stücke mit vergoldeten Bronze-
beschlägen (zum Teil erneut) und andere, bei denen Boulearbeit und Marqueterie
allein den glänzendsten Effekt hervorbringen. Neben deutschen Arbeiten im Stile
des *David Röntgen* eine Reihe französischer Luxusgegenstände. Die Tapeten zum
grössten Teil (nach alten Mustern) erneut.

Schloss
Künstlerische
Würdigung Benrath ist nächst Schloss Brühl der bedeutendste Rokokobau am Rheine und übertrifft den Jägerhof zu Düsseldorf wie die Bonner Schlossanlagen weit durch seine köstlichen Details, in denen einzelne Ornamente bereits den beginnenden Klassizismus andeuten. Es ist ,ein für die Entwicklungsgeschichte besonders wichtiger Bau, weil sich in ihm die ersten Regungen der Wandlung des Geschmackes in Deutschland zeigen: Die innere Ausstattung ist ein ungemein graziöses Zwischenglied zwischen Rokoko und Klassizismus' (DOHME, Geschichte der deutschen Baukunst S. 414). Bei der Beurteilung des Baues darf man nicht übersehen, dass *de Pigage* eine ländliche Villa, einen Sommersitz, errichtete, und dass der Hauptbau nur ein Glied in der grossen, auch von ihm herrührenden Gartenkomposition bildete.

Garten   Der G a r t e n (Grundriss Fig. 31), eine ausgedehnte fast quadratische Anlage, umfasst 210 Morgen Waldbestand, 50 Morgen Wege und 22 Morgen Wasserfläche, von denen 11 Morgen auf das vordere Wasserbassin und 6 Morgen auf den hinteren langgestreckten Teich kommen. Bewunderungswürdig ist vor allem das Nivellement in den Wasserläufen: der Itterbach ist um den ganzen Park herumgeführt und fliesst dann durch Urdenbach ab. Der Garten wurde nach den Angaben von *de Pigage* unter der Leitung des Grafen Goltstein nach den *Lenôtre*schen Ideen hergestellt. Hinter dem neuen Schloss A zieht sich eine lange Wasserfläche, der ‚Spiegel‘, hin. Zur Linken liegt der französische Garten mit seinen Kaskadenbauten, Bassins, geradlinigen Wegen, Blumenrabatten und Laubengängen, zur Rechten liegt der (abgesperrte) Blumengarten. Der eigentliche Park bildet ein Quadrat, welches zwei diagonale und zwei zu den Seiten senkrecht geführte Alleen in acht gleich grosse Quartiere teilen. Im gemeinsamen Mittelpunkte schneiden sich die Alleen. Auf weite Perspektiven ist besonderes Gewicht gelegt. Der Park wird sorgfältig und mit feinem Verständnis erhalten. Vgl. ausführlich REDLICH, HILLEBRECHT und WESENER, Der Hofgarten zu Düsseldorf und der Schlosspark zu Benrath, Düsseldorf 1893 mit Lichtdrucken.

Älteres Schloss   Der zweite durch Karl Theodor abgebrochene Bau war ein im Barockstile errichtetes luftiges Halbschloss, das mitten in dem Weiher lag und durch auf Bogen ruhende Wandelgänge mit den offenen Flügeltürmen an den beiden Ufern verbunden war. Der Mittelbau selbst war fünfstöckig, durch Pilaster gegliedert und von zwei noch um zwei Stockwerke über das Dach sich erhebenden Türmen flankiert. Nach der Vorderseite eine kleine Terrasse. Der Schlossbau war mit dem erhaltenen, jetzt als Orangerie und Kaserne dienenden Teil durch eine Fortsetzung des Wandelganges verbunden. Dieser Teil des älteren Schlosses (Fig. 31 B) bildet eine fast regelmässig quadratische Anlage, mit von zwei Türmchen flankiertem bossierten Hauptportal. Die Gebäude sind einfach zweistöckig wiederhergestellt, auf dem Mittelbau sitzt ein reizendes achtseitiges offenes Türmchen auf. Die in der äussersten Ecke des linken Seitenflügels nach Südwesten gelegene K a p e l l e ist vierseitig und enthält nüchterne Stuckleisten und Wandmalereien ohne Wert, auf dem Altar ein h. Nepomuk und das kurfürstliche Wappen. Die O r a n g e r i e, die den nördlichen Flügel des ehemaligen Vor-

Orangerie   schlosses einnimmt, enthält noch zwei Säle mit prächtigen Stuckdecken des 17. Jh. In dem ersten Saale in der Mitte Venus und Endymion, in den Ecken vier andere Liebesabenteuer der Venus, dazwischen braun in braun Jagdscenen. In der Mitte ein schöner Kamin mit schwerem Stuckaufsatz und verblichenem Mittelbild. In dem zweiten Saal ist die Decke nur teilweise erhalten: mythologische Scenen, Kamin mit verblichenem Mittelbild. Auf der anderen Seite noch ein Saal erhalten mit einer süsslich barocken Darstellung der Himmelfahrt Mariä im Mittelfeld der Decke. Weiterhin nur Reste der barocken Kamine. Die Decke ausgebrochen und 1884 eiserne Träger eingezogen.

Abbildungen des alten Hauptschlosses erhalten in einer Zeichnung bei PLOENNIES,
Topographia ducatus Montium 1715 Bl. 20ª (Düsseldorf, Staatsarchiv, Hs. A. 31), auf
zwei Aquarellen im Besitz des Herrn Louis Leven zu Urdenbach und auf einem Porträt Johann Wilhelms bei Herrn Amtsgerichtsrat Strauven in Neuss. Ursprünglicher
Plan des Gartens im Besitz der Witwe Kürten zu Benrath.

ELLER.

RÖMISCHE FUNDE. Germanische Gräber zu beiden Seiten der Bahn.
Römische Schalen von terra sigillata (O. RAUTERT in der Düss. Mon. 1881, S. 20. —
KOENEN in den Düss. Beitr. IV, S. 9). Römische Gefässe ‚auf dem Eickart‘ gefunden
(KOENEN in den B. J. LXXV, S. 183), an der alten Heerstrasse, die bei Bilk über den
Rhein führte.

HAUS ELLER. v. MERING, Geschichte der Rittergüter, Burgen etc. in den
Rheinlanden III, S. 103. LACOMBLETS Archiv III, S. 21. — THUMMERMUTH, Krumb-
stab schleust niemand aus, Köln 1738, S. 68. — v. STEINEN, Westfälische Geschichte
III, S. 518; IV, S. 1262. — v. HOTTSTEIN, Hoheit des teutschen Reichsadels I, S. 414.
— J. STRANGE, Beitr. zur Genealogie der adligen Geschlechter III, S. 29; XI, S. 90. —
FAHNE, Geschichte der Kölnischen, Jülichschen und Bergischen Geschlechter I, S. 91.

Handschriftl. Qu. Im Archiv zu Schloss Heltorf: B. I, Archiv Wanghe: Inventar des Schlosses (Nr. 3), Briefschaften über Schloss und Schlosskapelle (Nr. 8),
Rentenangelegenheiten (Nr. 9).

Der Ort schon 1051 genannt (LACOMBLET, U B. I, Nr. 186). Das Haus, der
Stammsitz der Herren von Eller, ward durch diese 1420 dem Bergischen Regentenhause
zu Lehen aufgetragen. Es kam 1448 an die von Quad, 1476 an die von Einenberg,
darnach in raschem Wechsel an die von Plettenberg, wiederum an die von Quad, an
die von Harff, von der Gracht, gen. von Wanghe. Im J. 1711 wurde es von dem
Landesfürsten angekauft. Bei der Versteigerung der landesfürstlichen Domänen 1823
von dem Kammerherrn von Plessen erworben, der die neuen Gebäude aufführen
liess. Von dem alten Burghause blieb nur ein Turm stehen. Eine Kapelle auf dem
Hause (tit. ss. Nicolai et Huberti) war schon 1409 fundiert worden (Düsseldorf, Staats-
Archiv, Hs. A. 23, Bl. 244 ᵇ).

Zwischen Benrath und Eller ‚an der alten Brücke‘ lag eine alte Gerichtsstätte.
Das ‚Thinghaus‘, in Fachwerk, mit spitzem Giebel, aus dem 16. oder 17. Jh. stammend,
ist erhalten, dabei eine mächtige Linde.

ERKRATH.

GERMANISCHE FUNDE. Über die in der Nähe gelegene alte Burg und
die Funde im Neanderthale vgl. die Kunstdenkmäler d. Kr. Mettmann.

KATHOLISCHE PFARRKIRCHE (tit. decapitat. s. Johannis bapt.). Vgl.
BINTERIM u. MOOREN, E. K. I, S. 262, 279.

Handschriftl. Qu. Im Pfarrarchiv 46 Urk. von 1498 ab.
Der Ort wird 1176 zuerst genannt (Urk. bei KREMER, Akad. Beitr. III, S. 54);
die Kirche wurde um diese Zeit in der 2. H. des 12. Jh. erbaut, im 14. Jh. eingewölbt. Im J. 1700 erhielt der Turm ein neues Portal und eine neue Haube. Die

Kathol.
Pfarrkirche

Kirche wurde 1883 durch den Architekten *Tüsshaus* restauriert und durch den Maler *Stefens* nach Angaben von *Göbbels* ausgemalt.

Beschreibung

Dreischiffige Pfeilerbasilika, im Lichten 28.50 m lang, 13,50 m breit, aus Bruchsteinen von Ruhrkohlensandstein, alle Profile und Lisenen aus Tuff. Der vortretende Westturm, der mit einer geschweiften und eingezogenen Zwiebelhaube abschliesst, ist

Fig. 32. Erkrath. Inneres der katholischen Pfarrkirche.

im obersten Geschoss auf jeder Seite durch drei von Vertikallisenen und Rundbogenfries eingerahmte Felder belebt, die je ein romanisches Doppelfenster mit Mittelsäule und Würfelkapitäl einschliessen. Das vier Joch lange Langhaus zeigt seine innere Gliederung auch äusserlich im Obergaden des Mittelschiffes wie an den Aussenmauern der Seitenschiffe, hier durch grosse rundbogige Blenden, dort durch von Vertikallisenen und Rundbogenfries eingerahmte Felder, die die einfachen Rundfenster

aufnehmen. Am Ostgiebel ein Zickzackfries. Die äussere Gliederung der Apsis be- Kathol.
Pfarrkirche
steht in Rundbogenfries mit drei Vertikallisenen.

Die Wirkung des Inneren (Fig. 32) ist bedeutender als bei den meisten übrigen Inneres
kleinen romanischen Kirchen des Kreises. Die gothischen Rippen der vier Joche des
Mittelschiffes sitzen auf den alten romanischen Pfeilervorlagen auf; die Scheidemauern
sind neu belebt durch die kleinen in den Gewänden leicht abgeflachten Rundfenster.
Die schweren, massigen vierseitigen Pfeiler zeigen nur nach den Arkadenlaibungen zu
einfach profilierte Kämpfer. In den Seitenschiffen flache Gratgewölbe mit Gurten und
Schildbögen. Die Turmhalle, die sich mit einem Bogen von der Höhe des Triumphbogens nach dem Mittelschiff öffnet, ist mit einem gothischen Kreuzgewölbe mit grossem
Mittelring abgeschlossen, in einer Ecke ist der Treppenturm eingebaut. Das Chorhaus mit Kreuzgewölbe, die Rippen und Schildbögen auf Konsolen ruhend, die
Apsis einfach halbrund. Südlich stösst, durch einen hohen Spitzbogen verbunden, die
mit einem Kreuzgewölbe überdeckte gothische Seitenkapelle an, nördlich die Sakristei.

Taufstein, 1,05 m hoch, aus schwarzem Granit, aus dem 13. Jh., grosses rundes Taufstein
Becken mit Rundbogenfries und vier Eckköpfen, auf kräftigem Mittelcylinder mit vier
Ecksäulen.

Rohes Steinrelief der Kreuzigung aus dem 16. Jh., mit der Unterschrift: HY Relief
IS GERICH NA RECHT, HI LIT DE HERR BY DE KNECHT.

Schüssel von vergoldetem Silber mit in Silber getriebenem Haupt Johannis Schüssel
des Täufers, vortreffliches und edles Stück des 16. Jh, von feiner Behandlung des
Bartes und der Haare, auf der Stirn ein Medaillon für Reliquien. Inschrift: SUMP-
TIBUS ECCLESIAE ERCKRADENSIS EX TESTAMENTO CHRISTIANI LANGEN P. M. ACQUI-
SITUS 1705.

Glocke von 1454 mit der Inschrift: S. JOHANNES APOSTOLE DEI ORA PRO NOBIS Glocke
PECCATORIBUS. ANNO DOMINI MCCCCLIIII VI. KAL. MAII. MARIA HEIS ICH, IN DE ER
GODS LUD ICH. . . . . . . ALFTER GOIS MICH.

HAUS GRÄFGENSTEIN (Griffgenstein), im 15. Jh. im Besitz der Herren Haus
Grafgenstein
vom Haus, darnach der Freiherren von der Horst, der Herren von Zweiffel. Der
jetzige Besitzer ist der Reichsgraf Franz von Spee. Vgl. J. STRANGE, Beitr. I, S. 53.

Das Haus besteht aus einem viereckigen, schwerfälligen, turmartigen Bau von
vier Stockwerk Höhe, an das die Ökonomiegebäude stossen. Es war wahrscheinlich
von Anfang an als bewohnbarer Wartturm geplant.

HAUS BRÜGGE, einfaches, steinernes, zweistöckiges Wohnhaus mit grossen Haus Brugge
Fensteröffnungen, ursprünglich ganz von Wasser umgeben, mit steinerner Brücke.

GERRESHEIM.

RÖMISCHE UND GERMANISCHE RESTE. Auf dem Ludenberg, Römische u.
Germanische
Reste
südlich von der Stadt, im ‚Schülerbusch‘ befand sich angeblich ein (seit der Rodung
verschwundener) Wallring (G. PIEPER in der Heimatskunde 1879, S. 17). An der
Nord- und Südseite sind von den Gräben noch tiefe Einschnitte erhalten. Das 210
Schritt lange Plateau ist heute mit Gestrüpp bedeckt (KESSELsche Mitteilungen).

Auf dem Grafenberg, zwischen Düsseldorf und Gerresheim, der ursprünglich
Godesberg hiess (HARLESS in der Berg. Zs. VII, S. 205), wurden 1847, 1849 und 1855
am Lemmenhaus und vor allem in der Nähe der Fahnenburg durch Anton Fahne
eine Menge römischer Gefässe und Urnen ausgegraben. Die Fundgegenstände im

Römische u
Germanische
Reste Besitz des Herrn Pflaum auf der Fahnenburg (Abb. A. FAHNE, Die Fahnenburg S. 69, 72. — Ders., Die Dynasten von Bocholtz I, S. 246. — Ders., Neue Beitr. zum limes S. 50). Über die Gerresheimer Gegend zur Zeit der Römerherrschaft FAHNE in den Ann. h. V. N. XXXIII, S. 195.

Ungefähr 1800 Schritt nördlich 1871 ein grösserer Begräbnisplatz aufgedeckt (Abb. von Fundstücken bei FAHNE, Neue Beitr. S. 52. — Über germanische Gräber und fränkische Gefässe KOENEN in der Wd. Zs. VI, S. 358. — Ders. in den B. J. LXXXV, S. 153. — Vgl. auch C. MENN, Über die Ausgrabungen altdeutscher Begräbnisurnen bei Düsseldorf (an der Grafenberger Chaussee): Rhein. Provinzialblätter 1834, I und II. — v. ZUCCALMAGLIO, Die bergischen Heiden: NÖGGERATHS Provinzialblätter 1839, S. 100. — Düss. Beitr. IV, S. 4). An der Kaiserburg wurden beim Hausbau zwei steinerne Streitäxte gefunden (SCHNEIDER, Kreis Düsseldorf S. 10), ein fränkisches Grab wurde in Gerresheim bei der Kirche aufgedeckt, darin Knochen, Gefässscherben, Lanzenspitze und kleine Bronzefigur. Eine Kolossalurne 1890 am Kamp Heiligendunk gefunden (s. o. S. 68 a. E.).

In der Nähe der von Neuss über Hamm, Bilk, Lierenfeld nach Gerresheim führenden Römerstrasse, die kurz vor dem Ort unter dem Namen ‚Viehstrasse‘ bekannt ist (SCHNEIDER, Neue Beitr. VI, S. 6), wurde 1881 ein römisches Grab mit einer Urne entdeckt (B. J. LXXI, S. 156).

Strassen An Gerresheim vorbei führten zwei der ältesten Strassen des Kreises (SCHNEIDER in den Düss. Beitr. IV, S. 3; vgl. Karte) auf Ratingen zu. Die von Düsseldorf nördlich von Gerresheim vorüberführende Mettmannsche Landstrasse gehört gleichfalls zu den ältesten Strassenzügen des Bezirks (SCHNEIDER, Beitr. IV, S. 2).

Stiftskirche
Litteratur Ehemal. STIFTSKIRCHE, jetzige KATHOLISCHE PFARRKIRCHE (tit. s. Margarethae). JOH. HUB. KESSEL, Der selige Gerrich, Stifter der Abtei Gerresheim, Düsseldorf 1877. — Ders., Die Stiftung der Abtei Gerresheim: PICKS Ms. III, S. 240, mit 5 Urk. — v. RESTORFF, Beschreibung der Rheinprovinzen S. 360. — v. MÜLMANN, Statistik I, S. 417. — E. MUMMENHOFF, Zur Geschichte der Stadt Gerresheim: PICKS Ms. IV, S. 516. — HAHN u. v. SCHAUMBURG, Kurze Geschichte der Abtei: Ann. h. V. N. XXXIII, S. 189, 192. — E. v. SCHAUMBURG, Zur Geschichte des Stifts Gerresheim: Berg. Zs. XV, S. 29. — HARLESS, Urk. des Stiftes und der Stadt Gerresheim: Berg. Zs. VI, S. 77. — W. RITZ, Urk. des Klosters von 870—1438: v. LEDEBURS Allg. Archiv V, S. 298. — Urk. von 1311—1561: Berg. Zs. VI, S. 77. — J. WÜLFFINGS Beschreibung Gerresheims vom J. 1729: Berg. Zs. XIX, S. 124, 137. — Zur Geschichte des Stiftes: Berg. Zs. XV, S. 29. — THEOD. RAY, Animae illustres Juliae, Cliviae et Montium p. 193. — Nachrichten zur Geschichte des Stiftes: v. MERING, Burgen, Abteien und Klöster im Rheinlande X, S. 114. — LACOMBLETS Archiv III, S. 20. — Nekrologium des Stifts Gerresheim: LACOMBLETS Archiv N F. I, S. 85; Heberegister ebenda S. 111. — BINTERIM u. MOOREN, E. K. I, S. 113, 281. — AUS'M WEERTH, Kd. II, S. 48. — LOTZ, Kunsttopographie I, S. 238. — OTTE, Geschichte der romanischen Baukunst S. 397.

Handschriftl.
Quellen Handschriftl. Qu. Im Staatsarchiv zu Düsseldorf: 382 Urk. von 873 bis 1800, darunter eine beträchtliche Anzahl von Kaiserurkunden. Supplement 130 Urk. von 1224—1714. — Kopiar B. 116ᵃ⁻ᶜ, 3 Bde., 16.—18 Jh. — Unter den Akten: Registrum redituum, memoriale et calendarium renov. per can. Gerr. JOH. KNIPPING, 14. Jh. (Reg. 387), Registrum a. 1540 conscriptum (380), Gesammelte Nachrichten über Visitationen (385), Memorienbuch des Stiftes, Folioband, darin Verzeichnis der Paramente und Reliquien vom J. 1598 (393) (wird in der Sammlung rheinischer Inven-

tare veröffentlicht), Testamente der Äbtissinnen (384). Vgl. ILGEN, Rhein. Archiv S. 79
u. Berg. Zs. XV, S. 29. — Kalendarium A. 67. Vgl. LACOMBLETS Archiv N F. I. S. 85.
— Urkundenabschriften in dem REDINGHOVENschen Sammelbd. A. 23 Bl. 327—335.
Über die Urbare LAMPRECHT, Verzeichnis niederrheinischer Urbarialien S. 10, 53.

Im Pfarrarchiv: 12 Urk. von 1430. — Visitationsprotokolle, Akten, Rechnungen.

Fig. 33. Gerresheim. Ostansicht der Stiftskirche.

Im Stadtarchiv: Akten, Rechnungen der Stadt und des Gasthauses von 1625
an, Steueranschläge des Amtes Mettmann von 1720 an, Ordnung der Schuhmacher-
und Gerberzunft von 1748, Verwaltungsakten. Vgl. ILGEN, Rhein. Archiv S. 173.

In der Staatsbibl. zu München: Privilegien des Stifts von 1440 ab: Sammlung REDINGHOVEN, Cod. germ. 2213, Bd. V, Bl. 438; Altarfundationen ebenda Bd. VI,
Bl. 304b, XXX, Bl. 642; Verzeichnis des Archivs vom J. 1585 mit Urk. von 929 an,

Stiftskirche mit einer Reihe von Kaiserurkunden, weiterhin Inventar mit Angabe der bei Eröffnung des Gerrichgrabes gefundenen Schätze, sowie der Wertsachen der Kirche, ebenda
Bd. VI, Bl. 85.

Ansichten

Ansichten. 1. Handzeichnung von *Ploennies*, Topographia ducatus Montium
(Düsseldorf, Staatsarchiv, A. 31) Bl. 65. Vgl. Berg. Zs. XVII, S. 81, und Suppl.
2. Vier Handzeichnungen der alten Stadt um 1840 von *Adolf Heinrich Richter*
im Histor. Museum zu Düsseldorf (Y. 39ª).

Geschichte
Stiftung

Ein Nonnenkloster zu Gerresheim wurde von Gericus, einem fränkischen Ritter
im bergischen Lande (schon vor 827 erwähnt in der Traditiones Werthinenses: Berg.
Zs. VI, S. 21) in der 2. H. des 9. Jh. auf seinem Herrenhofe gestiftet und erbaut und
von dem Erzbischof Willibert zwischen 870 und 873 eingeweiht. Die erste Äbtissin
war seine Tochter Regenbierg, die 873 dem Kloster weitere Schenkungen macht
(LACOMBLET, U B. I, Nr. 68. — KESSEL S. 43, 182. — Ann. h. V. N. XXXI, S. 50.
— Über die richtige Datierung der Urk. S. 75). Die Kirche wird 882 als ecclesia
Dei et s. Ypoliti genannt (LACOMBLET, U B. I, Nr. 73, 84).

Im J. 917 schon wurde das Kloster durch die Ungarn in Brand gesteckt (Ann.
h. V. N. XXVI, S. 334). Das erneuerte Kirchen- und Klostergebäude weiht im J. 970
der Erzbischof Gero von Köln (LACOMBLET, U B. I. Nr. 111); 976 wird der Kirche
das Recht der Zollerhebung gesichert.

Das Kloster wurde wahrscheinlich darnach aufs neue bei einem Einfall der
Ungarn verwüstet, 992 versetzt Erzbischof Hermann I. die vertriebenen Nonnen in
das Kloster der 11000 Jungfrauen in Köln (Ann. h. V. N. XXVI, S. 335; XXXI,
S. 84. — KESSEL S. 89, 102, 184). Das Kloster war schon damals in ein adeliges frei-

Letzter Neubau weltliches Damenstift übergegangen. Zu Beginn des 13. Jh. machte sich ein vierter
Neubau notwendig. Die jetzt stehende Kirche wurde im J. 1236 vollendet (KESSEL
S. 141 nach einer in Abschrift erhaltenen Altarweiheinschrift).

Verfall

Im 16. Jh. geriet die Kirche allmählich in Verfall (Visitationsprotokolle Düsseldorf, Staatsarchiv, Reg. 385. — Bericht von 1574 bei v. MERING X, S. 114); im 17. Jh.
wurde die in der Mitte des Chores stehende Gericuskapelle abgebrochen, wohl eine
Art Baldachin in der Art des in der Abteikirche zu Laach erhaltenen, und 1669 auch
die Tumba des Heiligen vom Chor entfernt (KESSEL S. 156). Das Kloster wurde am

Aufhebung

22. März 1806 aufgehoben, die Kirche 1809 der Gemeinde überwiesen an Stelle der
alten unbrauchbar gewordenen, südlich von ihr gelegenen Pfarrkirche tit. s. Margarethae, die erst 1892 gänzlich abgebrochen worden ist (vgl. über sie KESSEL S. 66, 149).
Sie war 1142 eingeweiht worden. Inschrift (erhalten nur bei BINTERIM u. MOOREN,
E. K. I, S. 281. — KESSEL S. 66, A. 2): ANNO MCXLII INDICTIONE III. XXII. EPACTA
VII. IDUS JANUARII. Die Stiftskirche wird seit 1873 durch *Heinrich Wiethase,* seit 1894
durch *Heinrich Renard* restauriert.

Beschreibung

Dreischiffige Pfeilerbasilika mit Kreuzschiff und achtseitigem Vierungsturm aus
Tuff, 47,50 m lang, 19,50 m breit, das Querschiff 22,10 m lang, 8,70 m breit.

Westfaçade

Der Westfaçade tritt das zweistöckige, mit einem Giebel abschliessende Mittelschiff risalitartig vor. Über einem 85 cm hohen, einfach profilierten Hausteinsockel,
der um den ganzen Bau verkröpft ist, erhebt sich das Erdgeschoss mit dem grossen
rundbogigen Portal. In den dreimal abgetreppten Gewänden je drei Säulen aus
schwarzem Granit auf Eckblattbasen mit fein durchgeführten Blattkapitälen. Die Deckplatte wie der mittlere Knauf sind um alle Abtreppungen verkröpft. Über der Deckplatte setzen sich die Säulen in mit drei Ringen versehenen Rundstäben fort. Das
Obergeschoss ist durch Vertikallisenen in drei Felder zerlegt und durch drei spitz-

bogige schmale Fenster mit rechtwinkelig ansetzenden Gewänden belebt. Der Giebel Stiftskirche
zeigt drei durch Vertikallisenen abgeteilte und durch aufsteigende Rundbogenfriese
abgeschlossene Felder. Die westlichen Aussenmauern der Seitenschiffe enthalten eine
grosse rundbogige Blende und ein (im nördlichen Seitenschiff vermauertes) aus der
achtblätterigen Rose konstruiertes Fenster. darüber ein einfaches Rundfenster. An der
Nordseite ist ein vierseitiger Treppenturm an das Mittelschiff angebaut.

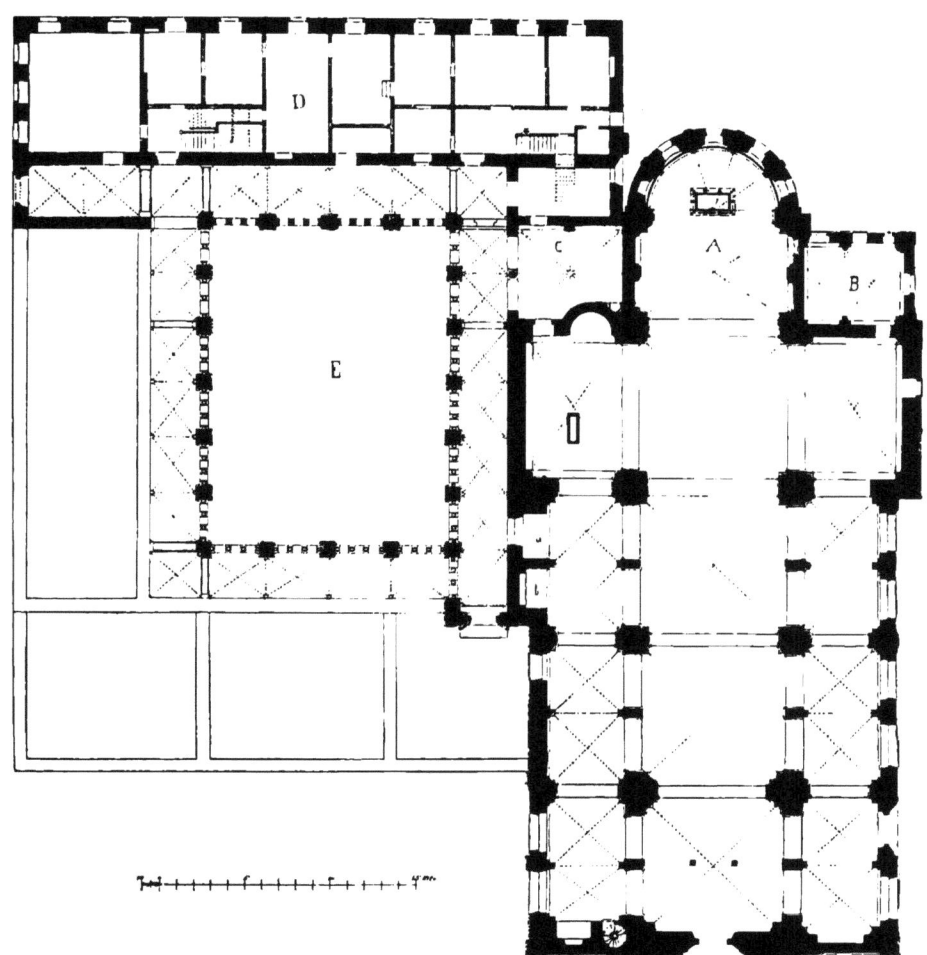

Fig. 34. Gerresheim. Grundriss der Stiftskirche mit Kapitelshaus und Kreuzgang.

Der Obergaden des Mittelschiffes ist durch Rundbogenfries unter dem Dach- Längsseiten
gesims und Vertikallisenen gegliedert und durch drei Paare rundbogiger Fenster belebt.
Die Seitenschiffe sind gleichfalls unter dem einfachen Dachgesims mit einem
Rundbogenfries abgeschlossen. Die südliche Aussenmauer zeigt im zweiten Joch von
Westen aus ein zweites Portal mit zweimal abgetreppten Gewänden, darin zwei Säulen
mit Blattkapitälen und Mittelknauf, über der verkröpften Deckplatte als Rundstäbe

Stiftskirche mit drei Ringen fortgesetzt. die Thüröffnung wie am Hauptportal mit horizontalem Sturz geschlossen.

Das erste und dritte Joch zeigen je ein fünfteiliges Fächerfenster, das vierte, fünfte und sechste je ein aus der achtblätterigen Rose konstruiertes, von einer runden Blende umschriebenes Rundfenster. Unter den Pultdächern hat der Obergaden des

Fig. 35. Gerresheim. Westansicht der Stiftskirche, West- und Nordansicht des Kapitelshauses.

Mittelschiffes verdeckte Widerlager gefunden; von einer Thür durchbrochene Quermauern, die im Verband aber nicht als Strebebögen gedacht sind.

An der Nordseite treten neben die beiden letzten östlichen Joche des Seitenschiffes schmale Kapellen — die ersten zwei Joche zeigen die Fächerfenster, die letzten vier die achtblätterigen Rosen.

Querarme   Die Querarme und das Chorhaus setzen die Gliederung des Obergadens des Mittelschiffes fort und sind durch denselben Rundbogenfries abgeschlossen, der an den Giebeln mit Ausnahme des Ostgiebels an der einen Seite gestelzt ist und auf-

steigt. In den westlichen Mauern wie in den Seitenmauern des Chorhauses je ein rund- Stiftskirche
bogiges Fenster, in den Giebelmauern zwischen zwei rundbogigen Fenstern drei in eine
gemeinsame spitzbogige Blende eingebrochene Rundbogenfenster, in allen Giebeln drei
Vierpassfenster. Die östliche Mauer zeigt eine durchlaufende Horizontallisene, darunter
zwei Kragsteine, hier setzte ehemals das Dach der Sakristei an, das jetzt tiefer gelegt ist.

Die südliche Sakristei ist durch grosse rundbogige Blenden gegliedert und durch
zwei mit ausladendem Kleeblattbogen abgeschlossene Fenster erhellt. Die niedere
halbrunde Apsis ist unter einem reicheren Dachgesims mit zwei durchgeführten Rund-

Fig. 36. Gerresheim. Nordansicht der Stiftskirche und Querschnitt des Kapitelshauses.

stäben durch fünf grosse rundbogige Blenden auf Hausteinvertikallisenen und fünf
rundbogige Fenster gegliedert, die in ihrem unteren Sechstel vermauert sind. Zur
Unterstützung des Triumphbogens hat das Chorhaus an den östlichen Ecken Widerlager mit starker Hausteinverklammerung erhalten.

Der zweistöckige achtseitige Vierungsturm erhebt sich auf Pendentifs, denen Vierungsturm
aussen an den vier korrespondierenden quergestellten Mauern aufsteigende Satteldächer entsprechen. Die einzelnen Stockwerke sind durch Rundstabhorizontallisenen
gegliedert, das obere schliesst mit einem reichen Gesims ab, das sich auch über den
aufgesetzten flachen Giebelchen fortsetzt, es besteht aus einem Klötzchenfries und

einem mit ausgerundeten Schuppen bekleideten Fries. Alle Felder sind durch Rundbogenfriese von je vier Rundbögen, die auf Konsölchen aufsitzen, abgeschlossen und von Vertikallisenen eingerahmt. Im unteren Stockwerk je ein Doppelfenster, die Bögen im Halbrund geschlossen und getragen von einer Mittelsäule mit Kelchkapitäl, die Umrahmung spitzbogig, zweimal abgetreppt und mit zwei durchgeführten Rundstäben. Im Oberstock ein dreiteiliges rundbogiges Fenster mit je zwei Paaren gekuppelter Säulen aus schwarzem Granit mit Knospenkapitälen, von einem Rundstab eingeschlossen, im Giebel ein einfaches Doppelfenster mit je einer Tragsäule. Die

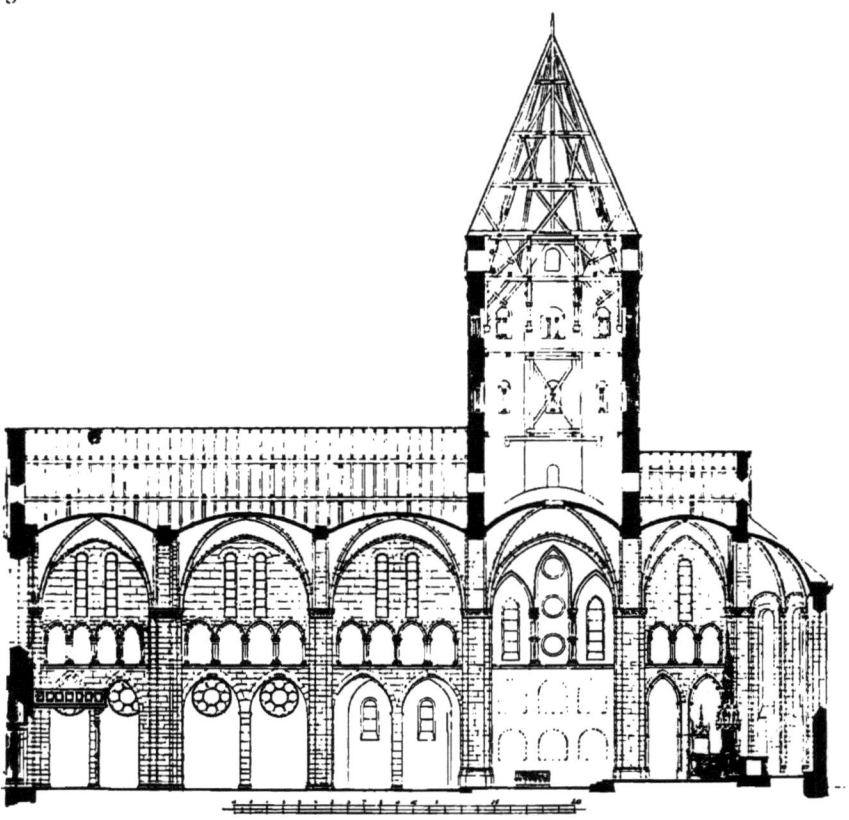

Fig. 37. Gerresheim. Längsschnitt der Stiftskirche.

Turmhaube ist sechzehnseitig, die von den flachen Giebeln nach der aufsteigenden Haube geführten Satteldächer verleihen ihr eine reiche Gliederung. Die Schieferbedeckung ist durchweg erneut, alle Kanten mit Zinkblech verkleidet. Die Turmhaube ist erst bei der letzten Restauration an Stelle der früheren bedeutend niedrigeren aufgesetzt worden. Die 90 cm starken Turmmauern ruhen nicht direkt auf den von einem Vierungspfeiler zum anderen geschlagenen Bögen, sondern auf 1,80 m starken über diese gespannten auf jeder Seite um 10 cm vorstehenden zweiten Bögen.

Das Innere (Grundriss Fig. 34, Ansicht Fig. 38) ist im Obergaden von sieben Jochen überspannt, dreien im Mittelschiff, einem im Chorhaus, dreien im Querhaus. Jedem der Mittelschiffjoche entsprechen zwei in den Seitenschiffen.

Die fast in Rundstabgestalt profilierten Rippen ruhen zusammen mit den in den Schildbögen herumgeführten Rundstäben auf starken Dreiviertelssäulen, die den die Gurte tragenden Pfeilervorlagen zur Seite treten. Die mit aufsteigenden Akanthus-

Fig. 38. Gerresheim. Innenansicht der Stiftskirche.

blättern oder Knospen geschmückten Kapitäle sind nebst ihrer Deckplatte gleichmässig um Halbpfeiler und Säulen verkröpft. Nur das erste Hauptpfeilerpaar von Westen aus ist stärker betont — das somit besonders abgeschlossene erste Joch ist gleichsam

7*

Stiftskirche als westliche Vorhalle gekennzeichnet. Die Pfeiler zeigen hier eine doppelte Vorlage, in der Abtreppung läuft ein zweites Paar dünnerer Säulchen hernieder, die sich zur Seite des gleichfalls abgetreppten Gurtes als Rundstäbe mit fünf Ringen fortsetzen.

Die Arkadenpfeiler sind ausserordentlich schmächtig und entbehren aller Gliederung, in den Laibungen selbst schliessen sie mit einem Kämpfer ab, der wohl in den Seitenschiffen, nicht aber im Mittelschiff um den ganzen Pfeiler geführt ist. In die Arkadenbögen ist ein etwas eingerückter zweiter Spitzbogen mit etwas tiefer liegendem Scheitel eingeschoben.

Scheidemauern Die Scheidemauern (Fig. 37) haben eine reiche Gliederung erhalten in einem durch die ganze Kirche einschliesslich des Chorhauses geführten Triforium, das indessen nur als architektonischer Schmuck auftritt und zum Laufgang schon seiner äusserst geringen Breite wegen nicht geeignet sein konnte. Auch sind die Pfeiler selbst nicht durchbrochen, nur von dem Dachstuhl über den Seitenschiffen führt eine schmale Thür auf das Triforium. Es besteht in jedem Joch aus vier Bögen, getragen von gekuppelten Säulen aus schwarzem Schiefer, mit aufsteigenden ungegliederten Kelchkapitälchen und gemeinsamer Deckplatte, an den Ecken von einfachen Säulchen. In den Bögen selbst laufen zwei Rundstäbe hin, die sich über den Deckplatten spiralisch aufrollen. Über dem Triforium je zwei Fenster von einem Rundstab umrahmt, mit stark abfallenden Sohlbänken. In den Seitenschiffen ruhen die Rippen, wie die Rundstäbe der Schildbögen mit Knospenkapitälen, auf Dreiviertelsäulchen an den Hauptpfeilern zur Seite der den Gurt tragenden Pfeilervorlagen, denen an den Aussenmauern Halbpfeiler entsprechen.

Kreuzarme In den Kreuzarmen läuft das Triforium an den Ost- und Westseiten weiter, darüber erhebt sich je ein mit einem Rundstab (an der Westseite des nördlichen Querarmes fehlt dieser) eingerahmtes Rundbogenfenster.

Im Gegensatz zum Langhaus, wo die Triforiumsbögen nur leise eingeknickt sind, macht sich hier der Spitzbogen noch mehr bemerklich. An den West- und Ostseiten ziehen sich je drei Bögen hin, an den Süd- und Nordseiten ist das Triforium in äusserst geschickter Weise zur Belebung des ganzen Giebels verwendet. An Stelle der kleinen Bögen treten drei grosse luftige weitgeschwungene Spitzbögen, der mittlere gestelzt, so dass sein Scheitel fast bis zum Gewölbescheitel reicht. Die hohen gekuppelten Säulen sind durch einen Ring geteilt, die Formen sind im übrigen dieselben wie bei den kleineren Bögen. Die drei Spitzbögen nehmen nur die Giebelfenster in sich auf.

An der Ostwand des südlichen Querarmes ist das Triforium geschickt in den Aufbau eines barocken Altares hineingezogen, an der Ostwand des nördlichen Querarmes haben die beiden südlichen Bögen einem Durchgang zu dem ersten Stock des hier anstossenden Abteigebäudes weichen müssen. Die halbrunde Apsis des nördlichen Querarmes ist durch einen geschmacklosen hölzernen Altar aus den 50er Jahren verdeckt.

Chorhaus Das Chorhaus zeigt wiederum an den Längsseiten je drei Bögen des Triforiums, darüber je ein grosses rundbogiges, von einem Rundstab eingerahmtes Fenster mit stark abfallender Sohlbank. Die Wandflächen unter dem Triforium sind durch zwei leicht spitzbogige Blenden eingerahmt, in denen ein mit Ringen versehener Rundstab hinläuft.

Triumphbogen Der die Apsis abschliessende Triumphbogen ist wiederum wie der erste Gurt im westlichen Langschiff reicher gegliedert, der doppelten Pfeilervorlage entspricht ein abgetreppter Gurt, in dessen Kehlen Rundstäbe mit Ringen hinlaufen, die auf den schwächeren Dreiviertelssäulen an den Pfeilervorlagen ruhen. Die Apsis ist durch Stiftskirche Rundstabrippen gegliedert, die mit skulptierten Knospenkapitälchen auf mit zwei Mittelringen versehenen Säulchen ruhen. Gleichzeitig setzen auf den Kapitälchen die Rundstäbe der Schildbögen auf. Die Rippen sind wie im Chorhaus und Querschiff auffallenderweise mit Rosettenmedaillons besetzt.

Die Stiftskirche gehört der grossen Gruppe der niederrheinischen Kirchen im Künstlerische Würdigung Übergangsstile an — nächst deren Hauptdenkmälern, der Abteikirche zu Werden und der Quirinuskirche zu Neuss, ist sie das bedeutendste Werk dieser Gattung nördlich von Köln; ihr Vierungsturm nähert sich dem des Bonner Münsters. Beachtenswert ist die geringe Betonung des Westportales und der Westfaçade; von grosser malerischer Schönheit ist die Choransicht.

Hochaltar, hässlicher Rokokoaufbau vom Anfang des 19. Jh. Altare

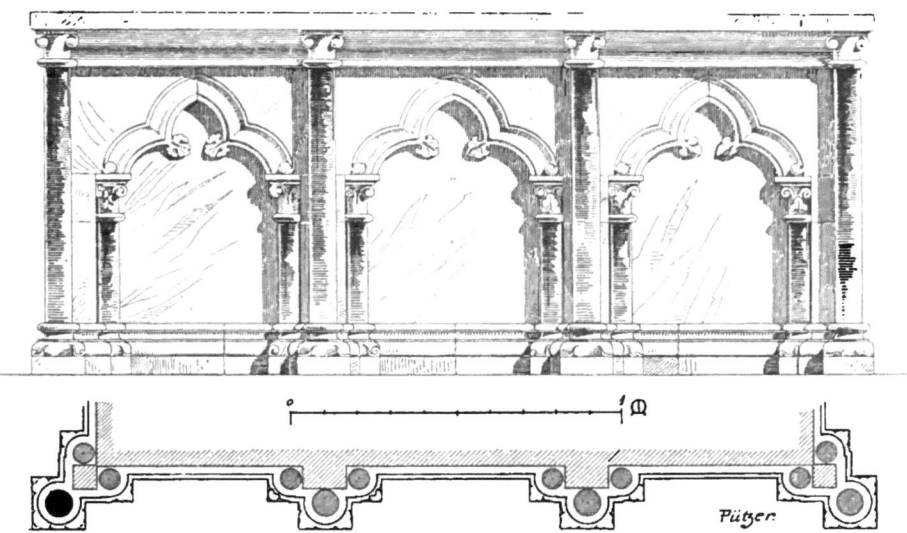

Fig. 39. Gerresheim. Romanische Altarmensa.

Südlicher Seitenaltar, die ganze Ostwand des südlichen Kreuzarmes einnehmend, grosser barocker Aufbau, mit Benutzung des Triforiums errichtet, dessen drei Bögen drei tiefere entsprechen, die Scenen aus der Lebensgeschichte des h. Petrus, in stumpfen Farben auf Holz gemalt, als Einrahmung dienen; in der Mitte der Tod des h. Petrus. Im Aufsatz eine barocke vergoldete Figur des Heiligen. Inschrift: D. O. M. ET S. PETRO R. D. BERNARDUS SCHULTES RATINGENSIS NOSTRAE PRAENOB. ECCLESIAE SENIOR CANONICUS PIO ZELO POSUIT A. 1677. Restauriert 1730 und 1846.

Der Hochaltar besitzt noch die alte romanische Mensa (Fig. 39. — AUS'M Mensa WEERTH, Kd. Taf. XXXI, 7. — ROHAULT DE FLEURY, La messe I, pl. 78, p. 226) von verschiedenfarbigem Marmor, ein fast quadratischer Aufbau. Jede der drei Seiten ist in drei Felder zerlegt, mit fein gegliederten Kleeblattbögen abgeschlossen, die von Ecksäulchen mit Blattkapitälen gestützt werden. Die Hauptgliederung geben schlanke Säulchen aus dunklem Schiefer, die zugleich mit Knospenkapitälchen die Deckplatte tragen. Von dem nördlichen Seitenaltar ist gleichfalls die einfachere Mensa erhalten, nur mit zwei vertieften Feldern an der Vorderseite.

Stiftskirche   Sakramentshäuschen von Sandstein (AUS'M WEERTH, Kd. Taf. XXXI, 5).
Sakraments-   an der Nordseite des Chores, vom Ende des 15. Jh., fünfseitig, von sehr schlanken
häuschen und luftigen Formen, in dem Aufsatz mit übermässiger Betonung der vertikalen Gliederung.   Dem mit Ecksäulchen äusserst reich gegliederten Sockelpfeiler treten gewundene Säulen mit Mittelknauf zur Seite, die das Gehäuse selbst stützen. Die drei
freien Seiten desselben sind mit vollendet schönen schmiedeeisernen Gittern bedeckt,
reich an spätgothischen Fischblasenmotiven. Den Eckpfeilern treten unter Baldachinen
von durcheinandergeschobenen Eselsrücken Figürchen von Heiligen vor, die ebenso
wie die am Sockel befindlichen erneut sind. Alle Felder sind doppelt von Stäben
eingerahmt. Über jedem der freien Felder erhebt sich ein vorgekragter dreiteiliger
Baldachin, durch den zwei geschwungene
Eselsrücken durchgezogen sind, die alle
mit Kreuzblumen abschliessen. Der dreistöckige von Fialen überwucherte Aufsatz
schliesst mit einer Kreuzblume ab.

Reliquien-
schrank

Kommunion-
bank

Chorstühle

Sarkophag

Fig. 40. Gerresheim. Sarkophag des h. Gericus.

Zur Seite ein Reliquienschrank
mit einem freigearbeiteten, vorgekragten,
steinernen Baldachin aus drei Eselsrücken
bestehend, mit reichem Fialenaufsatz in
der Art des Sakramentshäuschens.

Barocke Kommunionbank und
Kanzel, die letztere mit wirkungsvollem
Baldachin und den Gestalten der vier
Evangelisten am Gehäuse.

Barocke Chorstühle vom J. 1707,
fünfsitzig auf jeder Seite, mit derber, aber
sehr wirkungsvoller Schnitzerei, jedes Feld
mit Arabesken erfüllt, alle Profile stark
betont, die Sitze durch gewundene Säulchen getrennt, ähnlich denen zu Werden
(Kunstdenkmäler d. Kr. Essen S. 94).

Sarkophag des h. Gericus, 1 m hoch,
1,90 m lang, 68 cm breit (Fig. 40), von
Sandstein, aus dem 14. Jh., ganz entsprechend dem Alfridsarkophag in Essen (Kunstdenkmäler d. Kr. Essen S. 34, Fig. 15).

An jeder der Längsseiten durch sieben, an jeder der Schmalseiten durch zwei Bogenstellungen belebt, über denen sich krabbenbesetzte Wimperge erheben, die mit einer
derben Kreuzblume abschliessen. Die Tumba kann mit der schon in einer Urkunde
der Äbtissin Gertrud von Neukirchen zwischen 1254 und 1287 (KESSEL S. 191) genannten nicht identisch sein.

Der Sarkophag stand ehemals in der Mitte des Chores in einem eigenen, 1669
abgebrochenen Kapellchen. Zuletzt geöffnet im J. 1873 (KESSEL S. 172). Die translatio Gerici im Nekrolog VIIII. Kal. Octobr. (LACOMBLETS Archiv VI, S. 98), über
seine Verehrung KESSEL S. 136.

Kronleuchter   Hölzerner Kronleuchter der Spätrenaissance um 1600, mit zehn geschweiften
Armen, reich verziertem Knauf mit geschnitzten Köpfen und geschwungenen, mit
Büsten verzierten Rippen.

Madonnenleuchter, auf dreibeinigem schmiedeeisernen, 2 m hohen Fuss **Stiftskirche** mit drei reich verzierten Armen eine 90 cm hohe hölzerne Madonnenstatuette auf **Madonnen-leuchter** dem Halbmond, schmal und zierlich, 2. H. des 15. Jh.

Romanisches Kruzifix (Fig. 41. — AUS'M WEERTH, Kd. Taf. XXXI, 6; II, **Kruzifix** S. 49. — Kölner Domblatt 1843, Nr. 67), 2 m hoch, von Holz, vom ehemaligen Triumphkreuz, mit Resten der alten Bemalung. Ende des 12. Jh., schlanke Gestalt von sehr reinen und edlen Formen mit langem Lendentuch und höchst charakteristischem auf die rechte Schulter gesenkten kleinen Kopf. Arme abgebrochen, aber erhalten.

Zwei Kopfreliquiare von Holz, in alter verblichener Bemalung und Vergol- **Kopfreliquiare** dung, einen jugendlichen männlichen und einen weiblichen Heiligen darstellend, Ende des 15. Jh., mit feiner Haarbehandlung.

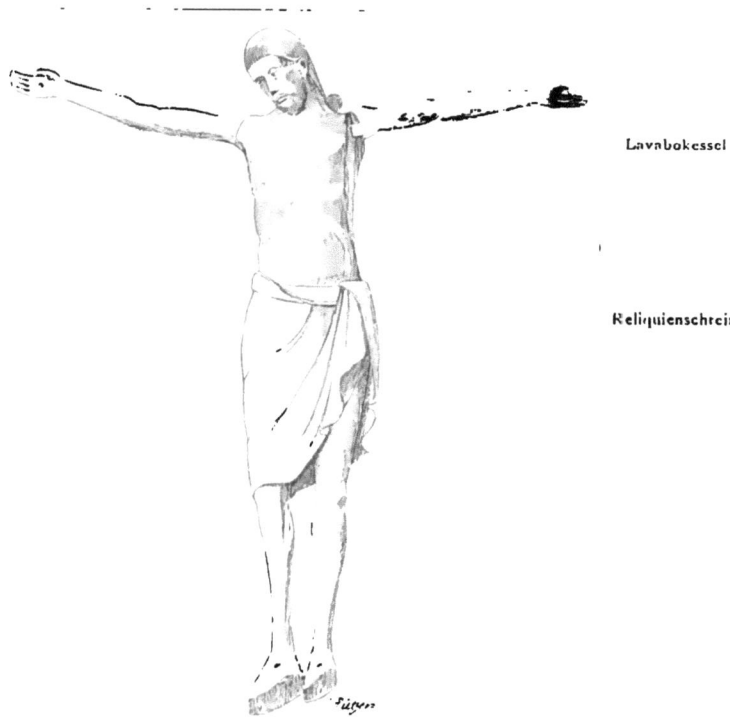

Lavabokessel aus Kupfer, mit Köpfen an den Ausflussröhren, 16. Jh. Ähnliche Stücke im Register der Kunstdenkmäler Bd. I, S. 598. **Lavabokessel**

Reliquienschrein, in Kirchenform, um 1200, mit Emails von Limoges, 19 cm hoch, 8 cm breit, 15 cm lang (Abb. AUS'M WEERTH, Kd. Taf. XXXI, 8; genau II, S. 49). Der Holzkern ist mit vergoldeten Rotkupferplatten bedeckt, die mit Grubenschmelz gefüllt sind. Auf der Vorderseite in der Mitte Christus in der Mandorla, zur Seite zwei Apostel, auf dem Dach ein Engel in Medaillon zwischen zwei Aposteln, auf den **Reliquienschrein**

Fig. 41. Gerresheim. Romanisches Kruzifix in der Stiftskirche.

Giebelseiten wieder je ein Heiliger. Die Rückseite ist mit ornamentierten Feldern bedeckt, die mit je einem vierseitigen Stern gefüllt sind, der Grund ist durchweg dunkelblau, die Köpfe auf der Vorderseite sind plastisch. Angehängt zwei Medaillen des 16. Jh. Ausführlich über die Gruppe verwandter Werke DARCEL in der Collection Spitzer I, p. 105.

Monstranz (Taf. VIII, 1), 72 cm hoch, vom Ende des 14. Jh., von vergoldetem **Monstranzen** Silber. Jedes Blatt des sechsteiligen Fusses ist dreifach ausgeschweift und mit Ranken bedeckt, indem der Grund leicht ausgestochen und graviert ist, jedes Feld mit drei Silberrosetten besetzt. Der sechsseitige Aufsatz ist durchbrochen. Um den Knauf, der vier Pasten mit Steinen trägt, läuft die Inschrift: COIS ELEIA (so) ME FECIT. Der mittlere Glascylinder erhebt sich auf einem in Gestalt eines flachen Kegels aufsteigen-

Stiftskirche den Untersatz, der mit Rankenwerk besetzt ist und in vier Medaillons die silbernen Köpfe von weiblichen gekrönten Heiligen enthält. Zur Seite des Glascylinders ein doppeltes Strebesystem, mit den zierlichsten Heiligenfigürchen geschmückt, links S. Hippolytus, S. Katharina und S. Agnes, rechts S. Laurentius, S. Agnes und S. Sebastian. Unter den inneren Figuren je die Halbfigur eines Jünglings mit Spruchband. An dem Kuppelbaldachin befinden sich zwei Engelsfiguren mit den Passionsinstrumenten, an dem dreiteiligen Aufsatz selbst im Unterstock die Madonna und S. Hippolytus; die Krönung des ganzen bildet ein Kruzifixus. Die Monstranz ist mit wunderbarer Feinheit und Präzision gearbeitet und steht zumal in den figürlichen Darstellungen, dann aber in der eigentümlichen Ornamentik des Fusses der von dem gleichen Meister gefertigten Ratinger Monstranz sehr nahe (s. u.).

Monstranz, 52 cm hoch, von vergoldetem Silber, von äusserst schlanken und reinen Formen, aus der 2. H. des 15. Jh. Der Fuss eine sechsseitige Rose, in den durch Gitter mit dem Glascylinder verbundenen Streben die Figürchen der hh. Hippolytus und Katharina, im Aufsatz, der mit einer zierlichen Fiale abschliesst, die Gestalt Christi.

Reliquienkästchen

Pütger

Fig. 42. Gerresheim. Romanisches Heiligenhäuschen.

Reliquienkästchen, 15 cm lang, 6,5 cm breit und hoch, mit Leinwand gefüttert, überzogen mit Seidenstoff des 14. Jh., der abwechselnd einen Löwen und ein Kreuz eingewebt enthält, Verschluss durch Knöpfe m. Seidenschnüren. Interessantes Stück, ähnlich den im Annoschrein zu Siegburg erhaltenen Büchschen.

Paramente Chormantel und Kasel von rotem Seidenstoff, um 1700, doppelseitig mit Kreuz und Blumenranken bestickt.

Blauseidene Kasel um 1700 mit kostbarer breiter Silberspitze.

Evangeliar Evangeliar des 10. Jh., mit Evangelistenbildern, Initialien und Zierblättern, derbe Arbeit (genauer in den Bilderhandschriften der Rheinprovinz). Vgl. LAMPRECHT, Initialornamentik Nr. 35.

Kapitelshaus KAPITELSHAUS, im Norden an die Stiftskirche anstossend und mit dieser gleichzeitig, von Tuff, zweistöckiger Bau, im Oberstock zum Teil noch mit den alten rundbogigen Fenstern (nach Westen zwei, nach Osten vier erhalten), in der oberen Hälfte mit einem Rundstab in den Gewänden, in beiden Giebelmauern drei Rundfenster mit eingezeichnetem Vierpass. Von dem im Norden der Kirche gelegenen

Kreuzgang ist nur die im Kapitelshause selbst gelegene Ostseite erhalten, bestehend
aus sechs Spitzbögen, von denen nur noch einer seinen vollen Schmuck bewahrt hat.
In jedem Fenster ursprünglich drei Bögen, der mittlere gestelzt, auf zwei Paaren gekuppelter Granitsäulchen mit schönen Knospenkapitälchen und ebensolchen Säulchen
in den seitlichen Gewänden. Die Pfeiler vierseitig mit 1 m hoher Hausteinbasis,
Kämpfer nur nach den Laibungen zu, im Kreuzgang schöne Kreuzgewölbe mit Rundstäben in den Schildbögen, nach Osten auf Konsolen aufsetzend. Der Kreuzgang
dient jetzt als Schuppen für Feuerwehrgeräte. Um eine grosse Leiter unterzubringen,
sind noch im J. 1891 die Säulen aus einem Bogen herausgeschlagen und dessen Schluß-
steine ausgebrochen worden. In den Abbildungen Fig. 34, 35 und 36 sind die fehlenden Teile des Kreuzganges ergänzt, das Kapitelshaus ist restauriert dargestellt.

Der alte Klosterhof lag gegenüber der Westseite der Stiftskirche. Das Herrenhaus wurde 1248 von
der Äbtissin Christina
ihrem Ministerial, dem
Amand von Hayerode,
zu Lehen gegeben,
nachdem es vorher im
Besitz der Ritterfamilie
von Hack aus Flingern
gewesen (KESSEL S. 91.
— PICKS Ms. III,
S. 242). Das Haus be-
stand unter dem Na-
men ‚unter Leuffen‘
weiter. Von dem Hofe
ist genau im Westen
von der Kirche ein
Fundament von riesi-
gen Bruchsteinen, dar-
unter erratische Blöcke
von 1,50 m Breite,
erhalten, das angeb-
liche ‚Haus des seligen
Gerrich‘. Eine unter-

Fig. 43. Gerresheim. Quadenhof.

irdische Mauer aus Tuff und Bruchstein zieht sich von hier nach der alten (abgebrochenen) Pfarrkirche S. Margaretha hin (KESSEL S. 104. — PICKS Ms. III, S. 249).
Das alte Gerichtszeichen des Hauses ‚unter Leuffen‘, ein Löwe in Granit, sehr ver-
witterter, roh behauener Findling, wahrscheinlich aus dem 13. Jh., ist jetzt auf der Mauer
eines Hauses südlich von der Kirche aufgestellt. Vgl. KESSEL S. 101.

Von dem 1335 gestifteten Franziscanessenkloster S. Katharinenberg (Akten
und Urk. bei ILGEN, Rhein. Archiv S. 79) sind nur die Klostergebäude erhalten, die
der Gemeinde gehören und das Bürgermeisteramt enthalten. Vgl. Berg. Zs. VI, S. 80, 86.

Romanisches Heiligenhäuschen (Fig. 42), nach Westen vor dem Ort (vor
dem ehemaligen Neusser Thor) gelegen, aus Granit, Anfang des 13. Jh., mit Cement
restauriert, 2,30 m hoch, 1,40 m breit, 90 cm tief, bestehend aus einem Unterbau mit
einer einfach profilierten Deckplatte, die wie eine Altarmensa konstruiert ist, darauf
das Häuschen selbst, das mit einer weit vorgekragten Deckplatte abschliesst, die einen

Kloster hochinteressanten romanischen Blätterfries zeigt. Ein höchst beachtenswertes Werk, in Aufbau, Gliederung und Abschluss geradezu mustergültig.

Steinernes gothisches H e i l i g e n h ä u s c h e n des 15. Jh., die Nische von Spitzbögen eingerahmt, vor dem südlichen Eingang der Stadt.

Quadenhof QUADENHOF. Befestigtes Haus der Herren von Quad aus dem 15. Jh. Der jetzige Eigentümer ist Herr Ph. Ringel.

Der H a u p t b a u (Fig. 43) ist ein malerischer dreistöckiger Backsteinbau, neben dem Burghaus zu Mintard (s. u.) von all den bergischen profanen Backsteinhäusern das einzige wohl erhaltene. Die Ostseite erhält ihren besonderen Schmuck durch zwei hohe direkt aus der Ostmauer aufwachsende Kamine, ein weiterer am Südgiebel. Von den alten schmalen langen Fenstern mit Hausteineinfassung und Hausteinpfosten sind an der Ostseite vier grosse erhalten, ausserdem dort ein alter Abort auf Kragsteinen. Das alte grosse Portal ist durch ein kleineres ersetzt, nur die über dem Eingang befindlichen Fenster mit Steinkreuzen sind alt, im Giebel ein Rundbogenfenster mit Kran. Auf dem Dach ein achtseitiger geschieferter Dachreiter des 17. Jh. mit geschweifter Haube, nach Norden und Süden dürftige Fachwerkhäuser angebaut. Ursprünglich ganz von Gräben umgeben und mit einer Zugbrücke versehen.

Wirtschaftshof Der nach Westen gelegene W i r t s c h a f t s h o f ist ein langer zweistöckiger Backstein- und Fachwerkbau des 18. Jh., mit gebrochenem Mansardendach und pavillonartigem Mittelbau, die Hauptfaçade dem Marktplatz zugekehrt, nach dem Quadenhof zu ein hübscher Erker.

Glasmalereien Glasmalereien vom J. 1697 in dem Hause der Witwe F. Fenger am Marktplatze (Ann. h. V. N. XXVI, S. 418).

Fahnenburg FAHNENBURG. A. FAHNE, Die Fahnenburg und ihre Bildergallerie, Düsseldorf 1873.

Das zierliche Schlösschen am Abhange des Grafenberges wurde 1846 von Anton Fahne als Forsthaus erbaut und 1858 umgebaut und vergrössert. Der jetzige Besitzer ist Herr Buchhändler Pflaum in Düsseldorf.

Archiv Das Schloss birgt zunächst die handschriftlichen Sammlungen Anton Fahnes, über hundert Bände mit Kollektaneen, Abschriften, Urkunden zur Geschichte des Niederrheins und Westfalens, daneben eine Reihe von Original-Handschriften, darunter die Schaffhausener Chronik von JOHANN JAKOB RUEGER, Abschrift vom J. 1723; das Enchiridion Hildesiense continens elenchum historicum episcoporum von JOANNES CHR. ROSENTHAL, vom J. 1719, mit Verzeichnis des Hildesheimer Schatzes und Abbildungen seiner Hauptwerke; GEORGE MARIE RAPARINI, Le portrait du vrai mérite dans la personne ser. de mons. l'électeur palatin vom J. 1709, Prachths. mit den Biographien der am Hofe Johann Wilhelms beschäftigten Künstler, mit Abb. ihrer Werke.

Gemälde Die G e m ä l d e s a m m l u n g, durch Anton Fahne zusammengebracht, nach der
sammlung Zahl der Bilder (gegen 400) die grösste der niederrheinischen Privatsammlungen, war ursprünglich bestimmt, den Grundstock für eine städtische Gallerie in Düsseldorf zu bilden. Die Sammlung ist vor allem reich an Bildern des 17. und 18. Jh., für die rheinische Kunstgeschichte ist sie von Wichtigkeit durch die Werke der an dem Hofe Johann Wilhelms vereinigten italienischen und niederländischen Künstler. Die Gemälde sind von A. Fahne in einem ausführlichen Katalog (Die Bildergallerie zu Fahnenburg, Düsseldorf 1873) genau beschrieben und zum Teil abgebildet.

Porträts Hervorzuheben sind die folgenden Stücke (mit den Bezeichnungen des Kataloges). Unter den P o r t r ä t s: Bildnisse des Malers Adrian van der Werff und seiner Gattin von *Joh. Franz van Douven* (217, 218), in Oval. Bildnis des Kölner Buch-

händlers Kaspar Kempis von *J. W. Pottgiesser* (159). Brustbild einer Kölner Dame Fahnenburg
von *Th. Pottgiesser* (368). Diptychon mit den Porträts des Bürgermeisters von Aich
und der Frau Margaretha Rink von *Bartholomäus de Bruyn* (210). Bildnis des
Kölnischen Erzbischofs Gebhard Truchsess von Waldburg vom J. 1579 (237). Porträt
Heinrichs III. von Frankreich nach *Franz Clouet* (225). Bildnis des Peter Paul
Rubens im Greisenalter von *Theodor van Thulden* (241). Bildnis eines Malers von
Peter Mignard (240). Porträt des Kurfürsten Johann Wilhelm von *Peter van der
Werff* (1), von demselben Porträt des Bergischen Geheimrats von Kesseler (223).
Bildnis einer alten Frau im Profil, angeblich der Mutter des Künstlers, von *Rubens*
(244), ausgeführte Wiederholung der Skizze in der Münchener alten Pinakothek
Nr. 792. Bildnis einer vornehmen Dame von *M. J. Mirevelt* (339). Männliches
Bildnis von *A. Cuyp* (246). Weibliches Bildnis von *J. B. Wenix* (248). Weibliches
Bildnis von *Fr. v. Mieris* (242). Porträt von Leopold I. (220), seiner Gemahlin (221),
Prinz Engen (219), sämtlich von *Jakob Michel*. Weiterhin Porträts von *A. Hondius.
A. Gelder, G. G. Geldorp* u. a.

Unter den Bildern mit religiösem oder mythologischem Inhalt: Lot Religiose und mytholog Bilder
und seine Töchter von *Gerard Honthorst* (96), (gestochen von *Joh. Gothard Müller*),
von demselben Das liederliche Kleeblatt (284). Bacchus und drei Nymphen von
Caspar von Everdingen (326). Vermählung der h. Katharina mit dem Christkind,
vielleicht von *Cornelis Cornelissen von Harlem* (118). Jüngstes Gericht, figurenreiches
Bild von *Bartholomäus Spranger* (144). Christus mit den hh. Augustinus, Dominikus,
Franz von Paula, Franz von Assissi, von *Giovanni Lanfranco* vom J. 1536 (285). Der
Brand von Troja von *Leonhard Bramer* (377). Versuchung des h. Antonius von
Peter Brenghel dem Jüngeren (308). Trauer um den Leichnam Christi nach *Ant.
van Dyk* (359). Der Katalog nennt weiterhin Bilder von *Paris Bordone, Paolo Vero-
nese, Jacob Jordaens, Egidius Sadeler, Anton Coypel, Ferdinand van Kessel, Jakob Stella,
Eustache Le Sueur, Giulio Romano.*

Unter den Genrebildern: Hausandacht von *Joh. Bapt. Greuze* von 1770 (367). Genrebilder
Küche mit Köchin und Jäger von *Adriaen von Utrecht* (193). Unterricht im Atelier
von *Gottfr. Schalken* (81). Bejahrter Mann und Buhlerin von *Hermann van der Myn* (47).
Ländliche Hochzeit von *Peter Brenghel dem Älteren*. Affenküche von *D. Teniers* (197).
Fröhliche Gesellschaft von *J. M. Molenaer* (299).

Stillleben von *Jasper Geerardi, Jakob van Ess, W. Kl. Heda, J. Juncker,* Stillleben
Jan de Heem, J. Wenix, Verbruggen, A. Cuyp.

Landschaften von *Jacques d'Artois, C. J. Both, Jod. Momper, Nic. Berghem,* Landschaften
Canaletto, Ambrosius Broeghel, Johann Arnold, M. Hobbema, Ch. W. Hamilton.

HAUS ROLAND. A. FAHNE, Schloss Roland, seine Bildergallerie und Haus Roland
Kunstschätze, Köln 1853. — v. MERING, Geschichte der Rittergüter, Burgen, Abteien etc. IV, S. 331.

Das Haus wird schon 1372 im Besitz der Herren von Radeland erwähnt, Geschichte
1402 den Gebrüdern von Ulenbroich übertragen (LACOMBLET, U.B. IV, Nr. 9). Ein
neues Schloss wurde unter dem Hofkammerdirektor Wilhelm von Lemmen durch
einen venetianischen Architekten 1696—1706 erbaut und von Mitgliedern der Künstlerkolonie Johann Wilhelms ausgeschmückt, durch *van der Myn, Pellegrini, Fischer,
Schönjan*. Das Schloss kam durch Heirat an die Freiherren von Ropertz, von diesen
1804 durch Kauf an den Freiherrn von Schell, 1834 an Herrn Peter Stommel, 1872
an Herrn Freiherrn Daniel von Diergardt. Es wurde 1883 abgebrochen und durch
einen Neubau von dem Baurat *Oppler* ersetzt.

Die Gemäldegallerie von Haus Roland bildet jetzt den Grundstock der Sammlung der Fahnenburg.   Ansicht aus der Vogelperspektive und Grundriss des alten Schlosses im Besitz des Herrn Pflaum auf der Fahnenburg (s. o.).

HAIN.

FRÜHMITTELALTERLICHE ANLAGEN. Vgl. Picks Ms. IV, S. 416.
Nördlich von dem Ickter Hof bei Hain liegt eine grosse wohlerhaltene Erdbefestigung,

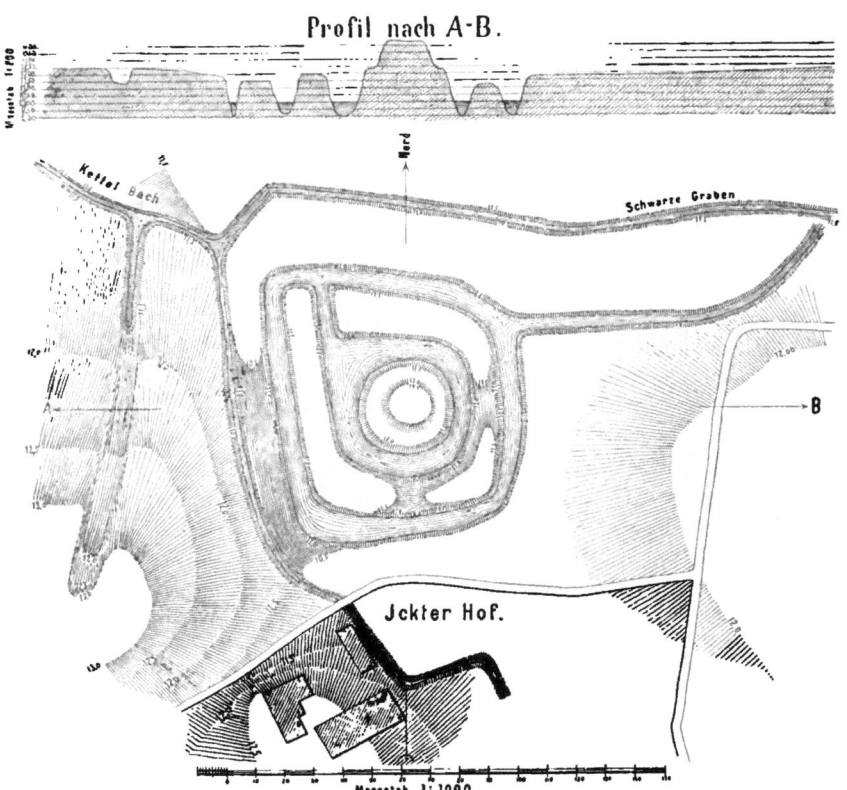

Fig. 44. Erdbefestigung am Ickter Hof.

bestehend aus einem mittleren Kegel, der von einem breiten Wall und doppelten Wassergräben umgeben wird.   Form, Ausdehnung und Profile ergiebt die genaue Aufnahme (Fig. 44).   Wie die Befestigung bei den Schwienumshöfen (Kunstdenkmäler d. Kr. Rees S. 84) und bei Hünxe (Kunstdenkmäler d. Kr. Ruhrort S. 70), ist die Wallburg wahrscheinlich eine germanisch-fränkische Anlage aus dem 4.—8. Jh. Wie die Wallburg von Hünxe, bestand die Befestigung vom Ickter Hof wohl auch während des Mittelalters als Reduit fort; der Hof wird schon 1098 als Werdener Stiftshof (Lacomblet, U B. IV, Nr. 611), als Besitztum der Stael von Holstein 1387 (Fahne, Geschlechter und Sitze, U B. III, S. 42, Nr. 51) und 1582 (Fahne, Geschichte der Herren Stael von Holstein II, S. 42, 218; III, S. 30) erwähnt. Vgl. unter Rath.

HAUS HAIN (jetzt Karthäuserkloster). H. FERBER in den Beitr. VII,
S. 105. Der Sitz war Jahrhunderte lang im Besitz der Ossenbroich. Von 1611—1623
wurde das Haus durch Johann von Ossenbroich und seine Witwe umgebaut. Im
Anfang des 18. Jh. sind die Freiherren von Mirbach und von Eynatten im Besitz,
1709 ging es durch Kauf über an Johann Albert Grafen Schellart von Obbendorf,
nach dem Tode des Adam Alexander Graf von Schellart 1804 an Karl von Hymmen,
von diesem 1869 an die Karthäuserpatres von der Grande Chartreuse bei Grenoble,
die von 1869—1875 und 1878—1891 das Kloster ausbauen liessen durch die Architekten *Rincklake* und *Pichat*. Vgl. H. FABER, Unter den Karthäusern, eine Beschreibung der Karthause Hain bei Düsseldorf, Gladbach 1891.

Das in der Mitte des symmetrischen neuen Baues erhaltene alte Schlösschen
war ein zweistöckiger Backsteinbau mit rechtwinkelig anstossenden kurzen Seitenflügeln und kleiner Freitreppe in der Mitte.

In der durch edle Formen ausgezeichneten einschiffigen Klosterkirche Gemälde
von *J. Kehren* und *Molitor,* im Vestiarium Malereien von *Commans.*

Von älteren Kunstwerken nur zu nennen:

Monstranz, 1672 der alten Karthause in Köln geschenkt, 72 cm hoch, in
Scheibenform, mit den hh. Bruno und Ursula, zwei Engeln und Gottvater.

Kelch, silbervergoldet, 27,8 cm, um 1600, mit der Inschrift: NOBILIS ANNA
CATHARINA ZEIGERIN FILIO SUO HUGONI ZEIGER CARTHUSIANO IN BUXHEIM AD PRI-
MITIAS OFFERT, mit schönem getriebenen Fuss. Auf Fuss und Kuppa je drei ovale
schöne farbige spätere Emailmalereien, aufgesetzt in einem Kranz unechter Steine.

HELTORF.

SCHLOSS. Notizen über die Inhaber des Hauses Heltorp: Jos. STRANGE,
Beitr. zur Genealogie der adeligen Geschlechter XI, S. 62. — H. FERBER, Die Rittergüter im Amt Angermund: Düss. Beitr. VII, S. 107. — Genealogie der Grafen von Spee:
FAHNE, Geschichte der Kölnischen Geschlechter I, S. 403; II, S. 146; Die Dynasten
von Bocholtz I, 2. H., S. 162, 252.

Handschriftl. Qu. Das Gräflich von Speesche Archiv (Repertorium, ausführlich, aber unzuverlässig von STRANGE, Ergänzungsrepertorium von FERBER) zerfällt in 3 Abteilungen: I. Archiv der Grafen von Hillesheim. II. Briefschaften der
Herren von Troistorp, von Scheidt, gen. Weschpfenning und der Herren und Grafen
von Spee. III. Briefschaften des Rittersitzes Heltorf und seiner Appertinentien.

Erste Abteilung. A. 1. Archiv Hillesheim. Familienbriefschaften. 2. Gräflich
von Hillesheimsche Korrespondenz. 3. Obligationen u. a. der Hillesheim. 4. Archiv
Hatzfeld. 5. Archiv Reypoltzkirchen. 6. Inventar der Briefschaften der Herrschaft
Gladbach. 7. Archiv Arendahl. 8. Rittersitze und Güter der Herren von Hillesheim
(Cardenburg, Heimersheim, Weyerburg bei Sinzig, Caldenborn, Sommersberg, Sons-
broich, Dahl, Berckum, Weype, Nörvenich, Niederbach). 9. Ritterschaftliche Sachen
zum Archiv Hillesheim. B. 1. Archiv Wanghe. 2. Briefschaften über Rittersitz
Schirpenbroich. 3. Briefschaften der Herren von Metternich zu Niederberg. C. Brief-
schaften der Herren von Norprath zum Dickhoff. D. Urkunden verschiedener Familien.
E. Miscellanea.

Zweite Abteilung. I. Briefschaften der Herren von Troistorp zu Heltorf. II. Briefschaften der Herren von Scheidt gen. Weschpfenning zu Heltorf. III. Stammbäume

Schloss der Familie von Spee. IV. Patente für die Herren und Grafen von Spee. V. Akta über Ämter und Würden der Grafen von Spee. VI. Familiennachrichten der Grafen von Spee. VII. Briefschaften über Häuser zu Düsseldorf und Bonn.

Dritte Abteilung. I. Briefschaften des Hauses Heltorf. II. Briefschaften über das Gut in Hamm. III. Briefschaften über den Rittersitz zum Haus (vgl. u. unter Ratingen). IV. Akta über den Oberbuscher Kalkofen.

Geschichte Heltorf, im 11. Jh. zuerst genannt, war im Besitz der Herren von Heltorf, deren erster, Otto, schon 1189 erscheint. Im J. 1360 verkauft Ritter Adolf von Grafschap das Haus dem Thomas von Lohusen, gen. von Troistorp (Inv. II, I, conv. II, 1).

Die Erbtochter Maria von Troistorp brachte es 1569 an ihren Gemahl Wilhelm von Scheidt, gen. Weschpfenning. Durch dessen Enkelin Maria kam es an Friedrich Christian von Spee, der im J. 1669 den Umbau des Schlosses begann. Zuerst wurde das Herrenhaus errichtet, 1693 der neue Vorhof angefügt (Inv. III, I, Abt. 10, conv. I,

Fig. 45. Heltorf. Ansicht des Schlosses.

1, 2). Die Gallerie am Herrenhause wurde erst 1748 aufgeführt, Laterne und Frontispice 1787 aufgesetzt. In dem J. 1822—1827 wurde der alte Bau durch einen Neubau von *H. T. Freyse* ersetzt. Jetziger Besitzer ist der Reichsgraf Franz von Spee.

Beschreibung Herrenhaus Das Herrenhaus ist ein nüchterner, schmuckloser, zweigeschossiger Bau, dessen künstlerische Wirkung auch durch den Anbau der turmartigen Bibliothek und der schönen romanischen von *Vincenz Statz* ausgeführten Kapelle nicht gewonnen hat.

Vorburg Die alte Vorburg (Fig. 45) zeigt das am Niederrhein übliche Schema von drei rechtwinkelig aneinanderstossenden niedrigen Trakten mit zweistöckigen Ecktürmen in Backsteinrohbau, überragt von geschieferter und geschweifter Haube mit grosser Kugel. Der mittlere Turm (Fig. 46) tritt wirkungsvoll vor die langgestreckte Façade; das in Haustein ausgeführte Hauptportal, zu dem eine steinerne Brücke mit ehemaliger hölzerner Zugbrücke führt, ist von zwei Pilastern eingerahmt, die mit schweren wuchtigen Bossagen versehen und durch einen Architrav mit weit ausladendem Gesims abgeschlossen sind, über dem sich das von Spee- und von Loësche Wappen erhebt, darunter die Zahl 1696.

Fig. 46. Heltorf. Thorturm.

Unter den verschiedenartigen Kunstschätzen, die das mit bequemer Pracht ausgestattete Schloss birgt, sind hervorzuheben eine Kollektion zierlicher Bibelots des 17. u. 18. Jh. und eine Reihe geschnitzter und eingelegter Schränke. Aus der grossen Reihe der Familienporträts der Speeschen und Hatzfeldschen Vorfahren (die letzteren aus Schloss Crottorf) vom 16.—19. Jh. sind hervorzuheben: das Brustbild einer Dame im spanischen Kragen von 1598, das Porträt des Friedrich Christian von Spee vom J. 1631, ein Porträt der Elisabet Amalie von der Gracht gen. Wanghe von *van Douven*, zwei Bildnisse des Ministers Hillesheim. Weiterhin ein Porträt Kaisers Friedrichs III. im Profil n. r., Kopie des 17. Jh. nach Original des 15., und ein Bildnis des Franz von Sickingen a. d. 16. Jh.

Das Schloss enthält ein kunsthistorisches Denkmal aus der neueren Zeit: die in dem grossen Saal angebrachten Fresken aus dem Leben Friedrich Barbarossas, von 1825—1829 von *Stürmer, Mücke, Lessing, Plüddemann* ausgeführt, neben den Fresken in der Aula der Universität zu Bonn der erste Versuch in Norddeutschland, die wiedererweckte Freskomalerei für monumentale Zwecke zu verwenden. Von *Stürmer* stammt die Ver

söhnung zwischen Kaiser und Papst, von *Mücke* die Unterwerfung Heinrichs des Löwen und die Unterwerfung der Mailänder, *Lessing* malte die Schlacht bei Iconium, *Plüddemann* die Erstürmung von Iconium nach einer Komposition *Lessings* und den Tod Friedrich Barbarossas nach eigener Komposition. Vgl. FÜSSLI, Die wichtigsten Städte am Mittel- und Niederrhein II, S. 527, 544, 593, 600, 604.

SCHLOSS WINKELHAUSEN. H. FERBER, in den Düss. Beitr. VII, S. 119. Ursprünglich im Besitz der Herren von Winkelhausen, die schon 1288 genannt werden. Die Freiin Johanna Maria von Winkelhausen brachte das Gut

Schloss
Winkelhausen 1655 an ihren Gatten Arnold Freiherrn von Wachtendonk. Der jetzige Besitzer ist der Fürst von Hatzfeldt.

Beschreibung Von dem von doppelten Wallgräben umgebenen ausgedehnten Rittergute ist nur der mittlere Trakt mit dem 1668 errichteten Hauptthorbau architektonisch von Interesse. Dieser lehnt sich, aus Backstein errichtet, an den Stumpf eines ehemaligen Turmes an. Einfaches barockes Portal mit starker Bossengliederung. Das alte in Fachwerk errichtete Wirtschaftsgebäude ist an der Südseite gänzlich erhalten.

Kapelle In der Achse des Portals liegt ausserhalb der Gräben die barocke Schloss-kapelle mit geschweiftem Backsteingiebel und Voluten, flachgedeckt, die Apsis halb-rund gewölbt, jede der zwei Langseiten mit Rundbogenfenstern.

HILDEN.

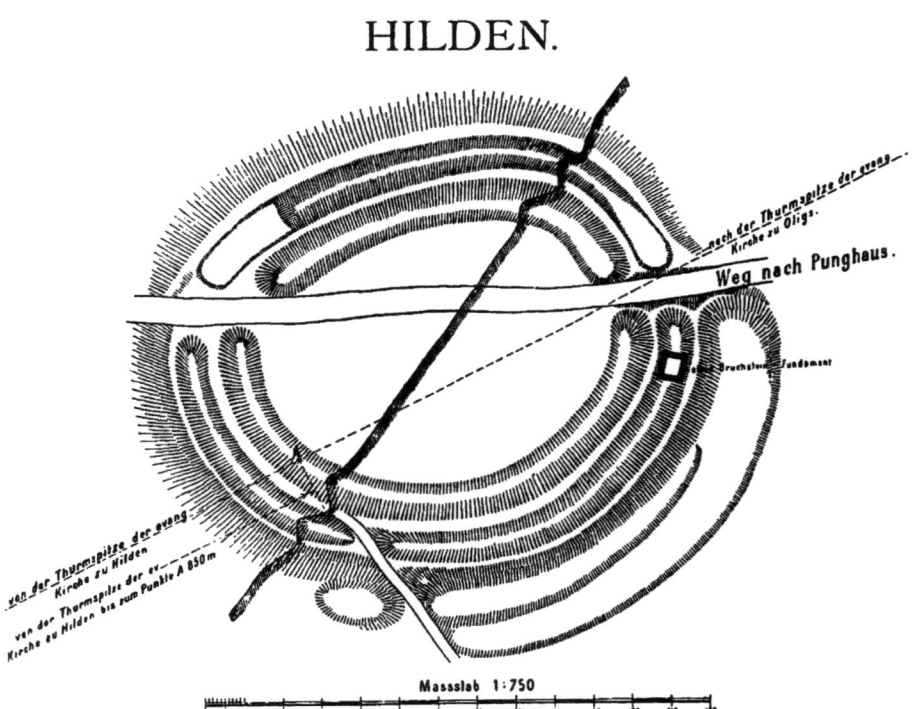

Fig. 47. Hilden. Erdwerk.

Frühmittel-
alterl. Anlagen FRÜHMITTELALTERLICHE ANLAGEN. Vor Hilden, von dem Turm der evangelischen Kirche 850 m entfernt, durchschnitten von dem Wege nach Punghaus, liegt ein grosses Erdwerk, dessen Lage, Ausdehnung und Form aus der Abbildung (Fig. 47) ersichtlich sind, von ovaler Gestalt, von zwei Wällen, nach Süden von drei Wällen umgeben. Vgl. J. SCHNEIDER, Der Heidenberg bei Hilden mit Auf-nahme: PICKS Ms. I. S. 378. — Ders., Neue Beitr. VI, S. 10. — Heimatskunde 1879, S. 18. — A. FAHNE, Neue Beitr. zum limes S. 45. — Berg. Zs. XIV, S. 181. Von KOENEN nach den bei der teilweisen Abtragung der Wälle entdeckten Scherben als früh-mittelalterlich (altsächsisch) bezeichnet (B. J. LXXXV, S. 149; LXXXVI, S. 219). — An der Römerstrasse am Fusse des Isaberges wurde ein goldener Ring mit einem ge-

schnittenen Onyx gefunden (PIEPER in PICKS Ms. IV, S. 647. – Geschichte der Frühmittel-alterl. Anlagen
Stadt Düsseldorf S. 11). Im J. 1873 wurden nördlich Hilden Urnen gefunden, darin
kleinere Gefässe und Münzen (Düsseldorfer Volksblatt 1873, 25. Nov.). Die Römerstrasse zwischen Köln und Dorsten war noch vor zwanzig Jahren in breitem Erdwall
mit zwei Gräben erhalten (FAHNE, Dynasten von Bocholtz I, S. 233). — Eine germanische Urne von Hilden im Histor. Museum zu Düsseldorf.

EVANGELISCHE PFARRKIRCHE. v. RESTORFF, Beschreibung der Evangel. Pfarrkirche
Rheinprovinz S. 374. — v. MÜLMANN, Statistik I, S. 425. — LACOMBLET im Archiv für
die Geschichte des Niederrheins II, S. 100. — BINTERIM u. MOOREN, E. K. I, S. 279. —
J. H. KESSEL, Der selige Gerrich S. 16. — Zur Geschichte der evangelischen Gemeinde
1591: Theologische Arbeiten aus dem rhein.-westfäl. Predigerverein VIII, S. 139.
O. MOELLER, Die evangelische Kirche zu Hilden: Zs. für Bauwesen XXX, 1880,
S. 533, Taf. 69 im Atlas mit Aufnahme.

Hilden, einer der zwölf Tafelhöfe der Kölner Bischöfe aus vorurkundlicher Zeit, Geschichte
ein altfränkischer Herrensitz mit Palatium, seit 1176 im Pfandbesitz der Grafen von
Berg (LACOMBLET, U B. I, Nr. 455. Vgl. weiter I, Nr. 468; III, Nr. 210, 730, 822,
902, 903, 948, 1008; IV, Nr. 63), besass schon im 9. Jh. eine Kirche, da deren Filial
Haan bereits unter Erzbischof Wichfried (925—953) gegründet ward (Inschrift in
LACOMBLETS Archiv II, S. 101. Vgl. Berg. Zs. IX, S. 233).

Eine neue Kirche wurde 1136 — nach der früher an der Aussenseite befindlichen Inschrift (vgl. MOELLER a. a. O.) — errichtet. Der Turm wurde im J. 1696 neu
aufgeführt. Im J. 1882 im Inneren restauriert, nachdem sie in den fünfziger Jahren
äusserlich hergestellt war.

Dreischiffige romanische Pfeilerbasilika mit Emporen, im Lichten 29,50 m lang, Beschreibung
14,10 m breit, aus Tuff und Trachyt, der Turm von Kohlensandstein aus dem
Neanderthale.

Der ungegliederte dreistöckige, mit achtseitiger geschieferter Haube gekrönte Äusseres
Turm trägt in Eisenankern die Zahl 1696 und zeigt im Oberstock an jeder Seite ein
Doppelfenster mit zwei rohen gekuppelten Mittelpfosten. Der Obergaden des Mittel-
schiffes mit Rundbogenfries, je drei Vertikallisenen an jeder Seite und je zwei Paaren
rundbogiger Fenster. Die Aussenmauern der Seitenschiffe mit grossen rundbogigen
Blenden, in die rundbogige von Rundstäben eingerahmte Fenster (für die Seitenschiffe)
und darüber Vierpassfenster (für die Emporen) gebrochen sind. Am Ostgiebel des
Mittelschiffes eine mit einem Rundstab eingerahmte Nische, zur Seite zwei einfache
Vierpassfenster. Das Chorhaus unter dem reich profilierten Dachgesims wie am
Mittelschiff mit Rundbogenfries und Vierpassfenstern nach Osten, Norden und Süden.
Die südliche Seitenapsis ist durch drei einfache Blenden von leichtgeknickten Rund-
bogen gegliedert mit Klötzchen an den Bogenansätzen; die Hauptapsis enthält in
solchen drei rundbogige von Rundstäben eingerahmte Fenster.

Im Inneren wird das Mittelschiff von zwei durch einen breiten Gurt getrenn- Inneres
ten Kreuzgewölben ohne Rippen überspannt. Der Gurt wird von zwei starken Halbsäulen mit sorgfältig skulptierten Blattkapitälen und Eckblattbasen getragen. In den
Ecken dienen den Graten und Schildbögen dünnere Dreiviertelsäulen als Träger,
die mit Laubkapitälen geschmückt sind, an der Ostseite mit Vögeln, die den Kopf
nach unten gesenkt halten. Die drei die Scheidemauern tragenden Pfeilerpaare zeigen
eine niedrige Basis und einen schmalen aus Deckplatte, Kehle und Rundstab bestehenden Kämpfer, der jedoch an dem mittelsten Pfeilerpaar nicht um die Innenseite
verkröpft ist.

Evangel.
Pfarrkirche
Seitenschiffe
Die Seitenschiffe sind mit je vier quadratischen Gratgewölben überspannt, durch Gurte getrennt, die an den Aussenmauern auf Halbpfeilern, an dem mittelsten Pfeilerpaar auf einer Vorlage, an den beiden übrigen auf Blattkonsolen aufsitzen. Ihr Licht erhalten die Seitenschiffe durch grosse rundbogige Fenster mit abgeschrägten Gewänden. Nach Osten schlossen an beide Seitenschiffe halbrunde Apsiden an, von denen nur die im Süden mit einem Mittelfenster erhalten ist, während im Norden zu Beginn des 16. Jh. eine mit einem Kreuzgewölbe überspannte, durch zwei zweiteilige Fenster erhellte Sakristei angebaut wurde.

Emporen
Über den Seitenschiffen ziehen sich die E m p o r e n hin, mit vier durch Gurte getrennten Gratgewölben, die Gurte und Grate ruhen an den Aussenmauern und dem mittleren Pfeilerpaar auf Vorlagen, an den übrigen Pfeilern auf Konsolen. Das äussere Gewölbefeld geht in allen Jochen direkt in die nischenförmig ausgerundete Aussenmauer über, die durch die Vierpassfenster erhellt ist, ein auffälliges und seltenes Motiv, als

Fig. 48. Hilden. Längsschnitt durch die evangelische Kirche.

dessen Anlass der Wunsch, die Aussenmauern zu entlasten, angesehen werden muss. An der Südseite nach Osten wiederum eine halbrunde Apsis mit einem Vierpassfenster, an der Nordseite hat diese der über der Sakristei befindlichen ehemaligen Chorkammer weichen müssen.

Nach dem Mittelschiffe zu öffnen sich die Emporen mit je vier Doppelbögen, die von einem gemeinsamen Kleeblattbogen überspannt werden. (Fig. 48.) Die etwas eingerückten Arkadenbögen setzen in den Laibungen der Bögen auf den nur in der Längsachse der Kirche die Pfeiler schmückenden Kämpfern auf und werden in der Mitte von je einem Paar gekuppelter monolither Säulen auf zwei Deckblattbasen mit zwei Akanthusblattkapitälen unter gemeinsamer Deckplatte getragen. Die Scheidemauern über den Emporen sind in jedem Bogen durch je zwei rundbogige Fenster mit sehr steil abfallenden Sohlbänken belebt.

Über dem Triumphbogen befinden sich drei halbrunde Nischen, die mit den flankierenden dunklen monolithen Säulchen und den Blattkapitälchen in anmutiger

Weise die Mauerfläche beleben. Das Chorhaus wird von einem Gratgewölbe über- Evangel. Pfarrkirche Chor
spannt, in den Ecken mit schmalen Eckpfeilern und leichten Kämpfern versehen, in
den Aussenmauern mit je einem von einer kreisrunden Blende umschriebenen Vierpassfenster. Die Apsis ist durch drei schmale rundbogige Fenster belichtet.

Durch die schönen Verhältnisse der Innenarchitektur und die zierliche Durch- Würdigung
führung der ornamentalen Teile nimmt die Kirche einen hohen künstlerischen Rang
ein. Neben S. Ursula zu Köln, S. Johann zu Niederlahnstein, der Kirche zu Diet-
kirchen ist sie eine der ersten Emporenbauten am Niederrhein (DOHME, Deutsche
Baukunst S. 54).

In der Sakristei: Totenschild mit dem Horstischen Wappen und der In- Totenschild
schrift: A. 1648 DEN 7. MARTII IST SELIG IN GOTT ENTSCHLAFFEN DIE HOCHEDEL-
GEBOHRNE VIELEHR- UND TUGENTREICHE FRAUW WILHELMA SCHENCK VON NYDECKEN
GEBOHRNE QUADT VON WICKRADT ZU CROSSEN, BULLESHEIM, FRAW ZUR HORST, ERB-
SCHENKIN DES FÜRSTENTUMS BERG, LEHNFRAW ZU HILDEN UND HAEN.

Im J. 1882 kamen Wandmalereien an der nördlichen Chorwand zum Vor- Wandmalereien
schein, sechs in rötlicher Farbe gehaltene grosse Einzelfiguren, die nicht erhalten
werden konnten (B. J. LXXV, S. 200).

HAUS GARATH. v. MERING, Geschichte der Burgen, Rittergüter u. s. w. Haus Garath
XII, S. 9. Stammsitz der Herren von Garderode, seit der Mitte des 16. Jh. bis 1776
im Besitz der Grafen von Velbrück, später des Freiherrn von Raitz zu Frenz. Jetzt
im Besitz des Herrn Paul Pönsgen, der im J. 1884 durch den Regierungsbaumeister
Schleicher ein neues Herrenhaus mit prächtiger Halle errichten liess. Von dem älteren
Bau stammt nur ein ganz schlichter zweistöckiger Trakt mit dem anstossenden dreistöckigen Thorbau, dessen breite Durchfahrt von Gratgewölben überspannt ist. An
dem älteren Bau das von Kyllmannsche und das von Velbrücksche Wappen, darunter die Inschrift: ERBAUVT DURCH DEN HOGH. FREYH. BERNNDT (?) VON VEBRUCK
IHR ZU GARRADT UND .... ESTERNNCH (?) UND DE HOCHGEB. FRAU SOPHIA FREYIN
VON EIL ZUR HEIDE, BEIDE EHELEUT.

HAUS HORST. v. MERING, Geschichte der Rittergüter, Burgen etc. in den Haus Horst
Rheinlanden III. S. 112. — THUMMERMUTH, Krumbstab schleust niemand aus, Köln
1738. S. 68.

Ursprünglich kurkölnisches Lehen und im Besitz des Geschlechtes von der Geschichte
Horst kam es später an die Herren von Plettenberg, von Quad, die Schenke von
Nideggen, weiterhin an die von der Reven und von Roperz. Jetziger Eigentümer ist
Herr Ferdinand Lieven, Mitglied des Provinzialausschusses.

Das alte Herrenhaus des 14. Jh. war ein rechteckiger Bau von Bruchstein mit Beschreibung
einem Rundturm an der Nordwestecke; nach Süden und Westen schloss sich eine
den Hof einschliessende Ringmauer an ihn an, die wieder von Gräben umgeben war,
die an der Nord- und Ostseite noch völlig erhalten sind. Der neue Backsteinbau ist
direkt auf die Ruinen des alten Hauses aufgesetzt. Der geräumige Wirtschaftshof
mit Thorbau des 18. Jh.

HIMMELGEIST.

KATHOLISCHE PFARRKIRCHE (tit. S. Nicolai). BINTERIM u. MOOREN, Kathol. Pfarrkirche
E.K. I, S. 280. — v. MERING, Geschichte der Burgen, Rittergüter, Abteien und Klöster
in den Rheinlanden III. S. 74. Anm.

Der Ort 904 zuerst genannt (Humilgire: LACOMBLET, U.B. I, Nr. 83. — Ann. Geschichte
h. V. N. XXI, S. 192). Die Kirche im 11. Jh. erbaut als dreischiffige Basilika mit

Kathol. Pfarrkirche drei Apsiden. Im J. 1144 wird sie schon unter den Besitzungen des Frauenstiftes Vilich genannt (LACOMBLET, UB. I, Nr. 350. Vgl. IV, Nr. 676. Urk. von 1292. — HEDDERICH. Dissertat. iuris eccles. German. I, diss. X, p. 265).

Im Laufe des 12. Jh. wurde ein quadratisches Chorhaus angebaut, im Anfang des 13. Jh. schon in den Formen des Übergangsstiles der massige Westturm errichtet

Fig. 49. Himmelgeist. Ostansicht der katholischen Pfarrkirche.

und zu einem Viertel in die alte Basilika eingebaut, gleichzeitig das Mittelschiff eingewölbt. Die Kirche 1868—69 durch *August Rincklake* restauriert, der Turm 1891 durch *Caspar Pickel*.

Beschreibung Äusseres Dreischiffige romanische Pfeilerbasilika von Tuff, die Sockel und Basen von Trachyt, mit eingebautem Westturm und drei Apsiden, im Lichten 13,90 m lang, 6,90 m breit (Fig. 49). Der dreistöckige Westturm zeigt im Erdgeschoss nach Westen einen 65 cm vorspringenden Risalit mit dem kleeblattförmigen, von einem Rundstab eingerahmten Hauptportal, die Thüröffnung selbst durch horizontalen Sturz geschlossen; das zweite Stockwerk ist durch zwei mit je zwei Rundbögen überspannte Blenden gegliedert, das dritte, durch Vertikallisenen und Rundbogenfries belebt, enthält auf jeder Seite je zwei romanische Doppelfenster mit einer Mittelsäule von blauem Schiefer — die Bögen zeigen schon leicht den Spitzbogen.

Über den Pultdächern der Seitenschiffe im untersten Turmgeschoss je ein kleines Rundfenster, ein zweites vermauert. Der Obergaden des Mittelschiffes, dessen Breite der Breite des Turmes entspricht, ist durch einen Rundbogenfries abgeschlossen und von zwei mit einem Rundstab eingerahmten romanischen Rundbogenfenstern durchbrochen. Der Obergaden zeigt direkt neben dem westlichen Fenster im Norden wie im Süden eine Vertikallisene, der letzte Rundbogen des Frieses ist durch die Turmmauer abgeschnitten.

Das südliche Seitenschiff zeigt unter dem Dachgesims einen einfachen Klötzchenfries und ist durch schmale Vertikallisenen gegliedert; vier in einen Kreis eingeschriebene Vierpassfenster erhellen es. Das nördliche Seitenschiff weist dieselben Fenster auf, aber an Stelle des Klötzchenfrieses vier grosse rundbogige Blenden wie in Itter.

Das bedeutend niedrigere und eingerückte Chorhaus, über dem sich der Giebel des Mittelschiffes mit drei Vierpassfenstern erhebt, ist durch Vertikallisenen und Rundbogenfries gegliedert, an der Nordseite befindet sich ein von einem Rundstab eingerahmtes kleeblattbogenförmiges Portal mit runder Thüröffnung und darüber gesetztem geradlinigen Giebel.

Die Hauptapsis ist durch einen Rundbogenfries abgeschlossen und durch Vertikallisenen in drei Felder zerlegt, in die die rundbogigen Fenster treten; die Nebenapsiden zeigen denselben Klötzchenfries wie das südliche Seitenschiff, die nördliche nach Osten ein Vierpassfenster, die südliche ist durch einen Zwischenbau mit der frei errichteten Sakristei in Verbindung gesetzt.

Im Inneren sind die drei Bauperioden deutlich erkennbar. Die Kirche war ursprünglich eine schwere Pfeilerbasilika mit flacher Mitteldecke und niedrigen mit Kreuzgewölben überspannten Seitenschiffen. Die drei Pfeilerpaare erheben sich auf rechtwinkeliger Grundlage und entbehren völlig der Kapitäle und Basen; die schweren Arkadenbögen sind ungegliedert. Die Seitenschiffe sind von Gratgewölben überspannt, die durch Gurte getrennt sind, welche an den Pfeilern auf Vorlagen, an den Aussenmauern auf schmalen Halbpfeilern ruhen mit einfacher Basis und aus Deckplatte und Schmiege bestehendem Kämpfer.

Für den Einbau des Turmes wurden dicht neben dem westlichen Pfeilerpaar nach Westen zu schwere, um 75 cm in das Mittelschiff eingerückte Pfeiler aufgeführt, die sich an die alten Basilikapfeiler anlehnen, durch einen leichten Spitzbogen von der Höhe des Triumphbogens verbunden sind und die Ostmauer des Turmes tragen. Die Turmhalle ist mit einem Gewölbe bedeckt, dessen mit Rundstäben profilierte Rippen auf starken Dreiviertelssäulen ruhen.

Der noch übrige Raum des Mittelschiffes wurde in zwei Hälften geteilt und diese mit Kreuzgewölben überdeckt, ohne bei dieser Einteilung auf die durch die Pfeiler gegebene Gliederung Rücksicht zu nehmen. Die rundstabprofilierten Rippen und die Rundstäbe der Schildbögen setzen auf Konsölchen auf, die mit Ausnahme einer einzigen, mit einem hockenden Figürchen verzierten, durch Blattkelche und Knospen dargestellt werden.

Das aus dem 12. Jh. stammende Chorhaus zeigt die schlichtesten romanischen Formen — es ist von einem Klostergewölbe überspannt, dessen Grate zusammen mit

**Kathol.
Pfarrkirche**

den einfach profilierten Schildbögen mit Würfelkapitälen auf starken Dreiviertelssäulen mit Eckblattbasen ruhen. Die Gewände der Fenster in Chorhaus und Apsis sind leicht abgeschrägt.

**Sakraments-
schrank**

An der Nordseite der Apsis ein im 14. Jh. eingesetztes kleines Sakraments-schränkchen mit roh skulptiertem Kopf darüber, ein zweites aus dem 15. Jh. daneben im Chorhaus.

Paramente

Chormantel aus kostbarem dunkelgrünen Sammetbrokat mit Granatapfelmuster, dessen Dessin nur in den Umrissen aus dem Grunde ausgehoben ist, mit alter drei-farbiger, gelber, roter und grüner geknüpfter Franze, vom Anfang des 16. Jh., an Stelle der Stäbe Streifen von neuem roten Sammet.

Chormantel aus weissem Seidenstoff mit roten und goldenen Blumen, 17. Jh. Drei Kaseln des 18. Jh. in gemustertem Seidenstoff.

Glocken

Glocken. Heimatskunde 1879. S. 24. — Ann. h. V. N. XXVI, S. 413.

Die älteste von 1454 mit der Inschrift: ICH BIN GEGOSSEN IN EER SANCTE NICOLAI UNDE MARIA MADALENA ANNO DOMINI MCCCCLIIII IN DEM MEIGE.

2. S. MARIA HEISCHE ICH, DIE LEBENDIGE BERUFFE ICH, DIE TODTEN BELEUTE ICH, DAS DONNERWETTER VERDREIBE ICH, GOTTFRID DINCKELMAEYER GOS MICH IN CÖLLEN 1730.

3. S. JOSEPH HEISCHE ICH, DIE LEBENDIGE BERUFFE ICH, DIE TODTEN BELEUTE ICH, DAS DONNERWETTER VERDREIBE ICH, GOTFRIED DINCKELMAEYER GOS MICH IN CÖLLEN ANNO 1730.

Frohnhof

FROHNHOF. v. MERING, Geschichte der Burgen, Rittergüter . . . . III, S. 75. Den Frohnhof von Himmelgeist besass von 1144 bis zur Säkularisation das Damenstift Vilich bei Bonn. Als das Stift infolge des Reichs-Deputations-Hauptschlusses 1803 an Nassau gekommen war, wurden dessen im Herzogtum Berg gelegenen Güter von dem Bergischen Domainenfiskus eingezogen und 1806 der Frohnhof an den bayerischen Minister Freiherrn Wilhelm von Hompesch-Bollheim verkauft. Im J. 1835 ging er durch Kauf an das herzogliche Haus Arenberg über.

**Schloss
Mickeln**

SCHLOSS MICKELN. Das Schloss war von 1418—1632 im Besitz der Herren von der Capellen, von 1632—1681 im Besitz der Freiherren von Villich. Von diesen kam es an die Reichsgrafen von Nesselrode. Der Reichsgraf Franz Wilhelm von Nesselrode und Reichenstein in Herten übertrug es 1774 seiner Gemahlin Maria Theresia, geb. Marquise von und zu Hoensbroech, von der es 1795 an ihren zweiten Gatten, den Freiherrn von Hompesch kam. Am 17. Juni 1835 verkaufte der Graf Wilhelm von Hompesch-Bollheim das Schloss an den Herzog Prosper Ludwig von Arenberg in Brüssel. Das alte Barockschloss brannte am 26. August 1836 ab, das von 1847—1849 durch den Bauinspektor *Niehaus* erbaute neue Schloss ist ein grosser rechtwinklicher Bau mit vier Stockwerken und fünf Fensteraxen in der Hauptfront. Der jetzige Eigentümer ist der Herzog Engelbert von Arenberg.

HOMBERG.

**Kathol.
Pfarrkirche**

KATHOLISCHE PFARRKIRCHE (tit. s. Jacobi mai.).

Handschriftl. Qu. Im Pfarrarchiv: Lagerbuch vom J. 1841 mit kurzer Chronik. — Notamina vom Pastor FR. WIN. JONEN (1787—1816).

Geschichte

Homberg wird schon 1057 bei der Gründung von S. Georg in Köln diesem Kollegium übergeben (Süss. Geschichte der Erzbischöfe von Köln S. 65). Die Kirche

wurde im 11. Jh. als dreischiffiger romanischer Bau errichtet, die Seitenschiffe wurden *Kathol.*
später wieder abgebrochen. Bei der Restauration im J. 1849 eine neue flache Decke *Pfarrkirche*
eingespannt, 1850 der Verputz erneuert.

Einschiffiger romanischer Bau mit vortretendem Westturm, das Langhaus im *Beschreibung*
Lichten 14,90 m lang, 6,45 m breit, der Chor 7,20 m lang, 4 m breit. Der fünfstöckige
Turm ist aus grossen Ruhrsandsteinblöcken aufgeführt und hat 8,80 m Seitenlänge.
Im Erdgeschoss ein einfaches zweimal abgetrepptes Portal, im Oberstock nach vorn
drei romanische Doppelfenster, durch Vertikallisenen getrennt, nur zum Teil erhalten.
Im Inneren des Turmes eine Vorhalle mit 4,60 m Seitenlänge, eingedeckt durch ein
schweres Gratgewölbe mit Eckpfeilern und einfach profiliertem Kämpfer. Die Mauer-
stärke an dem nach dem Langhaus zu sich öffnenden Bogen beträgt 2,25 m.

Die alte Gliederung des Langhauses ist an der Südseite erhalten. Unten fünf
vermauerte 2 m breite rundbogige Arkaden, die 90 cm breiten Pfeiler aus grossen Grau-
wackeblöcken, die Bögen aus Tuff. Der Obergaden der Mauer aus Tuff, mit Backstein geflickt, durch einfache Vertikallisenen belebt (solche auch an der Ostmauer des
Langhauses sichtbar), zwischen ihnen ein altes vermauertes rundbogiges Fenster erhalten. Im Inneren der Kirche tritt nur die erste ehemalige Arkade als Blende hervor.
Das Langhaus zeigt nach Norden und Süden je drei später eingebrochene grosse rundbogige Fenster. Das geradlinig geschlossene Chorhaus besass nach Norden und Osten
je ein rundbogiges (jetzt vermauertes) Fenster, nach Süden jetzt zwei neue rundbogige
Fenster. Im Norden stösst die vierseitige Sakristei an. Langhaus und Chor sind flachgedeckt und neu polychromiert.

Hochaltar mit Triptychon, Holz. Das Mittelbild, 1,28 m hoch, 85 cm breit, *Altäre*
stellt die Schmerzensmutter mit den sieben Schwertern in der Brust dar, um sie in
sieben Medaillons die sieben Leiden Mariä von der Beschneidung bis zur Kreuz-
abnahme. Auf dem linken Flügel steht der h. Georg, ganz gewappnet, in Landsknecht-
tracht, auf dem rechten Flügel der h. Ludgerus mit Stab und Kirchenmodell. Auf
den Aussenflügeln in Grisaillemalerei die Verkündigung. Tüchtiges niederrheinisches
Werk um 1530, der Schule des *Bartholomäus de Bruyn* verwandt. Darüber äusserst
geistreiche und vortrefflich durchgeführte spätgothische Krönung mit feinen und kecken
Krabben, der mittlere Bogen durch einen Pelikan gekrönt.

Auf dem nördlichen Seitenaltar ein zweites Triptychon, das Mittelbild 1 m
hoch, 70 cm breit. In der Mitte die Anbetung der drei Könige, vor der Madonna
kniet ein einziger König, die beiden anderen auf den Innenseiten der Flügel. Auf
den Aussenseiten links Christus die Geisseln haltend und rechts der Stifter kniend.
Inschrift links: IPSE AUTEM VULNERATUS EST PROPTER INIQUITATES NOSTRAS ATTRITUS
PROPTER SCELERA NOSTRA. ISAYE LIII. Rechts: VULNERA QUESO BONE JESU COR MEUM
LANCEA AMORIS TUI UT ALIUD NEQUE DESIDEREM QUAM TE PRO ME PASSUM (so). Darunter: MDCV. AETATIS LXVI. Auf dem Mittelfeld Wappen: Kelch mit Kreuz zwischen
zwei Rosen, darüber H. H.

Taufstein von Blaustein, 85 cm hoch, aus dem 13. Jh., schweres rundes Becken *Taufstein*
auf einem Fuss, der von einem für vier Ecksäulchen bestimmten Taufstein herrührt.

Hölzerne Pieta, 65 cm hoch, Anfang des 16. Jh. *Pieta*

Silberne Beschläge eines Messbuches von 1720 in zierlichen Rokokoformen. *Beschläge*

Kupferner Lavabokessel des 16. Jh. *Lavabokessel*

Barocker Kelch, 27 cm hoch. *Kelch*

Holländischer Kronleuchter, Gelbguss, 16. Jh., mit acht Armen, gekrönt vom *Kronleuchter*
Doppeladler.

Kathol.
Pfarrkirche
Glocken

Glocken. Die grössere mit der Inschrift: FRIEDERICH CHRISTIAN FREIHERR VON SPEE AMTMANN. GODTFRIDT NINGELGEN RICHTER. JOHANNES SCHOLLENBERG PASTOR. WILHELM ZU STEINBECK, GORGEN IN DER BRÜCKEN KIRCHMEISTER. WERNER SCHMEITZ KOSTER ANNO 1658. JACOBUS HEIS ICH, ZU DER EHREN GOTTES LEUDE ICH. MATHIAS UND GODTFRIDT HELLING GOSSEN MICH. S. W. A. E.

Die kleinere mit der Inschrift: S. MARIA HEIS ICH, MATHIAS UND GODTFRIDT HELLING VON WUPPERFURTH GOSSEN MICH. JOHANNES SCHOLLENBERG PASTOR. FRIDERICH CHRISTIAN VON SPEE AMTMANN. ARNOLD FRIDERICH VON UND ZU LANSBERG, GODTFRIDT NINGELGEN RICHTER. J. K. O. N. H. B. H. JANSEN W. O. GODTFRID GÖRTZ VICARIUS. WILHELM ZU STEINBECK, GORGEN IN DER BRUCKEN KIRCHMEISTER. WERNER SCHMEITZ KOSTER. HEINRICH WITTER AUFM MEIERSBERG, PETER WITTERS, PAULUS SCHLIPPERT, A. KARP J. K. 1658.

HUBBELRATH.

Germanische
Anlagen

GERMANISCHE UND FRÜHMITTELALTERLICHE ANLAGEN. Auf dem höchsten Punkte bei Hubbelrath lag die Wallburg Burghövel, auf die vom Wirtshause Grunewald ein Fahrweg im Bogen zuführt. Der Ringwall durch Rodung zerstört, nur auf der Höhe ein Erdaufwurf, nach Norden mit zirkelartigem Vorsprung. Bis 1849 lag auf der Höhe ein Bauernhäuschen. Der Hügel hat 1800 Schritt Länge, 1200 Schritt Breite an der Basis. A. FAHNE, Die Freiherren von Hövel I, I, S. 15, vermutet hier die Burg Hurili des Grafen Adolf III. von Berg (vgl. SEIBERTZ, Landes- und Rechtsgeschichte von Westfalen I, S. 47).

Auf der Kibbenhaide, dem höchsten Punkte der Honschaft Metzkausen, liegt eine zweite Wallburg, auf der ein Kriegerdenkmal errichtet ist. Der aufgetragene Erdgrund ist noch deutlich erkennbar, die Wälle sind verschwunden.

Kathol.
Pfarrkirche

KATHOLISCHE PFARRKIRCHE (tit. s. Caeciliae).

Handschriftl. Qu. Im Bürgermeisteramt: Handschriftl. Sammlungen des Kanonikus KESSEL († 1891 in Aachen): Der Keldagau, Geschichte von Hubbelrath, vermischte Materialien und Hofgerichtsprotokolle vom J. 1511 an, das Geschlecht Schultes und sein ehemaliger Stammhof bei Hubbelrath.

Geschichte

Schon im J. 950 befand sich wohl in Hubbelrath eine Kapelle auf einem alten Herrenhof (ENNEN u. ECKERTZ, Quellen zur Geschichte der Stadt Köln I, S. 464. — Ann. h. V. N. XXXI, S. 56), im 12. Jh. im Umzugs-Ordo der Kirche zu Gerresheim genannt (KESSEL, Der h. Gerrich, Anhang). Im 12. Jh. fand ein Neubau aus Tuff statt. im J. 1686 wurde die baufällige Apsis abgetragen und durch einen neuen Chor ersetzt, im J. 1722 die Sakristei angefügt. Ein Sturm wehte 1800 das Turmdach ab; 1826 wurde der obere Turmteil erneut.

Beschreibung

Einschiffiger romanischer Bau, der alte Teil 9,15 m lang, 8,55 m breit, mit vortretendem Westturm. Der Turm vierstöckig, mit achtseitiger Haube, aus Ruhrkohlensandstein, mit einfachem rundbogigen Portal, im vierten Stock je zwei rundbogige Doppelfenster mit von Knospenkapitäl gekrönter monolither Schiefersäule; die Bogenlaibungen wie das Dachgesims von Tuff. Die Turmhalle mit einem Gratgewölbe eingedeckt. Das Langhaus aussen gegliedert durch Vertikallisenen mit Rundbogenfries, nur an der Südseite ganz erhalten, Material: Ruhrkohlensandstein mit Tuff. An das geradlinig geschlossene Chorhaus nach Süden die Sakristei angebaut. Langhaus und Chor sind flachgedeckt.

An der Nordseite ein lebensgrosser Kruzifixus von Holz, 16. Jh., daneben Petrus und Paulus in Relief.

Glocken. Die älteste vom J. 1440 mit der Inschrift: SANCTA CELIA (für Cecilia) HESCH ICH. HINRICH VRODERMAN GUS MICH. M°CCCC°XXXX°.

Die zweite vom J. 1502 mit der Inschrift: MARIA HEISCHE ICH, IN DE ERE GODES LUDE ICH, DEN DUVEL VERDRIVEN ICH. ANNO DOMINI M°D°II°.

Kathol. Pfarrkirche Kruzifixus Glocken

HUGENPOET.

SCHLOSS. Über das Geschlecht von Nesselrode-Hugenpoet: A. FAHNE, Forschungen auf dem Gebiete der rheinischen und westfälischen Geschichte II, Köln 1864, S. 7 ff., ausführlich. — Genealogie: A. FAHNE, Geschichte der Kölnischen Geschlechter I, S. 180; Ders., Denkmale und Ahnentafeln II, S. 179; J. STRANGE, Beitr. zur Genealogie der adeligen Geschlechter VIII, S. 1. — Geschichte der Familie Fürstenberg: A. FAHNE, Geschichte der westfälischen Geschlechter, S. 167; Ders., Geschichte von hundert rheinischen . . . . Geschlechtern S. 61.

Schloss Litteratur

Handschriftl. Qu. Im Staatsarchiv zu Düsseldorf: von Hugenpoetsches Familenarchiv, 130 Urk. von 1260—1768. Unter den Akten Beschreibung des Haufses und Rittersitzes Hugenpoett sambt Appertinentien de 2. Okt. 1756, Hs. in 4°. Vgl. ILGEN, Rhein. Archiv S. 151. — Hofbuch und Hofgedings-Protokoll von 1508—1767, Descriptio des Hauses Hugenpoet 1756, Genealogie der Hugenpoet (Werden, Reg. VII, B. 36). — Nachrichten über die von der Abtei Werden der Familie von Nesselrode-Hugenpoet erteilten Belehnungen mit Hugenpoet und über Verpfändungen des Hauses von 1620—1800 (Werden, Reg. VIII, B. 36).

Handschriftl. Quellen

In der Staatsbibliothek zu München: Genealogie der Herren von Hugenpoet: REDINGHOVENSche Sammlung, Cod. germ. 2213, Bd. LIV, Bl. 72.

In dem Archiv des Freiherrn von Fürstenberg zu Borbeck: Nachrichten über die Häuser Hugenpoet und Horst (s. u.). Die Horster Urk. beginnend mit dem J. 1186; wichtig vor allem II, caps. 34, 1, Tagebuch über den im J. 1559 durch Rütger von Horst geschehenen Ausbau des Hauses Horst; II, caps. 34, 2 Akta Generalia, Contrakte in Originalien 1554—1567.

Das Schloss Hugenpoet erscheint seit der Mitte des 13. Jh. im Besitz der Herren von Nesselrode unter dem Namen Nettlinghove. Das alte Burghaus wurde 1478 eingenommen und verbrannt. Die Reste des alten Rittersitzes waren noch im J. 1756 sichtbar. Die ‚Beschreibung des Haufses Hugenpoett‘ berichtet: ‚Der Nettelshof oder der alte rittersitz bestehet zur zeit in einem alten thurm und nebenwohnung fort in einem garten, dem so genannten hopfendamm, alles adelich frey, diese stück halten stark einen morgen, liegen auch rund herumb in einem wassergraben und haben unter sich einen grossen weyer von einem morgen platz‘.

Geschichte

Nettelshof

Ein neues Schloss wurde um 1500 einen Büchsenschuss von dem alten entfernt errichtet, das im J. 1647 unter Johann Wilhelm von Nesselrode-Hugenpoet durch einen grossen Neubau ersetzt wurde, dessen Innenausstattung erst 1696 vollendet war. Das Schloss wurde 1831 von dem Freiherrn von Maerken an den Freiherrn Friedrich Leopold von Fürstenberg verkauft. Der jetzige Besitzer ist der Reichsfreiherr Leopold von Fürstenberg, der das gründlich restaurierte Schloss zu seinem dauernden Wohnsitz eingerichtet hat.

Neubau

Schloss
Beschreibung   Das Schloss (Ansicht Fig. 5o, Grundriss Fig. 51) zerfällt in drei Teile, das ganz von Wasser umgebene, rechtwinkliche, von zwei quadratischen Türmen flankierte Herrenhaus, die innere und die äussere Vorburg, die beide im rechten Winkel aneinanderstossen und durchaus symmetrisch angelegt sind. Das Herrenhaus besitzt über einem hohen Sockel von Kohlensandstein zwei Geschosse in Backsteinbau, die durchgeführten Horizontallisenen, sowie die Einfassung der Fenster besteht wieder aus Kohlensandstein. Der Giebel, das Dachgesims mit dem Muschelfries und die Mansarden sind bei dem letzten Umbau hergestellt worden. Die dreigeschossigen Ecktürme sind mit geschweiften Schieferhauben und achtseitigen Laternen gekrönt. Das Herrenhaus ist mit dem ersten Vorhofe durch einen steinernen Bogen verbunden, von dem ehemals zum Hause selbst eine Zugbrücke führte.

1. Vorburg   Die erste Vorburg besteht aus zwei langen zweistöckigen Trakten aus Bruchstein von acht Achsen, die Fenster mit Steinkreuzen; die Türme an den Ecken der

Fig. 50. Hugenpoet. Ansicht des Schlosses.

Vorburg (nach der Eisenbahn zu) sind nie ausgebaut worden. Das Hauptportal der Vorburg ist von mächtiger Bossengliederung umgeben und eingerahmt von zwei Pilastern mit jonischen Kapitälen, die einen Architrav mit dem Wappen tragen. Die Brücke ehemals als Zugbrücke eingerichtet.

2. Vorburg   Die zweite äussere Vorburg ist von einer Mauer mit kleinen Fenstern und Schiefsscharten umgeben und enthält an den Ecken zwei ursprünglich flachgewölbte Ecktürme. Das äussere Hauptportal mit dem Alliancewappen der Nesselrode-Winkelhausen und der Inschrift: DER WOHLEDELLGEBORNER JOHAN WILHELM VON NESSELRAD GENANDT HUGENPOET, FURSTLICHER PFALS-NEUBURGER HERR GEHEIMER RADT, CAEMMERER, LAND-COMMISSARIUS UND AMMANN ZUR BEYENBURG UND DEI (so) WOHLEDELLGEBORNE ANNA ELISABETH VON NESSELRAD GENANDT HUGENPOET, GEBORNE DOCHTER VON UND ZU WEINCKELHAUSSEN, MERLO, KALCUM UND MORR, HABEN DEISSEM BAEU GEBAUVET VOR SICH UNND IHRE ERBEN ANNO 1647 DEN 17. JULIUS.

Inneres   Im Inneren ist die Vorhalle mit dem Treppenhause von besonderer Bedeutung. Die Wandbekleidungen bilden cannellierte Pilaster mit flachen Bögen. Das Treppen-

Hugenpoet. Grosser Kamin.

haus selbst besteht aus schwarzem Marmor. Der Zugang geschieht durch ein ganz *Schloss*
freistehendes Portal. Der geschweifte Giebel mit einer Kugel gekrönt, darunter das
Wappen des Konstantin Erasmus Bertram von Hugenpoet und der Maria Ambro-
siana von Virmond, am Architrav die Zahl 1696. Die marmorne Balustrade ist um
den ganzen hier sich öffnenden Oberstock herumgeführt und findet ihre Fortsetzung
als Treppengeländer. Drei Rundsäulen, denen an den Wänden Halbsäulen entsprechen, tragen den Bau. In einem der Bögen nach dem Hofe zu kunstvolles
Eisengitter mit der Zahl 1696.

Der Hauptschmuck der Säle des Erdgeschosses bilden die vier prachtvollen *Kamine*
Kamine aus Haus Horst, in Baumberger Stein gearbeitet, aus dem J. 1577 und
1578, in Aufbau wie Ausführung die glänzendsten Werke der unter niederländischem
Einflusse stehenden Spätrenaissance in den Rheinlanden und Westfalen.

Der erste Kamin (Fig. 52) besteht aus einem dreiteiligen Aufsatz, der auf *1. Kamin*
zwei ausserordentlich
schönen konsolenarti-
gen Füssen ruht, mit
Greifen u. Löwenköpfen
verziert, in eine Löwen-
klaue auslaufend, und
auf den Seiten mit
springenden Greifen in
Relief verziert. Der dar-
über liegende Architrav
dreiteilig, in der Mitte
im Flachrelief die figu-
renreiche Darstellung ei-
ner Steinigung Stephani,
zur Seite zwei andere
biblische Scenen, an den
Schmalseiten rechts Ise-
bel von den Mauern
Jerusalems gestürzt, links
David und Sulamith (?).

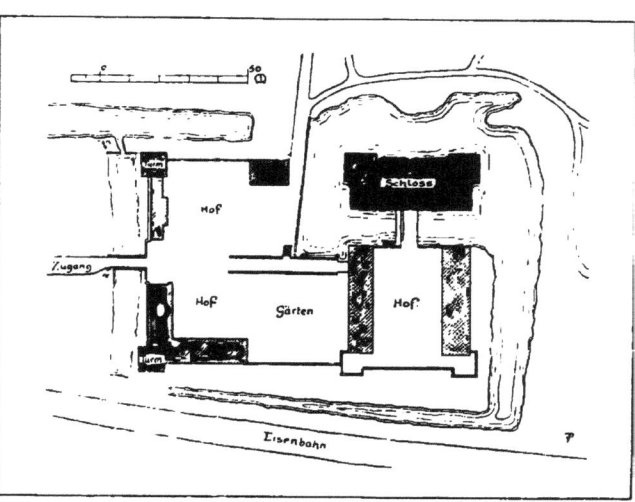

Fig. 51. Hugenpoet. Grundriss des Schlosses.

Der über dem Architrav ruhende Aufsatz, durch Konsolen gestützt, ist an den Ecken
durch vortretende kannellierte Säulen, dazwischen durch Hermenkaryatiden gestützt.
Im Mittelfeld die Klage um den toten Abel, die Körper in schönen sinnlich reizvollen
Formen, rechts und links Nischen, links mit der Idealfigur der Hoffnung (?), rechts
mit Moses. An den Schmalseiten Aaron und Judith, zwischen je zwei kannellierten
Säulen. Die Krönung mit zwei Voluten an der Seite und einer Kartouche in der Mitte.

Der zweite, noch grössere Kamin (Taf. VI), in der Gesamtgliederung dem *2. Kamin*
ersten wenig nachstehend, aber noch feiner in der Einzeldurchführung und pomp-
hafter in der Ausstattung. Die beiden Füsse durch weibliche Hermen gebildet, die
auf dem lockengeschmückten Haupt ein jonisches Kapitäl und darüber die reich-
verzierte Konsole tragen, links die Zahl 1578, rechts die Buchstaben DNW. Der
darüber lastende Architrav zeigt eine einzige lange Darstellung des Brandes einer Stadt
(Trojas ?). In der Mitte ganz nackt Jupiter mit Schwert und Blitzesbündel, zwischen
seinen Füssen der Adler. Zur Linken Eroberung einer Stadt, Flucht der Bewohner
in Kähnen, die Sieger sie zu Rosse verfolgend, im Hintergrunde in flachem Relief

Schloss Reiter über eine Brücke herziehend. Zur Rechten Brand einer Stadt, im Vordergrunde zusammenstürzende und flüchtende Frauen, rechts Gruppen aus dem Rafaelschen Brand des Borgo. An den Seiten in Hochrelief die nackten Gestalten von Merkur und Venus in entzückend weicher Fleischbehandlung. An den Schmalseiten rechts Pyramus und Thisbe am Brunnen, links Urteil des Paris. Dem Aufsatz tritt ein weitvorgekragter flacher Giebel vor, dessen Architrav von vier schönen je zu zwei

und zwei durch Festons verbundenen Hermen getragen wird. In der Mitte die Gestalt d. Curtius auf lebhaft sich aufbäumendem Ross mit Schild und Schwert, im Begriff in den unter den Hufen des Pferdes sich öffnenden Spalt hineinzusetzen. Zur Seite in Nischen zwischen flachen Pilastern die Gestalten des Mars und der Minerva. An den Schmalseiten rechts das Wappen von der Horst, links das Wappen von Palandt. Die Krönung mit dem Doppelwappen der von der Horst und von Palandt und der Zahl 1577, zwischen den sitzenden Gestalten zweier gefesselter nackter Menschen.

Fig. 52. Hugenpoet. Kamin.

3. Kamin Der dritte Kamin (im Esszimmer) besteht nur aus einem breiten Architrav, von zwei grossen bocksfüssigen Faunen mit Fruchtkörben auf den Köpfen als Karyatiden getragen. An den Schmalseiten je zwei Alliancewappen, von einem grösseren Wappencyklus stammend, wahrscheinlich von einer Ahnentafel der Margaretha von der Horst, Erbin zu Horst, Gattin Bertrams von Loë zu Palsterkamp.

4. Kamin Der vierte Kamin (ursprünglich in anderer Anordnung) zeigt im Architrav in vier Scenen die Geschichte vom barmherzigen Samariter, im flachen Giebelaufsatz eine weibliche allegorische Figur, als Stützen zwei weibliche Karyatiden.

Ein im Archiv zu Borbeck befindliches Heft in Fol., bez.: ‚Diisses rechenbuch von allerhands reytschap und nottrufft tot meyne angefangene bow, vort von allen arbeitzfolch und dachhuvern, wie nachbeschryben stat uysswyset, ist durch mych den 10. Aprilis anno (15)59 irst angefangen über steinhauerarbeiten' enthält ausführliche Angaben über die bei dem Bau und der Ausschmückung von Haus Horst beschäftigten Arbeiter und Künstler (Bearbeitung und teilweise Publikation wünschenswert). Genannt werden unter den Bildhauern Meister *Henrych Oyeh von Kalkar* und sein Sohn *Wilhelm von Kalkar* (1559), *Henryck Vermeykken* und sein Sohn *Wilhelm* (schreibt sich selbst *Wyllem van Fernucken*), der Meister der Kölner Rathaushalle, *Arndt Jansen* oder *Johansen*, Stadtmeyster der Stadt Arnhem (1558), Meister *Joist de la Cour* (1563, schreibt sich selbst *Joos de Lacourt*), als Verfertiger von hystorien, *Benignus Campus von Cöllen* (1567).

Die bedeutende im Erdgeschoss und in den Räumen des ersten Stockwerkes aufgestellte Gemäldesammlung (früher auf Haus Borbeck) ist vor allem reich an guten Niederländern des 16. und 17. Jh. Die Bezeichnungen im folgenden nach dem (handschriftlichen) Katalog.

Unter den Bildern religiösen und mythologischen Inhaltes ein Triptychon, niederrheinisch um 1520, aus der Schule des Meisters vom Tode der Maria. In der Mitte die Anbetung der Könige. In der umgebenden Architektur feine Renaissancemotive, rechts die Ruhe auf der Flucht, links die Anbetung des Kindes durch

Fig. 53. Hugenpoet. Ruhe auf der Flucht.

die Hirten. Grosses Gemälde der h. Sippe auf Holz, niederländisch, Anfang des 16. Jh., unter überladenem Renaissancebaldachin das Christkind zwischen Maria und Anna stehend, die übrigen Familienmitglieder im Hintergrunde, vorn reizende Gruppen spielender Kinder. Eine zweite h. Sippe von *Michel Cocxie*, in der Mitte das Kind liegend, von einer der Marien gehalten, die Madonna die Brust entblössend, vortreffliches Stück mit schönen Frauenköpfen. Einzug Christi in Jerusalem, grosses niederländisches Bild des 16. Jh., unter italienischem Einflusse: Christus einen Abhang hinunterreitend, Kinder mit Palmzweigen ihm entgegeneilend, im Grunde rechts in blaue Töne gekleidet die Stadt Jerusalem. Kleines niederländisches Kabinetstück mit der Ruhe auf der Flucht, die Madonna in langem weissen Mantel am Fusse eines Baumes sitzend, im Hintergrunde Joseph mit dem Esel. (Fig. 53.) Eine heilige Familie auf Holz von *Franz Floris*. Der Kampf der Amalekiter mit den Isrealiten von *Otto van Veen*. Joseph vor Potiphars Weib flüchtend von *van der Myn*. Der verlorene Sohn von *M. Heemskerk*, Holz, gutes Stück, vollbezeichnet: 1559 LUCAS INT. XV CAPITTEL. MARTINUS VAN HEEMSKERCK INVENIT: der Sohn auf den Knieen

Schloss   vor seinem Vater, im Hintergrunde die Vorbereitung des Festes (Fig. 54). Die Spei-
sung der Viertausend in grosser Landschaft von *Jakob de Wit*. Die Ehebrecherin vor
Christus von *Nikolas Poussin*. Christi Höllenfahrt von *Pieter Breughel dem Jüngeren*. Ein
alter und ein junger Faun mit Tigern nach *Rubens*.

Porträts   Unter den Porträts zu nennen das vortreffliche Bild eines Mathematikers, in
greller Beleuchtung. in der linken Hand eine Rolle mit der Inschrift: LA MORTE
GUASTA DE GRAN DISSEGNI, Art des *Ribera*. Bildnis eines älteren Mannes mit kur-
zem grauen Bart und schwarzem Hut von einem Venetianer des 16. Jh. Porträt
einer alten Dame im Lehnstuhl. mit einem Hündchen auf dem Schoss von *Cornelius
Visscher*.

Fig. 54. Hugenpoet. Der verlorene Sohn von Marten Heemskerk.

Genrebilder   Unter den Genrebildern: ein guter *Terborch*. zwei Knaben, denen ein
Mädchen gegenübersteht. zusammen lesend. Plauderscene von *Ant. Palamedes*, vor-
treffliches Stück, zehn Figuren in sorgfältig behandelter Toilette, feine Köpfe.
Ein Concert champêtre von *Watteau*, links drei Musikanten, rechts eine Dame.
Ein Leierkastenmann und ein musizierendes Mädchen, Halbfiguren, Pendants von
J. Zick. Ein Flötenspieler von *Caspar Netscher*. Eine alte Frau mit der Laterne
und eine alte Frau mit einem Knaben, zwei Nachtstücke in lebensgrossen Halb-
figuren von *G. Honthorst*. Bauer vor der Kirche von *Molenaer*. Reiterkampf von
Bourgignon.

Landschaften   Unter den Landschaften: Pferde an der Tränke von *Karel du Jardin*.
Italienische Landschaft mit zwei Frauen, einem Hirten und Kühen als Staffage von

Nikolas Poussin. Von demselben eine zweite Landschaft mit Burg und Felsen. Landschaft mit Ruine und rastenden Jägern von *J. F. v. Bloemen.* Viehmarkt von *A. Fr. Bandonin.* Weitere Stücke von *Wonvermann, J. v. Breda,* u. a. Schloss

Unter den Stillleben: Blumenstücke von *Sibilla Merian.* Kücheninterieur von *Snyders.* Vögel von *Weenix,* u. a. Stillleben

ITTER.

KATHOLISCHE PFARRKIRCHE (tit. s. Huberti). v. MERING, Geschichte der Rittergüter, Burgen III. S. 76. — BINTERIM u. MOOREN, E. K. II. S. 159. Kathol. Pfarrkirche

Handschriftl. Qu. Im Staatsarchiv zu Düsseldorf: Urk. über das Patronat von 1663 ab (Kaiserswerth, Reg. 550).

Geschichte

Die Kirche ist im 12. Jh. als Kapelle erbaut worden. In dem liber valoris vom Anfang des 14. Jh. (BINTERIM u. MOOREN, E. K. I, S. 262) und der Urk. von 1363 (Urkundl. Widerlegung der von dem Adel der Lande Jülich, Cleve, Berg und Mark dem Fürsten Staatskanzler überreichten Denkschrift, 1819, S. 103) noch nicht erwähnt. Die Errichtung der Pfarre fällt wahrscheinlich in die Zeit der erneuten Verehrung des h. Hubertus, nach 1414 (BROSIUS, Ann. II, p. 54). Das Patronat besass die Abteikirche von Kaiserswerth.

Fig. 55. Itter. Ansicht der katholischen Pfarrkirche.

Im J. 1862 die Kirche gründlich restauriert und verlängert, das Mittelschiff eingewölbt, ein neues Joch nach Osten angefügt, die Seitenschiffe neben diesem und dem Chorhaus weitergeführt, die Apsis hinausgeschoben. Die kleine Apsis, mit der das südliche Seitenschiff ursprünglich abschloss, wurde nicht erneuert.

Dreischiffige romanische Pfeilerbasilika (Fig. 55) mit vortretendem Westturm, ursprünglich im Mittelschiff flachgedeckt, der alte Bau 46,2 m lang, 31,6 m breit, der neue Bau 68,2 m lang. Das Material ist Tuff, an den Aussenmauern der Schiffe Tuff und Backstein. Beschreibung

Der dreistöckige, ganz aus Tuff bestehende, von achtseitiger geschieferter Haube gekrönte Westturm ist im Untergeschoss, das nach Süden ein neues Portal zeigt, ungegliedert, in den beiden oberen Stockwerken durch schmale Vertikallisenen und Rundbogenfriese belebt, im obersten Geschoss durch je zwei romanische Doppelfenster Äusseres

Kathol. Pfarrkirche   mit Mittelsäule. An der Westseite eingemauert ein rohskulptierter Christuskopf. Der Obergaden des Mittelschiffes mit kleinen Rundbogenfenstern und Vertikallisenen, die Aussenmauern der Seitenschiffe mit einfachen rundbogigen Blenden. Die ursprünglichen kleinen Fenster nach oben erweitert, so dass sie jetzt an den Blendbögen abschliessen. Im dritten südlichen Joch ein altes Portal mit Rundstab in den Gewänden. Die Schmalseiten der Seitenschiffe zeigen dieselbe grosse Blende, die (der alten nachgebildete) Apsis ist durch Vertikallisenen und Rundbogenfries in drei Felder zerlegt.

Inneres   Der Eindruck des Inneren ist durch die schlecht eingefügten Gewölbe und die grosse Länge des Baues sehr beeinträchtigt. Die Pfeiler entbehren der Basen und zeigen einfache aus Schmiege und Deckplatte bestehende Kämpfer, die Arkadenbögen und Scheidemauern sind ungegliedert, die eingefügten gothischen Kreuzgewölbe ruhen auf Konsolen. Die Turmhalle ist noch mit dem alten Gratgewölbe überspannt und zeigt rundbogige Blenden an den Seiten.

Haus Elbroich   HAUS ELBROICH. v. MERING, Geschichte der Burgen, Rittergüter etc. in den Rheinlanden III. S. 54. sehr ausführlich. — LENZEN, Statistik des Herzogtums Berg I. S. 90.

Allodialgut der Herren von Eller (s. o. S. 89), nach deren Aussterben es am Ende des 15. Jh. an den Landesherren, Herzog Wilhelm, kam, der es an Arnold von Spythe verlieh. Von diesem kam es 1492 durch Kauf an die Herren von Retraedt (Stammtafel bei STREVESDORF, Arch. Colon. descriptio historico-poëtica p. 80 und bei ROBENS, Ritterbürtiger Adel des Niederrheins, Aachen 1818, II. S. 375), 1589 durch Kauf an die Herren von Neuhof, 1679 an die Herren von der Horst, von diesen 1802 an Karl Friedrich von Wendt, 1804 an die Familie von Bertrab. Das jetzige Burghaus wurde um 1690 von Georg von Neuhof erbaut.

KAISERSWERTH.

Litteratur   AEG. GELENIUS, Par SS. Suuibertus et Plectrudis post millenarium fere annum illustratum meditatione historica, Köln 1640. — Ders., Clypeus Suibertinus adversus iacula, quae in scriptorem S. Suiberti contorquentur, o. J. — THEODOR RAY, Animae illustres Juliae, Cliviae, Montium, Marchiae, Neuburg 1663, p. 36. — Justitia processionis palatinae super Caesaris insula vulgo Kaiserswerth et appertinentiis, Wetzlar 1710. — CRAMER, De veterum Ripuariorum et praecipue eorum metropolis Coloniae statu civili et ecclesiastico p. 97. — Reize langs den Neder-Rhyn tot Bon, Campen 1785. p. 91. — J. J. LENZEN, Beiträge zur Statistik des Grossherzogtums Berg, Düsseldorf 1802, II. S. 90. — Suitbertusbüchlein, Düsseldorf 1849. — H. RITTER, Zur Geschichte von Düsseldorf, nebst Beschreibung der Zerstörung und Belagerung von Kaiserswerth, Düsseldorf 1855. — LACOMBLET, Kaiserswerth: Archiv für die Geschichte des Niederrheins III. 1860. S. 2. — Memorienbuch d. Kollegiatkirche ebenda S. 117. — BINTERIM u. MOOREN, E. K. I, S. 114. — Ann. h. V. N. IV, S. 338. — Chartular: LACOMBLET, U B. II, p. VII, VIII. — Urk. vom J. 1292: Forschungen zur deutschen Geschichte XVI. S. 360. — Zur Geschichte von Kaiserswerth während des siebenjährigen Krieges: Heimatskunde 1880. S. 133. — Das Suitbertusstift: Nrh. G. 1881, S. 188.   BINTERIM, Denkwürdigkeiten V. 1, S. 336. — K. W. BOUTERWEK, Swidbert, der Apostel des bergischen Landes, Elberfeld 1859. — PH. HEBER, Die vorkarolingischen christlichen Glaubensboten am Rhein und deren Zeit, Frankfurt 1858. — Leben des h. Bischofs Suibertus, Düsseldorf 1845.   RETTBERG, Kirchengeschichte Deutschlands II, S. 396, 460, 524. — SEIBERTZ,

Landes- und Rechtsgeschichte des Herzogtums Westfalen I, S. 81. — J. H. KESSEL, Litteratur
Der selige Gerrich S. 18, 39, 24, 175, 196. — EDWARD V. AU, Zum 1175jährigen Jubiläum des h. Suitbertus zu Kaiserswerth. Düsseldorf 1892.   Von Biebrich nach Antwerpen, eine freie Rheinfahrt. Düsseldorf 1892, S. 60.   K. BONE, Verzeichnis der
Bürgermeister etc. der Stadt Kaiserswerth: Düss. Beitr. VI. S. 28.   Vita S. Suiberti auc-
tore Marcellino presbitero: LEIBNITZ, SS. rer. Brunsvic. II, p. 222. Vgl. POTTHAST, Bibliotheca hist. medii aevi S. 897 und CHEVALIER, Répertoire des sources historiques du
moyen-âge, p. 2136. — W. DIEKAMP, Die Fälschung der vita S. Suidberti: Histor.
Jahrbuch der Görresgesellschaft II, 1881, S. 272.   Epistola Rixfridi Frisii ad S. Lud-
gerum de S. Suiberto: SURIUS, Vitae SS. 1. Mart.   — Ludgeri relatio de canonizatione
S. Swiberti: LEIBNITZ, SS. II, p. 243. — Radbodus, Sermo de S. Suiberto et eiusdem
carmen allegoricum sive homilia de eodem: Acta SS. Boll. 1. Mart. I, p. 84 und MA-
BILLON, Acta SS. ord. s. Bened. saec. III, 1., p. 244. — Elogium s. Suiberti historicum:

Fig. 56. Kaiserswerth im J. 1650.

MABILLON, Acta SS. ord. s. Bened. saec. III, 1. p. 239. — HENSCHEN, De S. Suiberto episc. Frisonum apostolo Caesaris Werdae ad Rhenum comment. histor.: Acta SS.
Boll. 1. Mart. I, p. 67. — PAPEBROCH, De S. Suiberto episc. commentatio: Acta SS.
Boll. 30. April III., p. 802. — v. RESTORFF, Beschreibung der Rheinprovinz S. 357. —
v. MÜLMANN, Statistik I, S. 427. — K. v. ANGERMUND, Wanderungen in der Umgebung Düsseldorfs S. 26.

Handschriftl. Qu. Im Staatsarchiv zu Düsseldorf: 535 Urk. von 877 Handschriftl.
Quellen
Düsseldorf
bis 1786 (526 Orig.), darunter eine Reihe Kaiser- und Papsturkunden.

An Hsn.: Memorienbuch des 14. Jh. (LACOMBLETS Archiv III, S. 109, 117), mit
Kalendarium, angeschlossen Marcellini vita Suitberti und der Traktat De exaltatione
Suitberti, die legenda S. Quirini und Commendatio defunctorum 15.—16. Jh. (A. 120).
— Vita Suitberti und canonisatio, 16. Jh. (A. 121). — REDINGHOVENsche Hs. A. 24,
Bl. 353[b] Nachrichten über die Stiftskirche und die (zerstörte) S. Georgskirche, Bl. 44[a]
Praepositi ecclesiae s. Suiberti von 717—1638 (lückenhaft).   In A. 23 Bl. 369—388
10 Urk. von 1181—1437.

Handschrifl.
Quellen

Über die Akten vgl. ILGEN, Rhein. Archiv S. 88. Darunter Kapitularprotokoll-
bücher von 1657—1797. — Nachrichten über das Grab des h. Suitbertus 1626—1737.
— Rechnungen über die Reparaturen von 1639 und 1644, über den Reparaturbau von
1702—1709, über die Verschönerung des Chores von 1781 (Reg. 543 b).

München

In der Staatsbibliothek zu München: Urk. und Nachrichten in der REDING-
HOVENschen Sammlung. Cod. germ. 2213, Bd. V, Bl. 34 Kaiserurkunden von 1293 an,
Bl. 29 Urk. der Herzöge von Berg von 1399 an: Bd. VI, Bl. 62 und 77 die ältesten
Urk. von 877 an; Bd. XIV, Bl. 304 Urk. von 1184 an. Die Privilegien im Bd. XXX,
Bl. 620; die Inschriften im Bd. XVII, Bl. 96.

Ansichten und
Pläne

Ansichten und Pläne. 1. Stich, Ansicht vom Rheine, 18 × 10,7 cm., bez. oben
KEYSERSWERDT mit zwei Wappen bei MERIAN, Topographia archiep. Mogunt., Trevir.
et Colon. p. 50. Vgl. Fig. 56 und TH. J. J. LENZEN, Titelblatt.

2. Zeichnung nach dem Merianschen Blatte, von S. HÜLSER, 1888, phot. von
HÖLTGEN, Düsseldorf.

3. Stich, „Die Eroberung der Haupt Vestung Kaiserswerth 1702', im Vordergrund
die Belagerer, Umrahmung von Trophäen, bez.: PAULUS DECKER IUN. INV. ET DEL.
JEREMIAS WOLFF EXCUD. G. STEIN SC.

4. Ansicht vom Rhein, Kupferstich vom J. 1767, 12 × 15 cm.

Stiftskirche

STIFTSKIRCHE. Kölner Domblatt 1844, Nr. 110. — BAUDRIS Organ für
christl. Kunst III, 1853, S. 69, 77 mit Taf. (Aufnahme vor der Restauration). — FR.
BOCK, Die Stiftskirche zu Kaiserswerth: Kölner Domblatt 1855, Nr. 127. 128. — Die
Stiftskirche zu Kaiserswerth: Heimatskunde 1880, S. 113. — OTTE, Geschichte der
romanischen Baukunst S. 56, 391. Dazu ALDENKIRCHEN in den B. J. LV, S. 213. —
OTTE, Handbuch der Kunstarchäologie II, S. 72. — LOTZ, Kunsttopographie I, S. 316.
— AUS'M WEERTH, Kd. II, S. 43. — KNACKFUSS, Deutsche Kunstgeschichte I, S. 132.

Gründung

Der Stifter der Abtei Kaiserswerth war der h. Suitbertus, einer der Genossen des
h. Willibrord, der zu Anfang des 8. Jh. von Pipin von Heristal eine Rheininsel zum Geschenk erhielt, auf der er ein Kloster erbaute (BEDA, Hist. ecclesiastica gentis Anglorum
V, c. 12: insula Rheni, quae lingua eorum vocatur in littore; bezeugt in einer Urk.
Kaiser Heinrichs vom J. 1193: LACOMBLET, U.B. I, Nr. 540. — LACOMBLETS Archiv III,
S. 3). Im J. 877 nimmt es König Ludwig II. in seinen Schutz: monasterium quod
est constructum in honore S. Petri principis apostolorum necnon et S. Suidberti confessoris Christi in loco qui dicitur Uuerid (LACOMBLET, U.B. I, Nr. 71. Dazu Nr. 77).

Neubau

Um die Mitte des 11. Jh., wahrscheinlich unter Kaiser Heinrich III., der das
Kloster reich mit Schenkungen bedachte, erfolgte ein vollständiger Neubau, der wohl
schon 1050 vollendet war (LACOMBLET, U.B. I, Nr. 183, 185, 186). Eine genaue
urkundliche Nachricht liegt nicht vor, allein der Bau selbst weist gebieterisch auf diese
Zeit hin. Die Kirche war eine dreischiffige Pfeilerbasilika mit flacher Decke, drei
Apsiden und einem Westturm.

Abtragung des
Westbaues

Der Westturm wurde im J. 1243 aus fortifikatorischen Rücksichten durch den
Burggrafen Gernandus abgetragen, damit bei der bevorstehenden Belagerung die Burg
das ganze Terrain beherrschen könne. Hierauf weist die früher an der Westfaçade
befindliche Inschrift (jetzt entfernt, Bruchstücke an der Innenseite) in lateinischen
Hexametern:

ANNO DOMINI MCCXLIII.
HANC TEMPLI PARTEM, CREDENS MOX AFFORE MARTEM,
GERNANDUS FREGIT TURRIMQUE IACERE COËGIT.
NE NIMIUM SURGENS ARCIS PRESSURA SIT URGENS,
TEMPORE TRANQUILLO REPARAT MELIORE LAPILLO.

Gernandus, der 1249 vom König Wilhelm zum Burggrafen auf Lebenszeit ernannt wurde (LACOMBLET, U B. II, Nr. 343), erfüllte sein Versprechen, nachdem wahrscheinlich bei der einjährigen Belagerung durch König Wilhelm 1248 die Burg arg mitgenommen worden (Urk. von 1249 bei LACOMBLET a. a. O. — Cronica comitum: SEIBERTZ, Quellen II, S. 213 — Chron. Ellenhardi: Mon. Germ. SS. XVII, p. 121) und der Chor als der der Angriffsseite zugewandte Teil zerstört worden war, wenigstens zum Teil.

Der Ostteil wurde in den Formen des romanischen Übergangsstiles neu errichtet und war wahrscheinlich schon 1264 vollendet. In diesem Jahre erfolgte, wohl als Abschluss des Baues, die feierliche Übertragung der Reste der hh. Suitbertus und Willeicus (s. u.). Der Umstand, dass für den neuen Prachtschrein im neuen Chor eine von Anfang an geplante tiefe Kammer sich befindet, beweist die ungefähre Gleichzeitigkeit.

Schon in den J. 1639 und 1644 erfolgten kleinere Reparaturen (Düsseldorf, Staatsarchiv, Reg. Kaiserswerth 543ᵇ). Die an der Südseite des Chores angebauten Seitenkapellen b. Mariae v. und S. Mauritii wurden 1644 abgerissen (Memorienbuch in LACOMBLETS Archiv III, S. 119: A. 1644 . . capellae b. Mariae v. et s. Mauritii iuxta templum nostrum ad partem meridionalem olim aedificatae vetustate detritae et difficulter reparabiles sunt dirutae).

Bei der Belagerung und Beschiessung von Kaiserswerth im J. 1702 (s. u. S. 140) wurde auch die Kirche sehr stark beschädigt. Die im nächsten Jahre in Angriff genommenen Restaurationsbauten dauerten von 1703—1717 (Düsseldorf, Staatsarchiv, Urk. Kaiserswerth 517, 519, 521). Der Turmstumpf wurde erst 1765 notdürftig wiederhergestellt (Urk. 528), 1781 ein neuer Hochaltar errichtet und der Chor verschönert.

Eine durchgreifende Restauration in den J. 1870—1877 durch Professor *August Riacklake* in Berlin, unter der örtlichen Bauaufsicht von Architekt *Pickel* liess den Bau in neuem Glanze wiedererstehen. Die Deckung der Kosten von 435000 Mark ist fast ausschliesslich dem ausserordentlichen Eifer des Herrn Pfarrers Dauzenberg zu danken. Da ein einziger Westturm zu nahe an die Futtermauer des nach dem Rhein abfallenden Terrains gekommen wäre, wurden zwei mächtige Westtürme in den J. 1870—1874 errichtet, die unvollendeten Chortürmchen 1876—1877 ausgebaut. Die aus dem 17. Jh. stammende dünne Mauer, die den Westteil des Mittelschiffes, in dem die Glocken hingen, als eine Art von Westturm abtrennte, wurde entfernt, die vermauerte nördliche Vorhalle (Fig. 59 G), in der nach Westen ein Raum für die Chorknaben abgetrennt war, wiederhergestellt, das grosse aus dem Anfang des 18. Jh. stammende Abteigebäude, das im Norden an die Kirche anstiess, und sogar die Fenster im Obergaden des Mittelschiffes verdeckte, gänzlich entfernt. Im Ostteil wurden unter den Pultdächern der Seitenschiffe, um dem Mittelschiff grössere Festigkeit zu geben, verdeckte Strebebögen errichtet. Das Langhaus der Kirche wird durch *Göbbels* ausgemalt.

Dreischiffige romanische Pfeilerbasilika mit Querschiff und vier Türmen, im Lichten 68 m lang, 22,30 m breit. Das Querschiff 29,80 m lang, das Mittelschiff 10,30 m breit, der Chor 22 m lang (Grundriss Fig. 59).

Der Westbau ist zweistöckig und zeigt in der Mitte des Erdgeschosses das in den Formen des Übergangsstiles gehaltene Portal, der Bogen spitz, die Thüröffnung selbst mit horizontalem Sturz geschlossen, flankiert von zwei monolithen Säulen mit Blattkapitälen und Eckblattbasen, die sich über der Plinthe in einem mit drei Knäufen versehenen Rundstab fortsetzen. Über dem Bogen ein runder Stein mit einer Hand eingesetzt, die auf die ehemals hier befindliche Inschrift (s. o. S. 130) wies. Das

9*

Stiftskirche zweite Geschoss ist durch Vertikallisenen und Rundbogenfries belebt, die drei rundbogige Fenster einschliessen. Der Giebel darüber zeigt zwei rundbogige Blenden und eine mittlere rundbogige Nische.

Türme   Die von *Rincklake* erbauten mächtigen Westtürme B und C erheben sich in vier Stockwerken über einem hohen Hausteinsockel. Das zweite und dritte Geschoss sind durch Vertikallisenen und Rundbogenfries gegliedert, das vierte zeigt an jeder Seite je zwei im Kleeblattbogen geschlossene romanische Doppelfenster mit gekuppelten Mittelsäulen. Eingedeckt durch je vier geschieferte Trapeze über Giebeln mit aufsteigendem Rundbogenfries.

Mittelschiff   Das Mittelschiff zeigt im Obergaden an den Aussenseiten unter dem reich drofilierten Dachgesims einen Rundbogenfries und im Langhaus auf jeder Seite je

Fig. 57. Kaiserswerth. Ostansicht der Stiftskirche.

fünf von Rundstäben eingefasste rundbogige Fenster, die Seitenschiffe an der Nordseite drei, an der Südseite vier in Kreise eingeschlossene Vierpassfenster. An der Nordseite ist hier neben dem nördlichen Querarm die weit ausladende Sakristei H von der Höhe des Seitenschiffes angebaut und durch drei Doppelfenster belichtet.

Kreuzarme   Die Kreuzarme setzen die Gliederung des Mittelschiffes bis auf den hier fehlenden Rundbogenfries fort, dafür ist das Gesims noch reicher gestaltet, die Westseiten zeigen je zwei, die Nord- und Südseiten je drei rundbogige Fenster. Der Nordgiebel ist durch eine einfache von einem Rundstab eingerahmte Nische belebt, während der Südgiebel drei kreisrunde Fenster zeigt.

      Dem nördlichen Querarm tritt eine reizvolle Vorhalle G vor (Fig. 58), die sich nach Westen an die angebaute Sakristei H lehnt, während sie sich nach Osten mit einem grossen Rundbogen öffnet. Nach Norden in der Mitte ein grosses dreiteiliges Stiftskirche Portal mit drei gleich grossen Rundbögen, getragen von zwei monolithen Säulen auf einfachen Basen mit weit ausladenden romanischen Akanthuskapitälen und reich gegliederter Deckplatte. Zur Seite je ein dreiteiliges Fenster, von einem Kleeblattbogen eingefasst, der mittlere Bogen gestelzt, die Säulchen auf Eckblattbasen mit Blattkapitälen (die im Osten beide erneut). Die Vorhalle zeigt eine (erneute) flache Balkendecke auf Kragsteinen. Am Südgiebel des Querschiffes sieben grosse Kragsteine in der Mauer, die das Dach der 1644 abgebrochenen Mauritius- und Marienkapellen trugen.

Der spätere Ostteil zeichnet sich auch im Äusseren durch eine reichere Formen- Ostteil sprache aus. Der Obergaden des Chorhauses ist durch einen kleineren Rundbogenfries belebt und durch Vertikallisenen in zwei Felder zerlegt, in jedem befindet sich ein Rundfenster. Die über die Kreuzarme hinaus verlängerten Seitenschiffe sind um 1,50 m höher als die entsprechenden Teile im Westen des Querhauses, sie sind an den Aussenseiten belebt durch Vertikallisenen, Rundbogenfriese, deren Bögen auf Blatt-

konsölchen ruhen, und je zwei Fenster, deren oberer Teil fächerförmig zur fünfblätterigen Rose auslädt und von einem Rundbogen mit Rundstab eingerahmt ist. Nach Osten sind an diese verlängerten Seitenschiffe aus fünf Seiten des regelmässigen Achtecks konstruierte Chörchen angebaut mit je vier rundbogigen Fenstern.

Der Hauptchor wird von zwei vierseitigen Türmchen mit Trapezdächern flankiert, die

Fig. 58. Kaiserswerth. Vorhalle der Stiftskirche.

Hauptchor

zur Seite des Chorhauses noch drei Stockwerke über dem Dachgesims aufsteigen (Fig. 59, E, F). Die drei oberen durch *Pickel* aufgeführten Geschosse sind gegliedert durch Rundbogenfries und Vertikallisenen, das oberste zeigt ein Doppelfenster mit Mittelsäule, von einem Kleeblattbogen umschrieben und unter dem Abschlussgesims das auch an den Westtürmen angebrachte Motiv des Frieses von quadratischen Feldern. Die Giebelchen zeigen ein abgetrepptes Mittelfeld mit Vierpassfenster in Rundstabmedaillon.

Die fünf Felder des fünfseitigen Hauptchores werden durch Vertikallisenen eingerahmt und unter dem Dachgesims durch eine Horizontallisene mit Klötzchenfries abgeschlossen. In jedem Felde ein leicht spitzbogiges Fenster, in den Gewänden Säulen mit zwei Ringen, über dem einfachen Kapitäl als Rundstab fortgesetzt.

Im Inneren zeigt der alte westliche Teil überaus einfache Formen, die Inneres Grossartigkeit der Verhältnisse, zumal des mächtigen Querschiffes mit den breiten Vierungsbögen, kommt bei dem Mangel jeglichen architektonischen Schmuckes um so mehr zur Geltung.

Die Scheidemauern ruhen zwischen Vierungspfeiler und Westbau auf je drei Westteil einfachen schweren Pfeilern, auf hoher Basis mit Plinthe und zwei Wulsten, aber nur

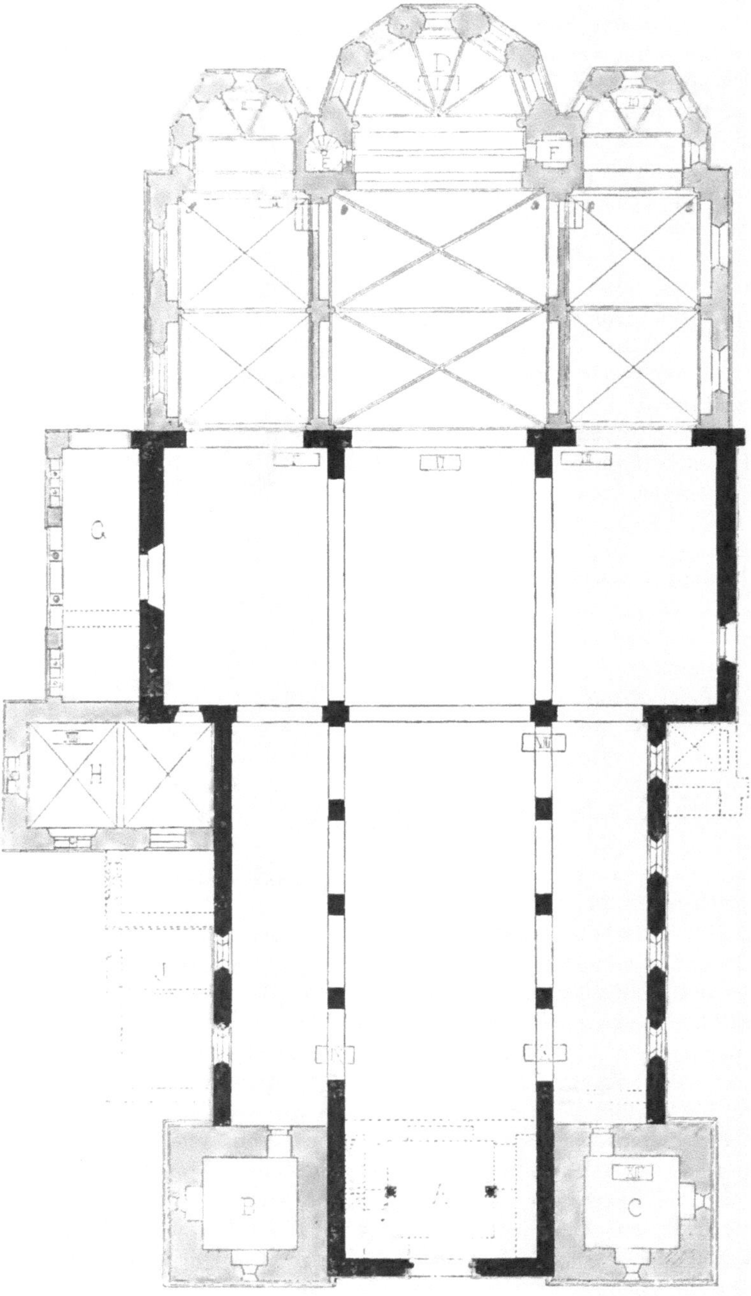

Fig. 59. Kaiserswerth. Grundriss der Stiftskirche.

in den Laibungen der Arkaden selbst mit einem Kämpfergesims. Die Arkadenbögen
selbst sind gänzlich ungegliedert, die hohen Scheidemauern nur durch die Rundbogenfenster mit den stark abfallenden Gewänden belebt. Die Vierungspfeiler zeigen ebenso
wie die Bögen, mit denen sich die Seitenschiffe nach den Kreuzarmen öffnen, das
gleiche einfache Kämpfergesims. Der ganze Westteil ist nie gewölbt gewesen und
konnte bei den grossen Dimensionen der Räume auch nie dafür bestimmt sein. Die
flache Balkendecke ist bei der Restauration erneut und mit Deckenmalereien im Stile
der Decke in S. Michael in Hildesheim versehen worden. Die nach Norden anstossende Sakristei H ist von zwei, durch einen Gurt getrennten Gratgewölben mit
Schildbögen überspannt. Die beiden Ostmauern der Querarme gehören noch dem
älteren Bau an; unter den aus Haustein gebildeten Rundbögen, die die alten Seitenapsiden abschlossen, wurden bei dem Umbau um 1250 tiefere Bögen aus Backstein
eingespannt.

Der Ostteil zeigt im Gegensatz hierzu den ganzen reichen Schmuck des Übergangsstiles, zumal in der Fülle der Dienste und Kapitälbildungen.

Fig. 60. Kaiserswerth. Längsschnitt der Stiftskirche vor der Restauration.

Das Chorhaus öffnet sich nach den verlängerten Seitenschiffen mit zwei Spitzbögen, die von einem Mittelpfeiler getragen werden. Die Rippen der beiden aus Tuff
bestehenden Kreuzgewölbe des Chorhauses ruhen ebenso wie die Schildbögen mit
skulptierten Knospenkapitälen auf starken Dreiviertelssäulchen, die über dem Kämpfer
des Mittelpfeilers auf einer Konsole aufsitzen, die aus Deckplatte, Blätterkranz und Kopf
besteht, während sie in den Ecken herabgeführt sind. In den Scheidemauern rundbogige Blenden mit dem Rundfenster im Abschluss.

In ganz eigenartiger Weise ist der Chorabschluss mit dem Chorhause in Verbindung gebracht. In den Ecken bei E und F waren hier die Mauern der beiden
Osttürme nach innen zu maskieren; der Architekt erreichte dies, indem er zwischen
den beiden Aussenmauern ein geknicktes schmales Tonnengewölbe spannte und dies
zwischen zwei Triumphbögen stellte, von denen der im Westen mit einfachem Kämpfer
auf Pfeilervorlagen, der im Osten mit reichen Knospenkapitälen auf sehr starken Dreiviertelssäulen ruht. Zum Überfluss wurde in die Tonne zwischen die beiden Triumphbögen, mit jenen durch Schildbögen verbunden, ein starker Rundstab eingespannt, der
auf Knospenkonsolen ruht. Nach dem nördlichen Turm öffnet sich eine Thür zur
Wendeltreppe E; die Wand des südlichen enthält die schrankartige Kammer F für
den Suitbertusschrein mit als Rundbogen fortgesetzten Säulen in den Gewänden.

Stiftskirche
Chorabschluss
Nunmehr konnte der Chorabschluss D seine Rippen strahlenförmig von der Mitte des Triumphbogens aussenden. Den einzelnen Ecken treten starke Pfeilervorlagen vor, um die je drei Dienste gruppiert sind, mit gemeinschaftlicher Basis, gemeinschaftlicher polygonaler Deckplatte über den Knospenkapitälen und einem durchlaufenden Ring in der Mitte. Die beiden seitlichen Dienste setzen sich ebenso wie die Kanten der Vorlagen in Abschlussbogen als Rundstäbe fort.

Würdigung

Die verlängerten Seitenschiffe sind mit Gratgewölben überspannt, deren Grate wie die sie trennenden, die Gurte vertretenden Rundstäbe auf Dreiviertelssäulen mit stark übergeklappten Knospenkapitälen ruhen. Die Schildbögen setzen jenen zur Seite auf dem Kämpfer der Pfeilervorlagen auf. In den Seitenchörchen ruhen die mit Rundstabprofil versehenen Rippen mit den dünnen Rundstäben der Schildbögen auf Dreiviertelssäulen, die mit Mittelknäufen und verschiedenen Knospenkapitälen versehen sind.

Von kunsthistorischer Bedeutung ist vor allem der flachgedeckte Westbau, der neben dem Langhaus von S. Maria im Kapitol zu Köln die bedeutendste niederrheinische Pfeilerbasilika darstellt, von grosser Schlichtheit in den Formen und mächtigen Verhältnissen. Die malerische Wirkung des Ganzen ist im wesentlichen erst durch den *Rincklake*schen Ausbau hervorgerufen.

Altäre

Die drei Altäre im Übergangsstil sind Schöpfungen *Rincklakes*. Im Mittelschiff und im Chorhaus zwei erst im 17. Jh. angelegte kellerartige mit Tonnen überspannte Grabgewölbe.

**Sakraments-
schrank**

An der Nordseite des Chores ein dreiteiliger Sakramentsschrank, der ein ganzes Feld einnimmt, in Sandstein, vom Ende des 15. Jh. Auf dem in acht Felder zerlegten Unterbau der dreiteilige Gitterschrank, jedes Feld von einem mit Kreuzblumen geschmückten Kielbogen abgeschlossen, an den trennenden Pfeilern vier derb gemeisselte Heiligenfigürchen.

Fig. 61.
Kaiserswerth. Schmiedeeiserner Standleuchter.

Piscina
Daneben eine einfache Piscina derselb. Zeit.

Epitaphien
Epitaphien des Kanonikus Friedrich Albert von Breugel, † 18. März 1731, und des Kanonikus Johann Ferdinand Edmund von Rochow, † 24. Okt. 1776.

Leuchter
Schmiedeeiserner Standleuchter, 2,20 m hoch (Fig. 61), auf dreiteiligem Fuss, mit überreich mit Ranken und Spiralen verziertem Aufsatz, aus dem 15. Jh. Über ähnliche Werke vgl. Kunstdenkmäler d. Kr. Kleve S. 23.

Zwei 1,20 m hohe einfachere schmiedeeiserne Standleuchter derselben Zeit.

Ehemalige Altäre
Die REDINGHOVENsche Hs. A. 24 im Düsseldorfer Staatsarchiv giebt Bl. 353[b] einen Grundriss der Kirche mit Angabe der ehemaligen Altäre (eingezeichnet in den

Grundriss Fig. 59): 1. Altare s. Suiberti, 2. a. s. Johannis ev., 3. a. s. Nicolai, 4. a. s. Se- Stiftskirche
bastiani, 5. a. s. Annae, 6. a. s. Petri, 7. a. s. Lucae et s. Bartholomaei, 8. a. s. Bar-
barae, 9. a. s. Catharinae, 10. a. s. Michaelis, 11. a. s. Mauritii, 12. a. b. Mariae v.
(in den abgebrochenen Kapellen im Süden), 13. a. in sacristia in parvo sacello, 14. a.
in bibliotheca (dem abgetrennten Joch im Südwesten).

    Suitbertusschrein (Taf. VII. — AUS'M WEERTH, Kd. Taf. XXX; II. S. 44.   Suitbertus-schrein
Kölner Domblatt 1844, S. 118. — Die St. Suitbertustumba: BAUDRIS Organ für christl.
Kunst I, S. 18. — KNACKFUSS, Deutsche Kunstgeschichte I, S. 426. — KRAUS, Die
christlichen Inschriften der Rheinlande II, S. 289, Nr. 627).

    Schrein von vergoldetem Kupferblech über Eichenholzkern in Gestalt einer ein-
schiffigen Kirche, auf jeder Seite mit sechs sitzenden Apostelgestalten.

    Die eine Giebelseite zeigt unter Kleeblattbogen in der Mitte die Gestalt des   Giebel
thronenden Suitbertus, in der Linken den Stern, in der Rechten den Bischofsstab,
rechts die kleineren stehenden Figuren des Königs Pippin und der h. Plectrudis. Über
dem Kleeblattbogen in drei Halbkreisen die Halbfiguren von drei Engeln. Die Zwickel
zwischen dem Bogen sind mit Email brun gefüllt. Inschriften: REGINA PLECDRUDIS ·
SANCTUS SUIBERTUS · REX PIPPI(nus).

    Auf der anderen Giebelseite in der Mitte das Sitzbild der thronenden Madonna,
auf dem linken Knie das bekleidete Kind, in der Rechten einen Apfel, neben ihr
stehend zwei kleinere heilige Frauen mit Büchsen in den Händen.

    Über dem Kleeblattbogen, der in Grubenschmelz auf dunkelblauem Grunde
die Inschrift trägt: AVE MARIA GRATIA PLENA DOMINUS TECUM, BENEDICTA TU IN
MULIERIBUS, in drei Halbkreisen die Gestalten Gottvaters und zweier Engel. Der
Grund wiederum mit Email brun.

    Auf jeder der Längsseiten unter Kleeblattbögen die Gestalten von sechs sitzenden   Längsseiten
Aposteln, alle mit Büchern, einige noch durch besondere Symbole ausgezeichnet. Die
Bögen, die in Grubenemail auf wechselnd dunkel- und hellblauem Grunde die Namen
der zwölf Apostel tragen — links SS. Petrus, Paulus, Bartholomeus, Andreas, Matheus,
Johannes, rechts SS. Jacobus, Thomas, Simon, Philippus, Matthias, Jacobus min. —, ruhen
auf je zwei romanischen, ornamentierten Säulchen mit Eckblattbasen und Kelchkapitälen, hinter denen sich Streifen mit Email brun befinden. In den Zwickeln die getriebenen Dreiviertelsfiguren von Engeln mit Büchern, Bandrollen oder Weihrauch-
fässern in Hochrelief.

    Der Sockel und das Dachgesims zeigen auf der Schmiege denselben mit Stempeln
eingeschlagenen Palmettenfries, während die Hauptplatte abwechselnd eine Emailtafel
und eine Platte zeigt, die in reichstem, kunstvollstem Goldfiligran edle Steine enthält.
Die Emails mit wechselnden Mustern und nicht ganz reinen Farben sind in Grubenschmelz ausgeführt, nur kleinere Blättchen in Zellenschmelz. Eines der Emails ist
durch eine rohe Nachahmung ersetzt.

    Der dachförmige Deckel zeigt acht getriebene Darstellungen in flachem Basrelief,   Dach
links die Verkündigung, Geburt, Anbetung der Könige, Darstellung im Tempel, rechts
Taufe, Kreuzigung (erneut), Auferstehung, Himmelfahrt. Den Abschluss des Firstes bildet
eine schön stilisierte Weinranke mit grossen Trauben, gekrönt von fünf reich verzierten
Knäufen mit Krystallkugeln, deren Aufsätze und Fassungen zum Teil erneut sind.
Von den Blattfriesen, die die Giebelseiten zieren, ist nur der über der Madonna alt.

    Der Suitbertusschrein wurde im J. 1264 vollendet — in diesem Jahre fand am   Inhalt
6. Juli die feierliche Übertragung der Reliquien der hh. Suitbertus und Willeicus statt, die
im Inneren des Schreines in einem einfachen hölzernen Kasten, in Seide eingewickelt,

Stiftskirche ruhen. Dabei liegen Bleitäfelchen mit den Inschriften in Unzialen: ISTAE SUNT RE-LIQUIAE BEATI SWIBERTI CONFESSORIS, QUARUM FACTA EST HAEC TRANSLATIO A. D. MCCLXIV IN OCTAVA APOSTOLORUM PETRI ET PAULI TEMPORE URBANI PAPAE QUARTI. — ISTAE SUNT RELIQUIAE BEATI WILLEICI CONFESSORIS, QUAE EODEM TEMPORE SUNT TRANSLATAE (ein Bericht über die Eröffnung des Schreines im J. 1626 in Düsseldorf, Staatsarchiv, Reg. Kaiserswerth 543ᵃ. — Köln, Stadtarchiv, Farragines des GELENIUS — LACOMBLETS Archiv III, S. 112).

Würdigung   Der Schrein bildet den glänzenden Abschluss der durch die Tumba von Xanten eröffneten Reihe der niederrheinischen Schreine zu Aachen, Deutz, Köln, Siegburg. Er zeigt in Aufbau und Ornamentik ganz die Formen des 1215 vollendeten Karls-schreines in Aachen. Steht so das Gerippe noch ganz unter romanischem Einfluss, so zeigen die Figuren schon den zartesten und reinsten frühgotischen Stil, die Gestalten des h. Suitbertus und der Madonna mahnen an gleichzeitige französische Skulpturen. Durch die Emails ist die Zugehörigkeit des Schreines zu der Kölner Gruppe gesichert.

An der einen Giebelseite die geschnittenen Köpfe von Christus und Maria in lapis lazuli, daran befestigt eine dicke Goldkette mit 14 filigranverzierten Kapseln und 12 Medaillen des 16.—18. Jh.

Vortragekreuze   Silbernes Vortragekreuz, 52 cm hoch. Das Kreuz allein 41 cm hoch mit massivem Kruzifixus, auf den kleeblattförmigen Endstücken Medaillons mit den vier Evangelistensymbolen, am Fuss gravierter achtseitiger Knauf mit farbigen Gläsern an Stelle der Pasten. Vornehme und wirkungsvolle Arbeit vom Ende des 15. Jh.

Kupfernes Vortragekreuz, 55 cm hoch, vom Ende des 15. Jh., auf den Kreuzes-enden in Vierpässen die Evangelistensymbole, neuer Kruzifixus.

Monstranz   Zierliche silberne vergoldete Monstranz, 67 cm hoch, um 1400, von feinen und luftigen Formen. Der Fuss aus der sechsseitigen Rose konstruiert, zur Seite des Glas-cylinders ein doppeltes Strebesystem mit je einer silbernen Heiligenfigur, in dem zwei-stöckigen fein abgestuften Aufsatz ein Madonnenbild.

Kelche   Kelch, von vergoldetem Silber, 23,8 cm hoch, vom J. 1523, auf sechsseitiger Rose, die am Rande à jour durchbrochen und mit Rankenwerk durchflochten ist. In den Zwickeln verschnittene spätgothische Krabben, auf dem Fuss die Inschrift: ARNOLDUS ZWOLLENSIS CORATUS (SO) ANNO DOMINI MCCCCXXIII. Auf dreien der Blätter graviert die Gestalten der hh. Petrus, Paulus und Suitbertus, auf den drei übrigen in massiven Figuren aufgelötet die Gruppe der h. Anna selbdritt, des h. Georg und eines weiteren Heiligen, über ihnen ein freigearbeitetes spätgothisches Rankenornament. Der Aufsatz ist mit reizvoller Burgenarchitektur verziert; der durchbrochene sechsseitige Knauf trägt in Emailpasten den Namen: JHESUS.

Gothischer Kelch, 18 cm hoch, Ende des 15. Jh., auf achtseitigem Sternfuss mit der Inschrift: ORATE PRO WILHELMO DE UCHEM DECANO QUONDAM HUIUS ECCLESIE.

Barocker Kelch, 24,6 cm hoch, getrieben, mit der Inschrift: MEMENTO CASPARI HANXLER BURGRAVII CASTRI CAESARIS INSULAE A. 1647.

Glocken   Die Glocken von 1705 mit den Inschriften: 1. MANE MERIDIE ET VESPERI ANNUNTIABO LAUDEM TUAM DOMINE. CAMPANA HAEC ANNO MDCCV FUSA ET BENE-DICTA IN HONOREM B. MARIAE V. ET SVVIBERTI EPISCOPI.

2. CAMPANA HAEC FUSA ANNO MDCCV BENEDICTA EST IN HONOREM S. WILLEICI CONFESSORIS.

3. CAMPANA HAEC FUSA ANNO MDCCV BENEDICTA IN HONOREM GERTRUDIS VIRGINIS.

Stiftsgebaude   Die älteren STIFTSGEBÄUDE waren vor 1285 zum grössten Teil zu Grunde gegangen (domus et sepes canonicorum secata et destructa: LACOMBLET, U B. II,

Nr. 815), die damals neugebauten bei dem Brande im J. 1702 (s. u.). Das Abtei-Stiftsgebäude
gebäude an der Nordseite der Kirche wurde 1704 neu aufgeführt, der an die Kirche
anstossende Teil J erst bei der letzten Restauration abgebrochen.

Vor der Stadt befand sich auf dem Kreuzberge die alte PFARRKIRCHE Alte
Pfarrkirche
von Kaiserswerth, im 12. Jh. gegründet von Rabrat presbiter (Eintragung im Nekrologium XIII. Kal. Maii: LACOMBLETS Archiv III, S. 122), 1236 zur Pfarrkirche erhoben
(LACOMBLET, U B. II, Nr. 117). Bei der Belagerung vom J. 1689 gänzlich eingeäschert.

Im J. 1695 wurde der Pfarrbezirk in der Weise geteilt, dass die Dorfschaften
Einbrungen und Lohausen der Pfarrkirche von Kalkum, die zu Rath der Seelsorge
des Rektors des dortigen Nonnenklosters überwiesen wurden (Düsseldorf, Staatsarchiv,
Reg. Kaiserswerth 544).

An der Südseite fand sich die Inschrift (TERWELP in den B. J. LXXII, S. 130 Inschrift
nach der Rheinbrohler Hs.): ANNO DOMINICAE INCARNATIONIS 1200 ALBERO LAICUS
COMPARAVIT A CONRADO LEYEN ET FILIO EIUS HENRICO IN VURKELE VINEAM, QUAE
DICITUR LIUCENSDALE IUXTA FONTEM, QUAE SOLVIT ANNUATIM AMAM VINI ET CON-
TULIT EAM SANCTAE WALBURGI PRO REMEDIO ANIMAE SUAE ET UXORIS SUAE HILDE-
GUNDIS ET PARENTUM SUORUM AD NOCTURNUM LUMEN PRAESENTIS ECCLESIAE. AMEN.

In der Unterstadt von Kaiserswerth befand sich ausserdem die S. GEORGS- S. Georgs-
kirche
KIRCHE, ein romanischer Bau, 1078 (oder 1088) gegründet von dem 1140 ver-
storbenen Folradus presbyter (der Name auch im Nekrologium: LACOMBLETS Archiv
III, S. 120).

Ausführliche Nachricht hierüber giebt die REDINGHOVENsche Hs. A. 24 des Beschreibung
Staatsarchivs zu Düsseldorf Bl. 355ᵃ: Extra oppidum et insulam Caesaris situm est
templum valde pulchrum arte et antiquitatis forma visendum, quod dicitur S. Georgii,
estque insulae Caesareae ad orientem situm. Huius templi forma tota desumpta est
ex aliquo terrae sanctae templo et inclusum est quadrangulari coemiterio ac muro,
ita tamen, ut murus iste ambiens ad occasum duas turres templi intra se compre-
hendat, iuxta publicam viam etiam illa parte ambiri non possit.

Die bei REDINGHOVEN beigegebene Federzeichnung der Westfaçade zeigt zwischen Façade
zwei fünfstöckigen Türmen einen Giebel mit Kleeblattbogenfenster, einfaches rundbogiges Portal, darüber ein Bild des Salvators, zur Seite zwei ikonographisch wichtige
Reliefs in etwa lebensgrossen Figuren, links zwei Figuren, die sich bei der Hand er-
greifen, mit der Unterschrift: MISERICORDIA ET VERITAS OBVIAVERUNT SIBI, rechts
zwei Figuren, die sich küssen, mit der Unterschrift: JUSTITIA ET PAX OSCULATAE
SUNT (aus Ps. 84). Darunter die Inschrift: HAS SIBI VIRTUTES SEMPER DISCAT QUIS-
QUE RECOLENDAS. An der Südseite ebenso ein Bild des Salvators mit der Umschrift:
FIAT LUX! LUCIS ORIGO NOVAE TENEBROSO FULGET IN ORBE.

Die REDINGHOVENsche sowie die Rheinbrohler Hs. geben ausserdem die inter- Inschriften
essanten langen Weihinschriften der Kirche vom J. 1078 und zweier Altäre vom
J. 1102 (abgedruckt B. J. LXXII, S. 129).

KAPUZINERKLOSTER. Kapuziner
kloster

In der Landesbibliothek zu Düsseldorf: Liber actorum Capucino — In-
sulanorum, von 1656—1686, fortgesetzt bis 1835 (G. 10).

Das Kloster wurde 1649 gestiftet (Urk. in der Düss. Zs. III, S. 21. — Ann. h.
V. N. XXVIII, S. 277, 279), die Kirche 1672 erbaut, nach 1702 restauriert. Einschiffiger schmuckloser Bau, an jeder Langseite mit vier grossen Fenstern, überspannt mit einem Tonnengewölbe. Die Kirche steht leer; im Kloster ist das Bürgermeisteramt eingerichtet.

Burg
BURG. LACOMBLETS Archiv III, S. 3. Weitere Litteratur oben S. 128.

Geschichte
Kaiserswerth, als unmittelbares geistliches Eigentum unter der Verwaltung der Pfalzgrafen, besass schon im 9. und 10. Jh. sein festes Haus, das wahrscheinlich durch Heinrich III., den mutmasslichen Erbauer der Abteikirche, der öfters hier weilte, vergrössert ward. Hier fand 1062 die denkwürdige Entführung des jungen Heinrich IV. statt. Im J. 1101 wird zum ersten Male ausdrücklich der Königshof genannt (MARTENE, Amplissima collectio I, p. 586: curtis nostra).

Neubau von 1184
Eine neue Burg wurde durch Friedrich I. hier errichtet. Im J. 1174 hatte er den Zoll von Thiel nach Kaiserswerth verlegt (BONDAM, Charterboek II, p. 220), um für den Neubau die nötigen Mittel zu erhalten. Nach zehn Jahren, 1184, war der Bau vollendet, wie zwei prunkende Inschriften verkündeten (s. u.), die eine auf der Rheinseite in vergoldeten Buchstaben, die andere am Eintritt zum Burghofe. Die Burg sollte einen Stützpunkt der königlichen Gewalt am Niederrhein darstellen, doch bildet sie bald für das bedrohte Erzstift Köln einen Stein des Anstosses. Im J. 1190 schon hatte Erzbischof Philipp von Heinsberg sich die Zollfreiheit für die Stätte des Erzbistums ausbedungen (LACOMBLET, U B. I, Nr. 524, Bestätigungen Nr. 539, 562, II, Nr. 17, 40, 48, 49, 50).

Belagerungen
Im J. 1215 wurde die Burg zum ersten Male durch Graf Adolph von Berg belagert und erobert (LACOMBLET, U B. II. Nr. 50. — Annal. Col. max.: Mon. Germ. SS. XVII, p. 827), indem ein Aussenturm untergraben wurde. Hierdurch gewarnt, liess bei der nächsten Belagerung im J. 1243 der Burggraf Gernandus den Turm der Stiftskirche niederlegen, um von der Burg aus den ganzen Umkreis frei zu beherrschen. König Wilhelm konnte sie erst nach fast einjähriger Belagerung einnehmen. Das Schloss scheint durch Gernandus verstärkt worden zu sein — früher nur als domus, wird es jetzt regelmässig als castrum angeführt. Eine angebliche Zerstörung durch
Verpfändungen
Rudolph von Habsburg ist nur in später Quelle bezeugt (Cronica comitum: SEIBERTZ, Quellen II, S. 213). Es bildet in den folgenden Jahren ein stetes Pfandobjekt. Im J. 1293 wird es durch König Adolph an Köln verpfändet (LACOMBLET, U B. II, Nr. 937), schon 1298 muss es dem Ludwicus vicedomnus de Sunnenberch (Lodowicus miles dictus Perdous) entrissen werden, der es widerrechtlich besetzt hält (LACOMBLET, U B. II, Nr. 998, 1008); im J. 1336 wird es durch Ludwig den Bayer an den Grafen Wilhelm von Jülich für 39000 Gulden verpfändet (LACOMBLET III, S. 348, Anm. 2). der es 1368 wieder seinerseits mit dem Zolle, der Vogtei und dem Bauhofe an den Pfalzgrafen Ruprecht den Jüngeren für 57593½ Goldgulden verpfändet (LACOMBLET III, Nr. 684), dieser 1399 an den Grafen Adolph von Kleve für dieselbe Summe (LACOMBLET III, Nr. 1065, 1066; IV, Nr. 22). Im J. 1424 kommt Stadt und Burg mit dem Zolle durch Kauf von Gerhard von Kleve, Grafen von der Mark, für 100000 Gulden wieder an Köln (LACOMBLET IV, Nr. 160. Vgl. 200, 239, 275, 279, 305), der Streit über Kaiserswerth zwischen Kleve und Köln wird erst 1464 beendet (LACOMBLET IV, Nr. 328). Vgl. J. HANSEN, Westfalen und Rheinland im 15. Jh. I, S. 9*, 42*, 135*. — Deutsche Städtechroniken XX, S. 31. Die Kölner Erzbischöfe blieben seitdem im festen Besitz. Erzbischof Salentin baute es glänzend neu aus (castrum Kaiserswerth . . . . novis structuris ex fundamento splendide ornavit et auxit: Christ. Voigt ab Elspe, Delin. Westphal. bei SEIBERTZ, Quellen III, S. 171).

Zerstörung 1702
Burg und Stadt hatten schon schwer zu leiden gehabt bei den Belagerungen und Beschiessungen der J. 1688 und 1689 (H. RITTER, Zur Geschichte von Düsseldorf S. 22). Im J. 1702 waren die Franzosen aufs neue die Herren der Stadt und wurden durch die Kaiserlichen Hülfsvölker eingeschlossen. Das Bombardement warf die Stadt

Burg

nieder, am 15. Juni kapitulierte die Besatzung (RITTER a. a. O. S. 30. — Heimatskunde 1880, S. 120. — Ann. h. V. N. XXXI, S. 15). Das Protokollbuch der Stadt von 1668 enthält die folgende Eintragung darüber:

Anno 1702 auff Ostertag ist von den kayserlich hollandisch und sambtliche alliierten truppen diesse vestung Kayserswerth, welche von denen Franzosen besetzt gewessen, dergestalt belagert und bombardiert, dass sogar kein eintzig hauss, wegen das continuirliche unauslöschliche brennern oder bommen werffen verschont worden, sondern disse gantze stadt und kirchen dergestalt totaliter ruinirt und verdorben, dass bey menschen gedenck solche schwehre und neun wochen dawernde belagerung nit vorgefallen, also dass billige ursach haben kindskinder solchen äusserlichen schaden zu betrawern und zu beklagen. — Demnächst ist nach eroberung diesser stadt gleich angefangen die pforten, mauern, bollwerke, bastionen und contrescarpen gesprengt, über ein hauffen geworffen und eingeworffen. Im selbigen jahr auff St. Laurentius-abendt (9. Aug.) ist hiessiger schlossthurn, welcher gleichfalls ein wunderwerk wegen

Fig. 62. Kaiserswerth. Ostansicht der Burg.

stärke und schönheith gewessen, von denen alliirten minirer untergraben und durch den gewalt und force des pulvers gäntzlich in die luft gesprungen worden.

Die Burg wurde gesprengt, die Aussenmauer nach dem Rhein zu blieb erhalten, nur die Innenmauer wurde gänzlich abgetragen, der grosse Turm wurde vollständig zerstört. Die Festung wurde nach 1702 geschleift, die letzten Gräben am Schloss erst 1848 beseitigt. Stadt und Burg wurden 1714 dem Kölner Erzstift wieder übergeben, erst 1772 wurden sie von dem Kurfürsten Karl Theodor eingelöst.

Der von der Pfalz Friedrichs I. erhaltene rechteckige Teil ist 50,40 m lang und 17,30 m tief. Abweichend von den mittelrheinischen hohenstaufischen Residenzen zu Gelnhausen, Münzenberg, Wimpfen am Berge oder Seligenstadt ist die Burg von Kaiserswerth zunächst als Wehrbau gedacht und durch die Stärke der Mauern wie die eigentümliche Technik gleich interessant. Die Anlage teilt sie mit der der gleichen Zeit entstammenden Niederburg zu Rüdesheim (KRIEG V. HOCHFELDEN, Geschichte der Militärarchitektur S. 312. — OTTE, Geschichte der romanischen Baukunst S. 262).

Beschreibung

Die nördliche Aussenmauer ist unten 3,25, oben 2,10 m stark, die südliche oben 2,50 m, während die westliche Aussenmauer im Erdgeschoss die kolossale Dicke von 5,80 m besitzt.

Burg
Material

Das Mauerwerk besteht in der Hauptsache aus mächtigen länglichen Basalt-
stücken, sieben- oder neunseitigen Pfeilern, die aufeinander geschichtet ihre Schmalseiten trotzig wie Bossen nach Aussen kehren. An der Westseite nach Aussen zuerst
vier Reihen grösster Basaltblöcke, jede Schicht 40 cm hoch, sodann sechs 30 cm
hohe Reihen von gut in den Fugen verpassten genau rechtwinkligen Hausteinen von
Drachenfelser Trachyt (vgl. die Inschrift u.), die obere etwas eingerückt, darnach
wieder 32 Schichten von Basaltblöcken in grauer mit grobem Rheinkies vermischter
Mörtelbettung. An den Ecken starke Quaderverklammerung. Zehn längliche Streifen
dieser Quadern unregelmässig abgegrenzt, aber in genau horizontaler Lagerung,
durchschneiden den Mantel. Am Boden findet sich, 20,50 m von der Nordwestecke
aus, ein aus neun grossen Trachytblöcken zusammengesetzter Bogen (für einen Kanal
oder Gang, der unter den Sälen des Erdgeschosses hinführte), 16,20 m von der
Nordwestecke aus eine grosse eingesprengte Lücke, unter der ein paar grosse Basaltblöcke aus der Mauer vorspringen, die einen Balkon trugen; der in den Gewänden
mit Hausteinen verkleidete Durchgang in der Mauer 1,40 m breit. In der Entfernung

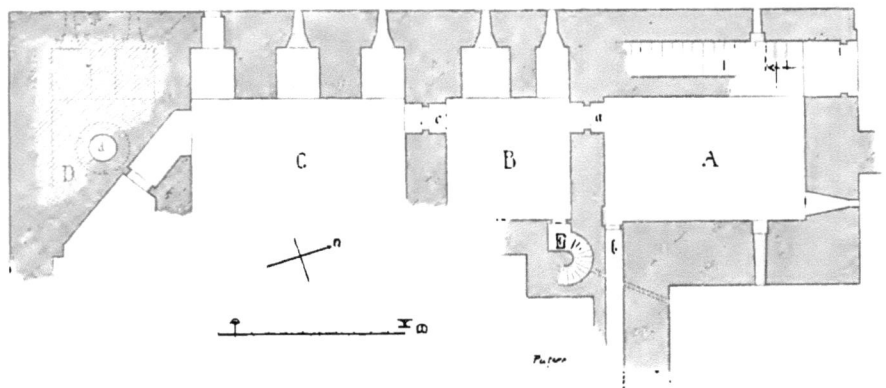

Fig. 63. Kaiserswerth. Grundriss der Burg.

von 12,50 m von der Südwestecke findet sich ein grösseres, oben mit ausladendem
Rundbogen geschlossenes Fenster.

Inneres

Das Innere (Ansicht Fig. 62, Grundriss Fig. 63) enthält nebeneinander nach
Westen vier grosse Räume, von denen die ersten drei mit Balkendecken überdachte
Säle enthielten. Das Mauerwerk zeigt auch nach innen die Stirnen der Basaltblöcke,

Saal A

nur die Thüren sind von Hausteinen eingefasst. Der erste Saal A, 11,70 m lang
und 7,60 m breit, enthält bei a eine 1,65 m breite Thür, deren Sturz fehlt. Dagegen ist
das Portal zu dem bei b sich öffnenden 1,10 m breiten, 4,25 m langen Gang erhalten,
es zeigt einen horizontalen Sturz und darüber einen Entlastungsbogen aus Backsteinen,
die im ganzen Bau eine auffallend grosse tafelförmige Gestalt haben. An der Nordseite
befand sich der romanische Kamin, 2,80 m breit, von dem nur die den Bogen tragenden einfach profilierten Kragsteine erhalten sind. Der über A gelegene Saal enthält
nach Norden zwei, nach Osten drei Fenster, nach Innen mit rundbogigen Blenden,
die Bögen aus Backsteinen.

Saal B

Der 7,30 m lange, 7,20 m breite Saal B enthält nach Westen zwei Fenster,
1,50 m hoch, 40 cm breit, die Fensternischen sich innen zur Breite von 2,80 m er-
weiternd. Die Kanten aus Hausteinen, die Bögen aus Backsteinen. Bei c eine

1,55 m breite Thür in 1,95 m breiten Bogen, aus Backstein aufgemauert, mit ehemals horizontalem Sturz.

Der Saal C, der dritte und grösste von allen, 12,70 m lang, zeigt nach Westen drei jener grossen und tiefen Blenden, von einem Bogen aus Backsteinen in zwei Reihen überwölbt. Die drei Bögen haben verschiedene Höhe und steigen nach Süden zu an, über ihnen in der Mauerstärke die zu den oberen Gemächern führende Treppe. Die Decke befand sich 5,20 m über dem Boden. Die mit Backsteinen ausgekleideten 18 Löcher für die riesigen Tragbalken erhalten. Der darüber liegende Saal war mit gedrückten Backsteingewölben überdeckt.

Die Bestimmung des letzten Saales D ist nicht mehr völlig erkenntlich (Küche oder Treppenhaus). Nach Westen in der Mauer zwei 2,50 m tiefe Blenden, über denen sich wieder ein dritter grösserer Bogen mit einer Spannung von 6,30 m wölbt. Das Erdgeschoss wird quer durch einen 1,90 m breiten Gang durchschnitten. In der Mitte erhebt sich ein 3,80 m hoher Treppenturm d, der sich noch über die Decke des oberen Saales fort-

setzte. Eine zweite Wendeltreppe führte bei E in die oberen Räume. Die Säle des Obergeschosses enthalten nach Westen sechs 1,90 m hohe, 40 cm breite mit Haustein eingefasste schmale Fenster.

Im Schlosshofe sind die interessanten, auf den Bau bezüglichen Inschrift-tafeln aufgestellt. Zunächst in der Mitte auf besonderem Auf-

Fig. 64. Kaiserswerth. Die Burg vom Rheine aus.

satz die nach der Zerstörung 1703 nach Düsseldorf ins Schloss gebrachte, nach dessen Zerstörung 1794 im Hofe des dermaligen Münzlokales aufgestellte, erst seit 1849 wieder nach Kaiserswerth überführte Inschrift von der Rheinseite (in hypocausto maiori retro fornacem: B. J. LXXII, S. 130) in 9 cm hohen, sorgsam gerundeten Kapitalen auf einer 2,65 m langen, 50 cm hohen Steinplatte:

ANNO AB INCARNATIONE DOMINI NOSTRI
JESU CHRISTI MCLXXXIIII.
HOC DECUS IMPERII CESAR FRIDERICUS ADAUXIT.
JUSTICIAM STABILIRE VOLENS ET UT UNDIQUE PAX SIT.

In der mittelsten Fensternische des Saales C eingemauert die Inschrift (nur ein 1,15 × 0,38 m langes Stück erhalten):

[Alcmari de] MONTE RUI DE RUPE DR[aconis]
[Ostia pan]DO BONIS NAUTIS SIMUL AT[que colonis].

Die Inschrift, die Auskunft über das gebrauchte Material (Trachyt vom Drachenfels) giebt, befand sich ad partem Rheni in turri Clivensi exterius.

Burg

Die dritte ehemals über dem Portal zum Inneren (extra illud hypocaustum supra ianuam istius introitus) befindliche Inschrift (ein 1,40 × 0,46 m grosses Stück erhalten) lautet:

AB ANNO DOMINICE INCARN[ationis MCLXXXIIII]
IUSTICIE CULTOR MALEFAC[ti providus ultor]
CESAR ADORNANDAM FREDER[icus condidit aulam].

Vgl. über die Inschriften BAUDRIS Organ für christl. Kunst I, S. 19. — LACOMBLETS Archiv III, S. 8. — TERWELP in den B. J. LXXII, S. 130. Alte Kopien vor allem in dem Codex des Pfarrarchives zu Rheinbrohl und in den REDINGHOVENSCHEN Hss. zu München und Düsseldorf. Unvollständig bei HIRSCH, Epigrammatographia, Köln 1801, II, p. 14, 16: darnach bei KRAUS. Die christl. Inschriften der Rheinlande II, S. 289, Nr. 628.

Romanische Häuser

Unter den den Kirchplatz umgebenden Baulichkeiten findet sich noch eines der alten KANONIKERHÄUSER vor, in den Formen des spätesten romanischen Stiles um die Mitte des 13. Jh. (wahrscheinlich gleichzeitig mit dem Ostteil der Kirche) errichtet (Fig. 65), das jetzt als ‚Männerpflegehaus' dient und zum katholischen Krankenhaus gehört. Es ist ein zweistöckiger Bau aus Tuff, der (später aufgesetzte) Westgiebel abgetreppt, mit breitem romanischen Gesims unter dem Dach. Der interessante Ostgiebel ist durch die Sorgfalt des Herrn Pfarrers Dauzenberg konserviert; der früher an der Nordseite befindliche Kamin konnte leider nicht erhalten bleiben (zwei ver-

Fig. 65. Kaiserswerth. Romanisches Haus.

mauerte Rundbögen von ihm sichtbar). Der Ostgiebel enthält zu oberst ein romanisches von einem Rundstab eingefasstes Doppelfenster, darunter zwei rechteckige, mit alten Entlastungsbögen überspannte Fenster, im zweiten Stockwerk eine rundbogige Blende, in die ein Doppelfenster eingebrochen war, im Erdgeschoss ein im Kleeblattbogen geschlossenes Doppelfenster mit zweimal abgetreppten Gewänden (vgl. die Details auf Fig. 65. Alle drei Fenster schon früh mit Tuff vermauert). An der Südseite oben und unten je drei grosse neue Fenster, ausserdem im Erdgeschoss ein altes (vermauertes) im Kleeblattbogen geschlossenes Fenster.

Im Osten des Kirchplatzes liegt ein zweites, jetzt auch zum katholischen Krankenhause gehöriges ROMANISCHES HAUS, aus Tuff, mit Tuffgiebel nach Westen und zwei grossen Entlastungsbögen.

Die meisten übrigen Gebäude der Stadt wurden erst nach dem grossen Bombardement vom J. 1702 errichtet. An dem länglich gestreckten Markt eine Reihe schmaler Häuser mit geschweiften Giebeln.

Zollhaus

Der einzige erhaltene Renaissancebau von Interesse ist das am Ausgang der
Marktstrasse nach dem Rheine erhaltene ZOLLHAUS vom J. 1635, ein hoher dreistöckiger Backsteinbau mit zwei geschweiften Giebeln, zwei Satteldächern und kleinem
achtseitigen geschieferten Türmchen. An der Südostecke befand sich auf einer Konsole
ehemals eine Statuette.

Haus
Lohausen

HAUS LOHAUSEN. Das alte Stammhaus der Familie Lohausen (vgl. unten
unter Kalkum) wurde 1804 abgerissen und an seiner Stelle 1805 ein einfacher zweistöckiger Neubau errichtet. Das in dem ausgedehnten Park gelegene Herrschaftshaus
ist von dem Besitzer, Herrn Th. Lantz, mit solider Pracht ausgestattet.

In den Räumen des Erdgeschosses holländische und deutsche Schränke des
17. Jh., eine Gläsersammlung mit guten Stücken des 17. und 18. Jh., silberne Schale
mit zwei Messpollen vom J. 1639, Taufschüssel mit Kanne von 1752, silbergetriebene
Suppenterrine mit den Beschauzeichen B M und dreiblätteriger Rose. Porträt des
Generalmajors Wilhelm von Lohausen-Kalkum vom J. 1619, Kniestück.

Bemerkenswert vor allem eine ausgedehnte historische Sammlung von Geweihen
und Jagdbildern, darunter die Originalzeichnungen von *Ridinger* zu THIENEMANN, Die
grossen Fährten, Abbildung der jagtbaren Thiere mit derselben angefügten Fährten und
Spuhren, Augsburg 1740.

KALKUM.

Kathol.
Pfarrkirche

KATHOLISCHE PFARRKIRCHE (tit. s. Lamberti). ALDENKIRCHEN in
den B. J. LV, S. 213. -- BINTERIM u. MOOREN, E. K. I, S. 261.

Handschriftl. Qu. Im Staatsarchiv zu Düsseldorf: Akten über die
Pfarrkirche, 17—18. Jh. und den Reparaturbau von 1762 (Reg. Kaiserswerth 546).

Im Pfarrarchiv: Lagerbücher der Kirche von Kalkum von 1520 und 1579.
-- Heberegister der Kirche auf dem Kreuzberg 1647 (s. o. S. 139).

Geschichte

Die Kirche wurde in der 1. H. des 12. Jh. erbaut. Die Patrone waren die
Herren von Kalkum, seit 1443 die von Winkelhausen, seit 1740 die von Hatzfeld. In
den J. 1762—68 ward die Kirche roh repariert, das Mittelschiff erhöht, in die Seitenschiffe wurden grosse Fenster gebrochen. Zur Zeit durch Baumeister *Th. Kremer* in
Köln gründlich restauriert.

Beschreibung

Dreischiffige romanische Pfeilerbasilika von Tuff, im Lichten 18 m lang, 14,60 m
breit, mit eingebautem Westturm und drei Apsiden. Der Turm erhebt sich noch
in zwei Stockwerken über das Mittelschiff, er zeigt nach Westen eine hohe Blende
mit zwei (vermauerten) Rundbogenfenstern, das obere Stockwerk ist durch Rundbogenfries und Vertikallisenen belebt, auf jeder Seite zwei Doppelfenster, die monolithen Mittelsäulen mit zierlichen Blattkapitälen und Eckblattbasen. Die Westfaçade
zur Seite des Portales, dem ein Windfang des 18. Jh. vortritt, mit je zwei Blenden
verziert. Das kurze Mittelschiff enthält im Obergaden auf jeder Seite zwei kleine
Fenster, jedes der Seitenschiffe je fünf grosse Rundbogenblenden, die kleinen Apsiden
drei Rundbogenblenden und ein Fensterchen nach Osten, die Fenster der Hauptapsis
vermauert. Das Chorhaus wie die Hauptapsis ist nur durch einfache vertikale Lisenen
gegliedert, dazu ist das Profil des Dachgesimses einfacher als an den Nebenapsiden.

Inneres

Im Inneren ist das Mittelschiff von einem Kreuzgewölbe mit Schildbögen überdeckt, in den Ecken Halbpfeiler, die in ein Drittel der Höhe mit einer Konsole
abschliessen. Die beiden Arkadenpfeiler sind sehr stark, fast quadratisch im Grundriss, ohne Basen und Kapitäle, die Arkaden ganz ungegliedert. Die Turmhalle, durch

ein Gratgewölbe überspannt, öffnet sich mit einem grossen Rundbogen nach dem Mittelschiff. In den Seitenschiffen auf beiden Seiten Vorlagen, die direkt in die die Gratgewölbe trennenden Gurte übergeführt sind. In den Seitenschiffen ursprünglich nur zwei kleine rundbogige Fensterchen. Im Chorhaus nach Süden und Norden je ein (erweitertes) rundbogiges Fenster. Hier wie in der Apsis an den Ecken derbe Ecksäulchen mit runden Kapitälen und Plinthen als Basen, die nach Westen gelegenen weggeschlagen und durch die Mauer unter ihnen schmale Durchgänge zu den als Sakristeien abgesperrten Seitenapsiden gebrochen.

Madonna
Madonna, Holz, 95 cm hoch, Anfang des 16. Jh., dürftig, weiss überpinselt.

Wandgemälde
Wandgemälde. An dem Triumphbogen das jüngste Gericht, an dem Eckpfeiler nordwestlich vom Chor die Visitatio. Auf beiden Seiten der Scheidemauern

Fig. 66. Kalkum. Ansicht der Kirche.

die zwölf Apostel in fast lebensgrossen Gestalten, Figuren der 1. H. des 15. Jh., fast nur in der Rötelvorzeichnung erhalten.

Epitaphien
Epitaph des 1609 verstorbenen Johann von Winckelhausen in' schwarzem und weissem Marmor mit der Figur des vor einem Kruzifix knieenden Kindes und der Inschrift: ANNO 1609 DEN 28. JANUARII IST DER WOLEDLER JOHAN VON WINCKELHAUSEN, SEINES ALTERS 4 JHAR 9 MONAT, IN DEN HERNN ENTSCHLAFFEN.

Grosser Renaissancegrabstein von Blaustein mit den Wappen der Ossenbruch und Virmond und der Inschrift: ANNO 1615 DEN 29. APRILIS IST DER WOLEDLER GESTRENGER UND ERENTVESTER JOHAN VON UND ZU OSSENBROCH, HER ZU BLITTERSWICH, AMTMAN ZU GREVENBROCH UND GLADBACH, IM GOT SELIGH UND CHRISTLICH ENTSCHLAFFN, DER SELEN GOT GNEDICH WIL SEIN.

Vor der Kirche: Grabstein mit der Inschrift: A. 1644 13. DECEMBRIS OBIIT ADOLPHUS PFEILSTICKER, FILIUS CELLARII IN ANGERMUNDT, AETATIS NOVEM MENSIUM.

Glocken. 1. DEO OPTIMO MAXIMO, S. LAMBERTO PATRONO HUIUS ECCLESIAE NOBILIS PAROCHIANI FIERI FECERUNT ANNO 1653. LAUDATE DEUM IN CYMBALIS BENE SONANTIBUS. P. HEMONY ME FECIT. Mit dem Wappen der Generosa familia a Winckelhausen.

2. DEO OPTIMO MAXIMO, S. JOANNI BAPTISTAE BENEFACTORES HUIUS ECCLESIAE FIERI FECERUNT ANNO 1653. EGO VOX CLAMANTIS IN CALCHUM, DIRIGITE VIAM DOMINI.

SCHLOSS. II. FERBER in den Düss. Beitr. VII. S. 103. — Über die Herren von Kalkum: Jos. STRANGE, Beitr. zur Genealogie und Geschichte der adligen Geschlechter XI, S. 87. — E. v. SCHAUMBURG, General Wilhelm von Kalkum: Berg. Zs. III, S. 1. — FAHNE, Geschichte der Kölnischen, Jülichschen und Bergischen Geschlechter I, S. 61; II, S. 23, 215.

Handschriftl. Qu. Das Fürstlich von Hatzfeldtsche Archiv zu Kalkum enthält 15 Hauptabteilungen mit gegen 1000 Pergamenturkunden (die älteste vom J. 1340),

Kathol. Pfarrkirche Glocken

Schloss

Handschriftl. Quellen Kalkum

Fig. 67. Kalkum. Westansicht des Schlosses.

nur 240 vom J. 1421 ab inventarisiert. I. Familienarchiv Hatzfeldt-Weissweiler von 1421 an (Repertorium vorhanden). Dabei die Metternichschen Prozessakten. II, III, IV. Urk. und Akten der Herrschaft Wildenburg-Schönstein, Besitzung Merten (Repertorium). V. Urk. und Akten über Schloss Kalkum. VI. Urk. und Akten über veräusserte Besitzungen der Linie Weissweiler. VII. Schuldenwesen der Linien Weissweiler, Werther-Schönstein und Crottorf. VIII. Urk. und Akten über die Trachenberger und die fränkischen Besitzungen. IX. Urk. und Akten über die fränkischen Besitzungen und die Fideikommisskapitalien, über die Grafschaft Gleichen und die Kirchspiele Morsbach-Fischbach, Römershagen, Zeppenfeld, Engers, Linningen. X. Ältere Personalakten der herrschaftlichen Beamten, alte Inventare, Geschäftsjournale, Akten über Familienprozesse. XI. Urk. und Akten über die Teilung des Fürstlich Dietrichsteinschen Nachlasses, die Güter Leipnik-Weisskirchen und sonstige zur Erbportion der Frau Fürstin Gabriele gehörige Objekte. XII. Archiv-Registranden (Repertorium). XIII, XIV, XV. Kriegsarchiv des Grafen Melchior von Hatzfeldt † 1658

Schloss (von 1625—1649, wichtig für die Geschichte des dreissigjährigen Krieges, gutes Repertorium vorhanden). Unter den Handschriften besonders wertvoll: Stammbuch des Hermann von Hatzfeldt-Werther-Schönstein vom J. 1599, bez.: Eigentliche und wahre bescreibung, wie und welcher gestalt die von Hatzfeldt an des heiligen reichs freyge herschafft Wildenberg komen . . . 1599, mit Urk. vom J. 1307 ab (Abschrift im Geh. Staatsarchiv zu Breslau).

Elberfeld In der Bibliothek des Bergischen Geschichtsvereins zu Elberfeld: Alterthum, Alliancen und Gerechtsame derer Adelichen Familien von Calckum genandt Lohausen und Schlickum . . . von Reinhard Werner von Calckum 1736, Hs. in fol., mit Urk. von 1204 an, am Schluss Familienchronik von 1416 ab mit Index. — Vgl. Berg. Zs. III. S. 217. — Ann. h. V. N. XVI, S. 20.

München In der Kgl. Staatsbibliothek zu München: Ausführliche Genealogie der Herren von Kalkum in der REDINGHOVENschen Sammlung, Cod. germ. 2213, Bd. LIV, Bl. 24.

Geschichte Kalkum, in der Honschaft gleichen Namens liegend, schon zwischen 887 und 899 zuerst genant, war der Sitz der Herren von Kalkum. Im J. 1176 erscheint zuerst Wilhelm von Calecheim (LACOMBLET, U B. I, Nr. 453). In der zweiten Kalkumschen Fehde wurde 1405 das Haus von den Kölnern verbrannt.

Um 1500 finden wir das neuaufgebaute Haus im Besitz derer von Winkelhausen. Durch Heirat der Isabella Johanna Freiin von Winkelhausen († 1762) mit Edmund Graf von Hatzfeldt († 1757) kam es an die Hatzfeldt. Der jetzige Besitzer ist der Fürst von Hatzfeldt, Herr der Standesherrschaft Wildenburg-Schönstein, Graf zu Winkelhausen, Herr zu Kalkum und Crottorf.

Beschreibung Das Schloss (Fig. 67) besteht aus vier rechtwinkelig aneinanderstossenden Flügeln, von sehr breiten Gräben umgeben, die sich um einen quadratischen Hof legen. Nur die Wirtschaftsgebäude, die an der Südwestecke ein vorgekragtes sechsseitiges Türmchen enthalten, gehören dem älteren Bau an. Den Hauptzugang bildet von Norden eine auf vier Bogen ruhende Brücke. Der nach Westen gelegene dreistöckige Hauptbau, dem ein um die Mitte dieses Jh. errichteter Risalit vortritt, gehört den Hatzfeldtschen Bauten vom Anfang dieses Jh. an. An den Ecken und neben der Hauptbrücke dreistöckige Türme mit einfach geschweiften Hauben und einstöckigen Türmchen. Das Hauptportal wird von Bossenquadern eingefasst, zur Seite noch die Öffnungen und Rollen für die Ketten der Zugbrücke, darüber das Winkelhausensche Wappen in Kartouche. Über dem Portal nach der Parkseite das ganze Hatzfeldt-Weissweilersche Wappen. Der ganze Bau ist mit einem leuchtenden Rötelanstrich überzogen. Die Gesamtanlage ist dieselbe wie in Hugenpoet, Heltorf, und den Häusern Graven und Nesselrode im Kreise Solingen.

Ausstattung Die Ausstattung des Inneren ist ganz in der steifen Pracht der 1. H. des 19. Jh. gehalten, hervorzuheben eine Reihe Porträts des 18. Jh. und einzelne kleine Holländer, darunter ein *K. Molenaer* von 1650 und ein *A. Verbruggen.*

LANDSBERG.

Germanische Anlagen GERMANISCHE ANLAGEN. A. FAHNE, Die Landwehr am Niederrhein: Berg. Zs. IV, S. 1, 26. — Ders., Schloss Landsberg und die römische Landwehr: Berg. Zs. X, S. 116. — Ders., Die Landwehr von Velbert bis Schloss Landsberg: Berg. Zs. XIV, S. 137. Die Fortsetzung der durch den Kreis Essen sich hinziehenden Landwehr (Kunstdenkmäler d. Kr. Essen S. 63. — SCHNEIDER, Lokaluntersuchungen im

Germanische
Anlagen

Kreise Essen S. 1) wendet sich von Landsberg längs der Höhen des linken Ruhrufers nach Süden, am linken Ufer des Baches Rosdelle. Nach FAHNE war Landsberg schon unter den Römern ein militärisch wichtiger Punkt; Spuren nicht nachweisbar. Etwa 1000 Schritt vor dem Eingange zu der Erdzunge auf dem Landsberge neben dem ‚Howarth‘ genannten Gehöft lag nach ihm ein Wartturm.

Schloss
Litteratur

SCHLOSS. J. STRANGE, Beitr. zur Genealogie der adligen Geschlechter IX, S. 4. — FAHNE, Geschichte der Kölnischen, Jülichschen und Bergischen Geschlechter I, S. 238, 467 (Berichtigung II, S. 231): II, S. 83. — FERBER in den Düss. Beitr. VII, S. 110. — Urk. zur Geschichte des Geschlechts in der Berg. Zs. X, S. 116; XIII, S. 198, 240. — Abbildungen des Schlosses bei [J. A. ENGELS], Reise nach Werden, Duisburg 1813, Titelstich; farbige Lithographie in der Dunckerschen Sammlung der Schlösser (Rheinprov. Nr. 5); Zeichnung von G. A. FISCHER als Anhang zu Bd. XXII der Berg. Zs.

Fig. 68. Landsberg. Ansicht des Schlosses.

Geschichte

Das Schloss war Eigentum der Herren von dem Berge und wird 1294 zuerst genannt (Berg. Zs. XIII, S. 228), im J. 1303 erscheint zum erstenmale der Name des Geschlechtes (Düsseldorf, Staatsarchiv, Urk. Saarn 6), das seinen Ursprung von den Ministerialen und Burgmannen zu Landsberg herleitet. Die Herren von Landsberg sind Erbkämmerer des Landes von dem Berge und führen zum Unterschiede von anderen Geschlechtern gleichen Namens den roten silbergegitterten Querbalken im goldenen Felde und auf dem Helme zwischen zwei grünen Zweigen einen springenden Fuchs. Im J. 1401 verpfändet Jungherzog Adolf das Schloss an Reynard von Landsberg (Berg. Zs. XIII, S. 240). Das freiherrliche Geschlecht erlosch im Anfang des 18. Jh. mit Arnold von Landsberg im Mannesstamm. Durch Heirat der Erbtochter, Anna Wilhelmine von Landsberg, mit dem Freiherrn Sigismund von Bevern kam das Gut an die Familie von Bevern, 1825 verkaufte es die verwitwete Freifrau von Bevern

Schloss

an den Freiherrn Gerhard von Carnap, von dem es 1837 der Reichsfreiherr Franz Engelbrecht Alexander von Landsberg-Velen zu Steinfurt kaufte. Der jetzige Eigentümer ist der Herr Reichsfreiherr Ignaz von Landsberg-Velen zu Steinfurt.

Beschreibung

Der älteste Teil des Schlosses (Fig. 68) bildet der nach den Berghöhen zu gelegene mächtige noch aus dem 13. Jh. stammende Bergfried (Fig. 69. — Grundriss

Fig. 69. Landsberg. Der Bergfried.

Fig. 70), aus Kohlensandbruchsteinen aufgeführt, mit sehr starker Eckverklammerung, gekrönt durch eine Backsteinbrüstung auf vorgekragtem Rundbogenfries mit Hausteinkragsteinen. An der dem Eingang zugewandten Ecke der Treppenturm, unten viereckig, dann mit Abfassung der Kanten in fünf Seiten des Achtecks übergeführt und mit einem eigenen Pyramidendach gekrönt. Der Bergfried selbst ist gekrönt durch eine vierseitige geschieferte Pyramide mit breiter Kehle hinter der Brüstung. Schmale Fenster mit Steinkreuzen in jedem der vier Stockwerke, das Erdgeschoss mit altem Kamin durch grosse Tonne eingewölbt. An den Turm, der schräg zur Ermöglichung der Flankenbestreichung in die Befestigung hineingesetzt ist, stösst der Thorbau des 17. Jh., zu unterst mit dem im Rundbogen geschlossenen grossen Portal, darüber die Kapelle mit (erneutem) gothischen Fenster. Über dem Portal das Wappen der Landsberg und der Meschede, nach dem Hofe zu das Landsbergsche und Hatzfeldtsche Wappen mit der Inschrift: DER WIEDERERWERBUNG DIESES FAMILIENSITZES IM JAHRE 1837 ZUM GEDÄCHTNISSE AUFGESTELLT. Die übrigen Gebäude lehnen sich an die Wehrmauer an, die in langgezogenem Oval den Bergrücken einschliesst. Sie ist noch in der Höhe von 4 m erhalten und besteht aus Bruchsteinen, der Aufsatz mit Backsteinen geflickt. Auf der Ostseite ist noch der mit Scharten versehene Wehrgang in der Mauerstärke erhalten. An den Thorbau lehnt sich an das eigentliche Herrenhaus, ein zweistöckiger Bau in den Formen der spätesten Renaissance mit geschweiftem und durch Horizontallisenen gegliedertem Giebel. Über dem einfachen

Renaissanceportal die Landsberg-Meschedeschen Wappen und die Inschrift: ARNOLDT
FRIDERICH VON LANSBERCH, OBRISTER UND CHURFURSTLICHER COLNISCHER DROST,
MARGRETA CATHARINA VON MESCHEDE GEBORNE VOM HAUS ALMEN ANNO 1665.
Weiterhin ein nach innen vorstehendes fünf Achsen langes zweistöckiges Gebäude
mit dem gleichen Alliancewappen und der Inschrift: ARNOLD FREDERICH VON LANS-
BERG, FURSTLICHER PFALS-NEUBURGSCHER BESTELTER OBRISTER LEUTENANT, MARGA-
RETA CATARINA VON MESCHEDE GEBORNE VON HAUS ALMEN ANNO 1665.   In der
äussersten Ecke des Hofes nach der Ruhr hin ein dicht mit Epheu und wildem
Wein umwachsenes dreistöckiges Türmchen, aus dem 15. Jh. stammend, aber nach
der über der Thür befindlichen Inschrift: ANNO 1639 DEN 31. MERTZ im 17. Jh. erneut
und mit einer achtseitigen geschweiften Schieferhaube bekleidet.   Im Unterstock ein
hübsches kleines Turmstübchen,
das vergitterte Fenster mit Stein-
kreuz, überdeckt durch unregel-
mässige Halbkuppel.   Eine sehr
enge Treppe führt in der Mauerstärke herauf zum zweiten Stock,
der zugleich von der Wehrmauer
aus zugängig ist.   Das oberste
Geschoss enthält wieder ein kleines Zimmerchen mit einem unregelmässigen Kreuzgewölbe über
einem völligen Rund. Zwischen
den Eckturm und die Wohn-
gebäude sind niedrige aus Backsteinen aufgeführte einstöckige
Schuppen eingefügt, die sich mit
sechs grossen Bögen nach dem
Hofe zu öffnen. In der Mitte des
Hofes der grosse Ziehbrunnen
mit kleinem, unten aus Bruchstein, darüber aus Backstein auf-
geführtem Rundturm.

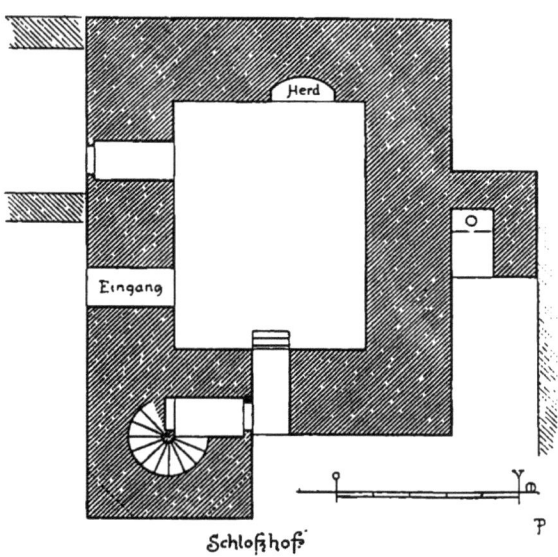

Fig. 70. Landsberg. Grundriss des Bergfriedes.

LINTORF.

GERMANISCHE FUNDE.   Über germanische Gräber bei Lintorf vgl.
Geschichte der Stadt Düsseldorf S. 4. — Düss. Beitr. IV, S. 2. — PICKS Ms. VII,
S. 169. Fränkische Gefässe bei Linnep zum Vorschein gekommen. Gräberfunde im
Histor. Museum zu Düsseldorf und in der Sammlung RAUTERT.

KATHOLISCHE PFARRKIRCHE (tit. s. Annae). Vgl. [SCHMITZ], Ge-
schichtl. Nachrichten über Lintorf, seine kathol. Pfarre und Kirche, Düsseldorf 1878.
Eine Kapelle zu Lintorf bestand schon im 11. Jh., sie ward aber erst im 14. Jh.
zur Pfarrkirche erhoben (bei KESSEL, Urkundenbuch von Ratingen Nr. 27 im J. 1362
ein plebanus von Lyntorp genannt; im liber valoris aber als Pfarre nicht aufgezählt:
BINTERIM u. MOOREN, E. K. I, S. 261). Nach der Verwüstung durch die Pappenheimer
im J. 1632 renoviert. Die alte Kirche, ein einschiffiger romanischer Bau mit niedrigem
Westturm, wurde 1877 abgebrochen und durch einen Neubau von A. Lange ersetzt.

Kathol.
Pfarrkirche
Glocken
Glocken. Die älteste von 1484 mit der Inschrift in gothischen Minuskeln: ICH ERE GODE IN MINEM SCHALLE. O MARIA BIDDE VOR UNS ALLE. MCCCCLXXXIIII.

Die zweite von 1681 mit der Inschrift: JESUS, MARIA, ANNA. WILHELMUS FELDANUS PASTOR IN LINDORP ET DECANUS CHRIST. DÜSSELDORP. HER UNT HER GÜRGEN FEDERICUS BONIGE WOHNHAFTIG ZU LINTORPE. JOS. BOURLET ME FECIT 1681.

Die dritte von 1764 mit der Inschrift: AERE FRACTO SOLIDAS SCIT REDDERE VIRES VOIGT (1764). NON EGO SI VOCITO OBDVRETIS CORDA FIDELES (1764).

Haus Linnep
Geschichte
HAUS LINNEP. H. FERBER in den Düss. Beitr. VII, S. 111. Der Familienstammsitz des Geschlechts von Linnep, das schon im 11. Jh. erscheint (1093 zuerst Wernerus de Linepe). Durch Heirat kam es 1462 an Friedrich Grafen von Neuenar, 1573 durch Heirat an Arnold Grafen von Bentheim-Tecklenburg, der es 1582 dem Christoffel von Isselstein in Pfandnutzung gab. Im 18. Jh. folgten im Besitz der Graf von Wassenaer, der Freiherr von Hacke, der Hofrat Fuhr, der Amtmann Monschau, der Hofrat von Katz, die Herren von Hauer, die Familie Brügelmann, bis es 1855 durch Kauf in den Besitz des Reichsgrafen Ferdinand von Spee überging. Jetziger Eigentümer ist der Reichsgraf Hubertus von Spee.

Das Schloss, dessen Pforten und Brücken 1710 erneuert wurden, war 1753 in so schlechtem Zustande, ,dass der inwendige Bau des Hauses und Rittersitzes aus Altertum und völliger Baulosigkeit leider schier ganz ein- und zusammengefallen war'. Der Neubau wurde durch den Hofrat von Katz 1769 vollendet. Nach Nordwest wurde 1873 ein neuer Trakt angesetzt.

Beschreibung
Der aus dem J. 1769 (Inschrift mit dem Katzschen Wappen über dem Eingang) stammende Hauptbau ist dreistöckig, mit breitem Mittelrisalit versehen, und wird von einem leichtgeschweiften und gebrochenen, abgewalmten Dach gekrönt; eine Freitreppe von fünfzehn Stufen mit geschweiftem Geländer führt zu dem Hauptportal empor. Der allein noch von dem alten Bau stammende aus Bruchsteinen aufgeführte runde Turm liegt genau in der Mitte hinter dem Hauptbau; nach Nordost zieht sich um den Turm im Halbkreis die halb abgebrochene Ringmauer. Hinter dem Schloss dehnt sich ein grosser, von mächtigen Buchen eingerahmter Teich, dessen Wasser in die Anger abfliesst.

Die Vorburg ist an der Süd- und Ostseite von Wassergräben umgeben; die aus Bruchsteinen aufgeführten Gebäude stammen aus den J. 1790, 1837 und 1873.

Kirche
Dem Eingange zur Vorburg gegenüber liegt die EVANGELISCHE KIRCHE, 1682 gebaut, 1768, 1846, 1890 renoviert, ein schlichter rechteckiger Saalbau mit vierseitigem Dachreiter.

MINTARD.

Kathol.
Pfarrkirche
KATHOLISCHE PFARRKIRCHE (tit. s. Laurentii). BINTERIM u. MOOREN, E. K. I, S. 251; II, S. 384q. — Nrh. G. 1883, S. 128.

Geschichte
Die Kirche wird 874 zuerst genannt (LACOMBLET, U B. I, Nr. 68). Eine zweite Kirche wurde in der 1. H. des 11. Jh. errichtet, die 1302 dem Stifte Gerresheim inkorporiert ward (LACOMBLET, U B. III, Nr. 18), eine dritte im 14. Jh., eine vierte im J. 1660. Im J. 1890 durch den Architekt G. A. Fischer in Barmen umgebaut und restauriert.

Beschreibung
Von dem zweiten Bau stammt der einfache vierstöckige romanische Turm, der bei dem Umbau des J. 1890 einen wirkungsvollen Abschluss und durch die seitlichen Anbauten eine malerische Gliederung erhalten hat. Das rundbogige Portal ist

gänzlich erneuert. Die mit einem Gratgewölbe überspannte Turmhalle öffnet sich mit
einem grossen Rundbogen mit einfachem Kämpfer nach dem Mittelschiff. Das dreischiffige Langhaus stammt aus dem J. 1660; das Mittelschiff besitzt ein hohes Tonnengewölbe in Holzkonstruktion mit Putz, die Seitenschiffe flache verputzte Decken. Die
basenlosen Pfeiler schliessen mit einfachen Kämpfern ab. Der auf den Mauern des
gothischen Baues errichtete Chor ist mit einem flachen Tonnengewölbe und einem
Klostergewölbe überdeckt.

Taufstein, aus dem 13. Jh., von Namurer Blaustein, ohne Fuss, rundes Becken *Taufstein*
mit vier rohen Eckköpfen, die Zwischenfelder gegliedert durch je drei eingestochene
Kreise. Über ähnliche Werke vgl. Kunstdenkmäler I, S. 16.

Gemälde, Holz, niederrheinisch, 1. H. des 16. Jh., abgeschliffen und verblasst *Gemälde*
(in der Sakristei), die Kreuzesfindung darstellend.

Glocke mit weit ausladendem unteren dünnen Rand (vielfach ausgebrochen) *Glocken*
und hohem Kegel, aus dem 13. Jh., ohne Inschrift. Eine zweite Glocke in der Turm-
lucke, vom J. 1437 (Inschrift ohne Gerüst nicht zu lesen).

OKTOGON im Westen der Kirche, ähnlich dem zu Ginderich (Kunstdenk- *Oktogon*
mäler I, S. 273), inschriftlich vom J. 1788, flachgedeckte Kapelle mit grossen rundbogigen Öffnungen und schmalen Eckpilastern. Darin ein guter polychromierter Kruzifixus in Dreiviertellebensgrösse.

BURGHAUS, westlich von der Kirche im Dorf an der Strasse gelegen, mäch- *Burghaus*
tiger zweistöckiger Bau des 15. Jh., ähnlich dem Quadenhof bei Gerresheim (s. o. S. 106),
ursprünglich zum Schloss Landsberg gehörig. Die aus Bruchsteinen in unregelmässiger
Lagerung aufgerichteten Mauern sind durch kleine, von Holzrahmen eingefasste Fenster
durchbrochen. Nach Osten zu ein kleiner pfeilerartig vorspringender Ausbau.

MÜNDELHEIM.

KATHOLISCHE PFARRKIRCHE (tit. s. Dionysii). BINTERIM u. MOOREN, *Kathol.*
E. K. I, S. 277. — J. H. KESSEL, Der selige Gerrich S. 17, 20, 57. — ALDENKIRCHEN *Pfarrkirche*
in den B. J. LV, S. 213.

Der Ort wird 1072 zuerst als Mundelincheim genannt (LACOMBLET, U B. I, *Geschichte*
Nr. 216), die Pfarrkirche, um die Mitte des 13. Jh. neu erbaut, wird 1308 dem Stifte
Düsseldorf inkorporiert (LACOMBLET, U B. III, Nr. 62. — BROSIUS, Ann. II, p. 28. —
KREMER, Akad. Beitr. III, S. 253). In den J. 1867—1868 restauriert.

Dreischiffige Pfeilerbasilika von Tuff mit vortretendem Westturm, in den spätesten *Beschreibung*
romanischen Formen, im Lichten 21,40 m lang, 14,40 m breit.

Der fünfstöckige, mit vierseitiger Haube versehene Westturm ist in den beiden *Äusseres*
unteren Stockwerken ungegliedert, aber mit Abdeckungen der Horizontallisenen versehen, die drei oberen Geschosse sind auf jeder Seite durch Rundbogenfriese eingeschlossen und durch Vertikallisenen in zwei Felder zerlegt, im obersten Geschoss
zwei romanische Doppelfenster mit einfacher Mittelsäule. Im Erdgeschoss befindet
sich das einfache Portal, von zwei Säulchen flankiert, die sich über den Knospenkapitälen als Rundstab fortsetzen. Nach Süden ein neuer zweistöckiger Treppenturm
angebaut.

Der Obergaden des Mittelschiffes an jeder Seite mit je drei Vertikallisenen und
wechselnden spitzbogigem und rundbogigem Abschluss (Rundbögen nur über den vier
Fenstern). Die Aussenmauern der Seitenschiffe gegliedert durch je vier grosse Blenden,

Kathol.
Pfarrkirche
in einer ein Seitenportal, von Spitzbögen umschlossen, mit horizontalem Sturz auf zwei Säulchen, in den übrigen von Rundstäben eingefasste Rundbogenfenster. Das Chorhaus mit zwei Fenstern an jeder Seite setzt die Gliederung des Obergadens fort. Die Vierpässe im Ostgiebel des Mittelschiffes neu.

Inneres
Im Inneren ist das Mittelschiff von zwei Kreuzgewölben mit derbprofilierten Rippen überspannt, die durch einen Gurt getrennt und von Rundstäben in den Schildbögen eingerahmt sind. Die Rippen und Rundstäbe ruhen in den Ecken auf starken Dreiviertelsäulen mit Eckblattbasen und skulptierten Kapitälen. Die Scheidemauern werden von drei Pfeilerpaaren getragen, denen an der Ost- und Westmauer Halbpfeiler entsprechen. Die Kämpfer bestehen aus Deckplatte, Kehle und Rundstab, die Basen aus Plinthe und Pfühl. Dem mittelsten breiteren Pfeilerpaar tritt nach innen eine Vorlage vor mit einer starken Säule, auf der der Gurt aufsetzt, ihr zur Seite die den Ecksäulen entsprechenden Dreiviertelsäulen als Träger von Rundstäben und Rippen. Die Seitenschiffe sind mit vier Gratgewölben eingedeckt, durch Gurte getrennt, die an den Aussenmauern auf schmalen Vorlagen ruhen. An dem mittleren Pfeilerpaar entsprechen ihnen gleichfalls Vorlagen, an den beiden übrigen Kämpfer mit Knospenkonsolen. Die Kapitäle durchweg sehr sorgfältig gearbeitet, von grosser ornamentaler Schönheit. Die Innenseite der westlichen Abschlussmauern der Seitenschiffe ist mit einer Blendenstellung verziert, in der je eine von einem früheren romanischen Bau um 1100 stammende Säule mit skulptiertem Würfelkapitäl und Basis ohne Eckblatt Platz gefunden hat.

Die Turmhalle, die mit einem schweren Gratgewölbe überdeckt ist, öffnet sich mit einem breiten und massigen Bogen gegen das Mittelschiff.

Das Chorhaus ist mit einem Kreuzgewölbe überdeckt, das Rundstabrippen und Rundstabschildbögen zeigt, die in den Ecken mit skulptierten Kapitälen auf Dreiviertelsäulen ruhen. Die Aussenwände sind durch zwei grosse rundbogige Blenden belebt, über denen sich zwei rundbogige Fenster mit abfallenden Sohlbänken befinden. Die Apsis wird durch drei kleine rundbogige Fenster erhellt.

Kronleuchter
Kupferner Kronleuchter, um 1500, mit acht und vier Armen, mit stehender Figur der Madonna.

Glocken
Glocken. Die erste mit der Inschrift: SANCTE DIONYSE PATRONE ORA PRO NOBIS. JOHAN HELPENSTEIN PASTOR IN MUNDELHEIM ANNO 1643. Die zweite von 1681.

RATH.

Frühmittel-
alterl. Anlag.
FRÜHMITTELALTERLICHE ANLAGEN. Eine ganz ähnliche Anlage wie am Ickter Hof bei Hain (vgl. o. S. 108, Fig. 44) findet sich in der Gemeinde Rath bei den Bauernhöfen ‚Alte Burg‘ und ‚Grosse Burg‘. Die Befestigung ‚Grosse Burg‘ wird mit der am Ickter Hof in fast gerader Linie durch den Ketelbach verbunden. Sie besteht aus einem runden Mittelkegel, der ‚Insel‘, deren Höhe von der Sohle des Wallgrabens etwa 13 Fuss beträgt, auf der jetzt eine ziemlich alte zahme Kastanie steht. Der Graben hat noch 3—4 Fuss Tiefe, an der Seite des Hofes ‚Grosse Burg‘ (nach Nordosten) noch 7—8 Fuss Tiefe. An der Ostseite zieht sich um die ‚Insel‘ ein hufeisenförmiger breiterer und flacherer Wall. Mauerreste sind nicht nachzuweisen. Die aus Basalt bestehenden Fundamente des Bauernhofes ‚Alte Burg‘ deuten auf mittelalterlichen Ursprung. Vermutlich bildet die Befestigung ‚Grosse Burg‘ die Südwestecke wie die Wallburg ‚Ickter Hof‘ die Nordwestecke einer grösseren fast

quadratischen Anlage, die sich im Norden über Haus Hain, den Schwarzen Graben, nach der Volkardey, im Süden von der „Alten Burg‘ über Röttgen nach dem Gater-hof hin ausdehnte (G. PIEPER in der Heimatskunde 1879, S. 17. — Mitteilungen des Herrn Pfarrers H. FLIEDNER in Kaiserswerth).

KATHOLISCHE PFARRKIRCHE (tit. dolorosae v. Mariae). Vom 14. Jh. an bis 1689 diente die Kirche den Klosterschwestern vom 3. Orden des h. Franziskus als Klosterkirche, 1689—1811 zugleich als Pfarrkirche, von 1811 ab ausschliesslich als Pfarrkirche. Die mit ihr in Verbindung stehende Kapelle wurde 1694 zu Ehren der Madonna durch Schenkung des Freiherrn von Vittinghoff gen. Schell erbaut. Die Kirche wurde 1871 abgebrochen und durch einen dreischiffigen gotischen Neubau von *Rincklake* ersetzt.

Pieta, Holz, Anfang des 16. Jh., in halber Lebensgrösse auf dem südlichen Seitenaltar.

RATINGEN.

J. WÜLFFING, Beschreibung der vornehmen Handels-Städte Bergischen Landes (1729): Berg. Zs. XIX, S. 114, 121, 133. — JOH. SCHMIDT, Geographie und Geschichte des Herzogtums Berg, Aachen 1804, S. 58. — v. RESTORFF, Beschreibung der Rhein-provinzen S. 356. — v. MÜLMANN, Statistik I, S. 421. — J. H. KESSEL, Geschichte der Stadt Ratingen mit besonderer Berücksichtigung des ehemaligen Amtes Anger-mund, Köln und Neuss 1877, I. Urkundenbuch (weiteres nicht erschienen). Dazu B. J. LX, S. 148; Berg. Zs. XII, S. 259; v. SYBELS Histor. Zs. LII, S. 359. — Privi-legien der Stadt: v. LEDEBUR, Allg. Archiv II, S. 61. — H. ESCHBACH, Die St. Se-bastianus-Bruderschaft in Ratingen: Düss. Beitr. II, S. 68. — Alte Ansicht bei PLOEN-NIES, Topographia ducatus Montium (Düsseldorf, Staatsarchiv A. 31) Bl. 65. Vgl. Berg. Zs. XVII, S. 81 u. Suppl. — Eine breit angelegte Geschichte der Stadt Ratingen von H. u. P. ESCHBACH befindet sich in Vorbereitung.

Handschriftl. Qu. Im Stadtarchiv: 150 Urk. von 1276 an, davon 67 von LACOMBLET inventarisiert, die wichtigeren publiziert von KESSEL. Unter den Akten: Privilegien der Stadt, Stadtrechnungen, Verzeichnis der Erbbesitzer vom J. 1358, Ver-zeichnis der Liegenschaften vom J. 1539, Zunftbriefe, Verordnungen über die Bürger-wehr von 1400 ab, Ratsprotokolle vom J. 1542 ab, weiterhin Zunftbriefe, Litteralien über das Gasthaus, die Pfarrkirche, die Klöster und Kapellen der Stadt, die Stadt- und Honschaftsmühlen (ausführlich Wd. Zs. I, S. 411).

In der Kgl. Staatsbibliothek zu München: Cod. lat. 10075, Calendarium cum multis notis ad historiam ecclesiae in Ratingen apud Düsseldorf pertinentibus, 13. Jh., fol., mit Zinsnotizen und Eintragungen vom 13.—15. Jh. (vgl. ILGEN, Rhein. Archiv S. 178; LAMPRECHT, Verzeichnis niederrhein. Urbarialien S. 29). — In der REDING-HOVENschen Sammlung, Cod. germ. 2213, Bd. V, Bl. 454ᵃ Zunftordnungen von 1446, 1447, 1458, 1564, 1567, 1589; Bl. 475 Aufrichtung der Schützenbruderschaft vom J. 1434.

Im Staatsarchiv zu Düsseldorf: Urk. und Akten aus Kessels Nachlasse, 1892 erworben.

Im Gräflich von Speeschen Archiv zu Heltorf: Eine Reihe wichtiger auf Ratingen und das Haus „Zum Haus‘ bezüglicher Urk. (s. u.) — Steuermatrikeln der Stadt Ratingen vom J. 1677 ab (Reg. III, III, Nr. XIV, conv. II u. III).

Im Stadtarchiv zu Gerresheim: Urk., Akten und Handschriften aus Kessels Nachlasse, vom 15. Jh. ab, auf Ratingen bezüglich.

KATHOLISCHE PFARRKIRCHE (tit. ss. ap. Petri et Pauli). BINTERIM u.
MOOREN, E. K. I, S. 277; II, S. 228. — Ann. h. V. N. XXVI, S. 417; XXXI, S. 201.
— AUS'M WEERTH, Kd. II, S. 42. — LOTZ, Kunsttopographie I, S. 511. — OTTE,
Handbuch der Kunstarchäologie II, S. 84. — Inventarien von 1567 und 1568 bei
KESSEL, U B. S. 368.

Handschriftl. Qu. Im Pfarrarchiv: 9 Perg.-Urk. von 1487 an.

Die Kirche ist eine der ältesten Stiftungen des Bergischen Landes und wahrscheinlich von Kaiserswerth aus gegründet. Sie wurde im J. 1165 der Dompropstei
zu Köln einverleibt (LACOMBLET, U B. I, Nr. 410. — KESSEL, U B. S. 6). Um diese
Zeit entstand ein romanischer Neubau mit zwei Türmchen, der aber ein Jahrhundert
später, bei dem grossen Brande des J. 1266, zum grossen Teil zerstört worden zu sein
scheint. In den nächsten Jahren, während des raschen Aufblühens des Ortes (Ratingen
wurde 1276 zur Stadt erhoben: LACOMBLET, U B. II, Nr. 696. — KESSEL, U B. S. 11),
wurde die Kirche im Übergangsstile nach Westen erweitert. Endlich wurde die Kirche
im 14. Jh. mit Benutzung der drei Türme in eine gothische Hallenkirche verwandelt.
Am Ende des 15. Jh. machten sich grössere Reparaturen notwendig (1476 Notbauten
erwähnt: Urk. im Stadtarchiv zu Gerresheim. — 1484 Klage über den Verfall: KESSEL,
U B. S. 143). Um diese Zeit wurde die S. Annakapelle errichtet (urkundlich 1504
zuerst erwähnt). Im J. 1785 war das Dach gänzlich verfallen, so dass es über dem
Hauptturm und über dem Langhaus (hier in einem einzigen Satteldach an Stelle der
bisherigen drei Dächer) erneuert werden musste (Promemoria des Kölner Dompropsten
vom 21. Dec. 1785). Dem beabsichtigten Abbruch der beiden Osttürmchen widersetzte
sich damals der Magistrat, ,indem das uralte Stadtsiegel die drei Thürme nachführte'.
Im J. 1892 wurde der Ostbau von den beiden Türmchen ab abgerissen und hier durch
Heinrich Wiethase ein geräumiger Erweiterungsbau errichtet.

In Material und Formensprache lassen die älteren Teile der Kirche die verschiedenen Bauzeiten noch genau erkennen (in den Abbildungen, Fig. 72 Grundriss,
Fig. 71 Südansicht, ist die Gestalt der Kirche vor dem J. 1892 wiedergegeben). Die
älteste romanische Kirche war ein dreischiffiger Bau aus Tuff mit zwei eingebauten
Westtürmen. Von ihm sind die beiden Türme B und C und die Umfassungsmauern
des Ostteiles erhalten. Diese Kirche wurde im 13. Jh. nach Westen verlängert und
ihr ein mächtiger Westturm vorgesetzt. Bei dem Ausbau des Inneren zu einer gothischen Hallenkirche wurden die beiden älteren Türme B und C mit grosser technischer Geschicklichkeit derart unterfangen, dass ihre inneren Ecken auf zwei Säulen
zu stehen kamen. Das Vorhandensein der Türme macht sich im Inneren nur durch
ein näheres Zusammenrücken der Säulen bemerkbar. Der Westbau mit dem Turme
besteht zum Unterschied von dem Ostteil aus Kohlensandstein, alle Profile aus Trachyt.

Der Westturm A erhebt sich auf einer Basis mit reich abgestuftem Sockelgesims
und zeigt nach Westen im Unterstock das rundbogige romanische Portal mit zwei
Säulen in den abgetreppten Gewänden, die sich über den zierlichen Blattkapitälen
als Rundstäbe fortsetzen. Die eigentliche Thür ist durch einen horizontalen Sturz
abgeschlossen, das Tympanon ungegliedert, das ganze Portal ist rechtwinkelig von
Lisenen eingerahmt. Darüber zieht sich um den ganzen Turm ein Bogenfries in
grossen Spitzbogen. Die Nord- und Südseite sind noch durch zwei Vertikallisenen
in drei Felder zerlegt. Das zweite Stockwerk zeigt eine entsprechende Gliederung
durch Vertikallisenen und denselben Spitzbogenfries, im dritten und vierten Geschoss
ist jede Seite durch Vertikallisenen in drei Felder zerlegt und mit einem Rundbogenfries abgeschlossen. In jedem Einzelfelde des vierten Stockwerkes ein dreiteiliges

Fenster mit einer Säule in den Gewänden, die über dem das Kapitäl vertretenden Kathol.
Pfarrkirche
Ring sich als Rundstab fortsetzt. Der mittlere Bogen ist gestelzt und wird von zwei
Säulchen mit zum Kämpfer weit ausladenden Kelchkapitälen getragen. Die geschieferte,

Fig. 71. Ratingen. Südansicht der katholischen Pfarrkirche.

ins Achteck übergeführte Haube vom J. 1785 ist geschweift und eingeknickt, auf den
Ecken erheben sich kleine mansardenartig vorgebaute vierseitige Türmchen.

    Die ersten beiden Joche des Langhauses sind aus Kohlensandstein aufgeführt, Langhaus
die Fenster, deren Masswerk herausgeschlagen und durch eiserne Rahmen ersetzt ist,
sind mit Backsteinen eingefasst. Mit Ziegeln sind auch die zweimal abgetreppten
Streben geflickt. Im ersten Joch an der Südseite ein Portal mit horizontalem Sturz.

Kathol.
Pfarrkirche
Osttürmchen

Die eingebauten romanischen Türme sind fünfstöckig — in den unteren Stockwerken verputzt — jedes Geschoss in der einfachsten Weise durch schmale Lisenen und Rundbogenfries gegliedert. Im Oberstock nach jeder Seite zwei zweiteilige Fenster. Im südlichen ist die geschieferte Haube ins Achteck übergeführt.

Ostteil

Um den aus Tuff ausgeführten Ostteil ist das gleiche unter den Sohlbänken der Fenster hinlaufende Gesims wie am Westbau verkröpft. Der um den Ostbau geführte Tuffsockel ist auf der Oberfläche cementiert. Die Fenster sind wie im Westen mit Backsteinen eingefasst, die Streben mit dem gleichen Material geflickt. Der Ostbau läuft in einen aus fünf Seiten des Achtecks konstruierten Hauptchor D aus, dem zwei rechteckig geschlossene Seitenchörchen zur Seite treten. Im ersten Joch nach dem südlichen Türmchen an der Südseite ein von zwei Säulen flankiertes romanisches Portal, mit horizontalem Sturz die Thüröffnung geschlossen.

Anbauten

Nach Süden stiess die S. Annenkapelle F an (1891 beseitigt, in der Ansicht Fig. 71 weggelassen). Die an der Nordseite angebaute rechtwinkelige S a k r i s t e i E

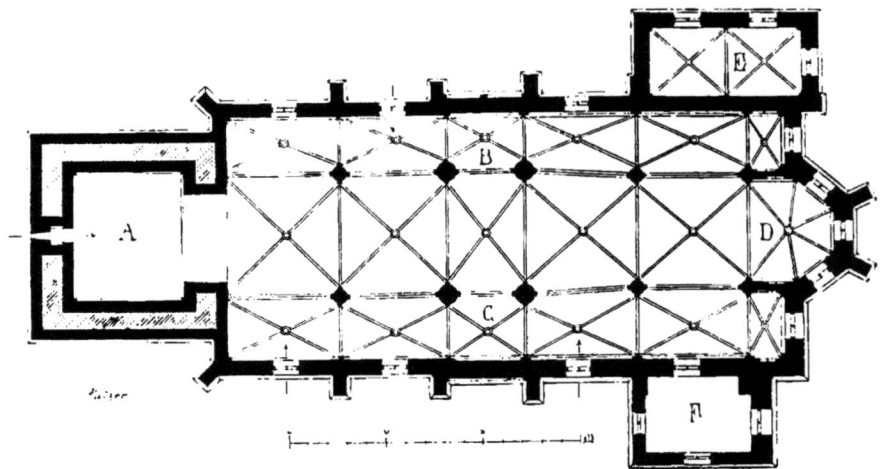

Fig. 72. Ratingen. Grundriss der katholischen Pfarrkirche.

ist über einem Bruchsteinsockel aus Backsteinen aufgeführt, nach Osten mit Benutzung einer den alten Bau entstammenden Tuffmauer. Nach Norden zwei einachsige Fenster, dazwischen eine spitzbogige Blende.

Inneres
Turmhalle

Im I n n e r e n öffnet sich die Turmhalle mit einem gedrückten Spitzbogen gegen das Mittelschiff, die Ostmauer des Turmes hat hier die Breite von 2,30 m. Die Vorhalle selbst ist mit einem unregelmässigen Kuppelgewölbe überdeckt, in den Ecken kurze Säulen mit Kelchkapitälen. Durch die bedeutende Erhöhung des Bodens erscheint die Vorhalle noch schwerer und massiger.

Hallenkirche

Die nicht durch Gurte getrennten Kreuzgewölbe der H a l l e n k i r c h e, deren Rippen einfaches Hohlprofil zeigen, ruhen auf fünf Säulenpaaren mit hohen Basen, denen je vier starke Dienste vortreten mit polygonalem Sockel und Kelchkapitäl. Die Sockelgesimse sind um die ganze Säule herum verkröpft, ebenso die Kapitäle, die in der Kelchkehle höchst einfach und derb skulptierte gleichsam angeklebte überall wechselnde Blattreihen erhalten haben. An den nur durch eine Horizontallisene gegliederten Aussenwänden entspricht den Diensten eine gleichstarke Dreiviertelsäule, an

Gerresheim und Ratingen. Monstranzen.

der Turmmauer setzen die schmalen reichprofilierten Arkadenbögen und die Rippen auf Konsolen auf.

Die beiden Seitenchörchen, sowie die in der Längsachse der Kirche laufenden Umfassungsmauern des Hauptchores D sind durch zweiteilige Blenden mit Rundstäben gegliedert. Im Hauptchor ausserdem zwei tiefere spitzbogige Blenden in der Form von Piscinen, die eine als Sakramentsschrank dienend.

Die Sakristei E ist mit zwei Kreuzgewölben eingewölbt, deren Rippen in den Ecken auf Polygonalpfeilern (in der Südostecke durch eine Konsole ersetzt), an der Nordmauer auf einem einfachen Dienst, an der Südmauer auf einer Konsole ruhen.

Kreuzigungsgruppe, lebensgross, von Holz, derbe und harte Arbeit des 16. Jh., schlecht polychromiert, in der Vorhalle.

Monstranz (Taf. VIII, 2. — AUS'M WEERTH, Kd. Taf. XXIX, II, S. 42. — Ann. h. V. N. XXVI, S. 417. — Heimatskunde 1879, S. 86), 89 cm hoch, aus vergoldetem Silber, vom J. 1394, auf dem Fuss die Inschrift: BID VOR DEN PRIESTER DE DIT CLEYNOYT AL UP BEREYT GEGEVEN HEET DESER SYNRE KYRKEN TO RATINGHEN TER EREN DES HEYLGEN SACRAMENTZ ANNO DOMINI MCCCXCIIII. Geschenk des nachmaligen Domprobstes Bruno, der um 1394 Pfarrer in Ratingen war (BINTERIM, Denkwürdigkeiten VII, Teil III, S. 373. — HARLESS in den B. J. LX, S. 148).

Der hohe sechsseitige Fuss ist am Rande à jour mit grossen runden Öffnungen durchbrochen, jedes der sechs Blätter dreimal ausgeschweift und mit feinen vertieft gearbeiteten gothischen Rankenornamenten verziert, ausserdem mit drei aufgestifteten Silberrosetten. Der meisterhaft gearbeitete sechsseitige Aufsatz zeigt in den durch Streben getrennten Fensteröffnungen unter Zinnen je eine Halbfigur eines musizierenden Jünglings. Der Schaft ladt zu einem runden Knauf mit vier Pasten aus, die mit (erneuten) Glasflüssen verziert sind, um den Knauf ein Silberband.

Der Kelchfuss des Krystallcylinders ist mit verschnittenem Laubwerk verziert, zur Seite des Cylinders vier reiche Strebesysteme mit an ihn angelehnten Bögen, unter denen je ein gelockter Jüngling mit den Passionsinstrumenten steht. Nach aussen je ein posaunenblasender Jüngling. In den Türmchen zweimal ein König, zweimal eine königliche Jungfrau.

Die Krönung erhebt sich in vier Stockwerken. Über dem mit Gitterwerk abgeschlossenen Baldachin stehen im Kreise um die Krystallkuppel die zwölf Apostel mit ihren Symbolen. An den vier Pfeilern des Aufsatzes wieder je ein musizierender Jüngling. An den vier Seiten des ersten Geschosses die Figuren von S. Gereon, S. Katharina, S. Petrus, S. Helena unter vorgekragten, auf das reichste verzierten Baldachinen. Der in der reichsten Architekturgliederung sich erhebende Aufsatz schliesst mit einem (erneuten) Kruzifix ab. Die Monstranz ist die bedeutendste des 14. Jh. am ganzen Rhein und in der Behandlung der architektonischen Ornamentik wie der Figuren gleich bewunderungswürdig, wahrscheinlich von dem gleichen Meister *Cois Eleia* (?) gefertigt (wegen der übereinstimmenden Behandlung des Fusses) wie die im Aufbau übrigens abweichende Monstranz zu Gerresheim (s. o. S. 103).

Zwei gothische Kelche, 16 und 17 cm hoch, 15. Jh.

Ciborium, 41 cm hoch, 17. Jh., mit dem Beschauzeichen I (L?) S und nicht erkenntlicher Marke.

Silberner Becher, 26 cm hoch, um 1600.

Kasel von rotem Sammet mit Stäben von 1621. Auf Goldstoff ein Kreuz mit Christus, darüber Gottvater, am Fusse Maria und Johannes und die h. Anna selbdritt, die Figuren appliziert und in Lasurmanier ausgeführt, die Köpfe und das corpus in

Kathol.
Pfarrkirche

Sakristei

Kreuzigungsgruppe

Monstranz

Fuss

Krönung

Kelche

Ciborium

Becher

Paramente

Seidenstoff. Zwei Wappen mit der Inschrift: ELEISABET VON DER ARCK ABDISSA, ANNA VON DER ARCK-BROICH ANNO 1621. Auf der Vorderseite drei Heiligenfiguren (verschlissen).

Kasel aus neuem violetten Stoff, auf den Stäben in Plattstich und Applikation Christus am Kreuz mit Gottvater, Maria und Elisabet, darunter: CHRISTIAN CLOUT RICHTER ZU ANGERMOND UND LANDSBERC UND MECHTELT VON VELDERHOFF SEIN HAUSFRAW ANNO 1617 D. 26. FEBR.

Glocken von 1498 und 1523 mit den Inschriften:

1. BENEDICAT ME DEUS, PATER CUSTODIAT ME DEUS FILIUS, PROTEGAT ME DEUS SPIRITUS SANCTUS. O MARIA MATER DEI MEMENTO NOSTRI. A. D. 1498. JOHANNES DE VENLO CUM FRATRE SUO ME FECIT.

2. SENT PETER IND PAUWELS HEISSCHEN ICH, IN DIE ERE GOTZ LÜDDEN ICH, DEN BÖSEN GEIST VERDRIEVEN ICH, DIE LEBENDIGEN ROIFEN ICH, DIE DOIDEN BECLAGEN ICH. JOHANNES VAN NUYSS IND IGNAST SYN SON GOISSEN MICH A. D. 1523.

EVANGELISCHE PFARRKIRCHE, im J. 1667 begonnen, die Weiterführung 1668 durch Pfalzgraf Philipp Wilhelm inhibiert, erst 1683—1685 vollendet, einfacher rechtwinkeliger Saalbau aus Bruchsteinen mit dreistöckigem Backsteinturm, im Inneren 1892 mit einer neuen rundum geführten hölzernen Empore versehen. Darin marmornes Epitaph des im J. 1702 verstorbenen Wilhelm de Muralto.

HAUSER KAPELLE, bei dem Haus ‚zum Haus‘ gelegen, barocker Bau des 17. Jh. aus Bruchstein mit kleinem Glockentürmchen ohne Schelle.

HEILIGENHÄUSCHEN vor der Stadt, inschriftlich vom J. 1709, derber mit einem Giebel abgeschlossener Aufsatz auf einem mensaartigen Unterbau.

Die Stadt besass Klöster und Niederlassungen der Beghinen, Minderbrüder, Karmeliter, Dominikaner, Augustiner, ausserdem eine Gasthauskapelle, eine Kreuzkapelle vor dem Oberthor, eine Kapelle U. L. Fr. an der Heiden (vgl. KESSEL, U B. S. 383 Index).

STADTBEFESTIGUNGEN. Die Anlage der Stadtbefestigungen begann sofort nach der Erhebung Ratingens zur Stadt im J. 1276; im nächsten Jahr erhielt die Stadt zu diesem Zwecke eine Accise (KESSEL, U B. II, S. 13). Von den Thorburgen werden die porta Vowinkel (Düsseldorfer Thor) und porta superior (Oberthor) schon in dem Ratinger Stadtbuch von 1362, die Lintorper porten 1380 zuerst erwähnt (KESSEL, U B. S. 38, 43). Durch diese Thorburgen war Lauf und Richtung der Mauer und des Stadtgrabens bestimmt: der Mauerring ist später nicht verändert worden.

Die Vorstädte, Oberdorf oder das Dorf, Bechem und Vohwinkel, die 1405 niedergebrannt worden waren (Koelhoffsche Chronik: Deutsche Städtechroniken XIV, S. 742), wurden im 15. Jh. neu aufgebaut, sie waren mit einem Graben umgeben, der im Gegensatz zum Stadtgraben der Dorfgraben genannt wird. Die Vorstädte Bechem und Vohwinkel wurden im dreissigjährigen Krieg zerstört, das Oberdorf besteht noch.

Im 15. Jh. wurde der Mauerring umgebaut, mit neuen Thoren und zum Teil mit neuen Türmen versehen. Zum Ausbau erhält die Stadt in den J. 1403 und 1442 Accisen bewilligt (KESSEL, U B. Nr. 50 u. 64). In der Stadtrechnung von 1437 werden Bauarbeiten ‚an den nyen werhusen ind anderen werhusen‘, sowie ‚an der stat wercke‘ erwähnt. In der Stadtrechnung von 1444 wird berichtet, dass ‚wachhuyser‘ und ‚trapen an de wachhuyser‘ erbaut worden, es wird an dem ‚porthuys an der Lyntorperportz‘ und an dem ‚porthuys up dem dorpe‘ gearbeitet. Die Stadtrechnung von 1460 berichtet: ‚In diesem 1460. iahr ist der kornsthurn sambt beiliegender mauren gebawet‘, die Stadtrechnung von 1468 berichtet: ‚In diesem jahr ist der torn zwischen der

Kathol. Pfarrkirche

Glocken

Evangel. Pfarrkirche

Kapelle

Heiligenhäuschen

Nicht erhaltene Anlagen

Stadtbefestigungen Anlage

Vorstädte

Umbauten

Stadt-
befestigungen

Düsseldorfer und Beckemer (Bechemer) porten gezimmert'. Die Stadtrechnung erwähnt weiter den kleinen torn, den kucktorn, den buessertorn, den nuwen torn by
der overporten, an denen gearbeitet wird. Die Stadtrechnung von 1471 bemerkt: ‚In
diesem 1471. jahr ist der windmühlenthorn ferner gebawet'; die Stadtrechnung von
1479—1480: ‚In diesem jahr ist der thurm nächst der Lintorfer pfortzen, den man
jetzt den trinsen-torn nennet, gebawet'.

Im Anfang des 16. Jh. tritt eine neue Reparatur ein, im J. 1510 heisst es, die
Stadt sei ‚an portzen, tornen ind geluchten nederfellich ind abouwich worden'. Die
Stadtbefestigung, die im 17. Jh. arg mitgenommen worden war (KESSEL, UB. Nr. 250),
wurde erst 1807 endgültig aufgegeben (Akten im Stadtarchiv zu Gerresheim).

Der Mauerring bestand eigentlich aus drei parallel laufenden Mauern, die auf   Stadtmauer
der Westseite noch fast vollständig erhalten sind. Zunächst laufen hier im Abstand
von 2,50 m zwei Mauern hin, die innere 50 cm, die äussere 75 cm stark, deren
Zwischenraum mit Steinen und Erde ausgefüllt ist, so dass hier ein nach beiden Seiten
geschützter breiter Gang auf der Höhe der Befestigung entstand. Vor der äusseren

Fig. 73. Ratingen. Türme der Stadtbefestigung.

Mauer liegt der 23 Schritt breite Zwinger, der wieder mit einer Mauer abschliesst.
Dahinter liegt der ehemalige Stadtgraben, der Brandteich. Diese Anlage gleicht im
wesentlichen der Befestigung von Zons (vgl. ausführlich in den Kunstdenkmälern d. Kr.
Neuss), doch ist der Mauerring in der gleichen Form nicht um die ganze Stadt geführt. An der Südostseite ist der Raum zwischen beiden Mauern 4,50 m breit, an
der Nordseite ist nur noch eine einfache 75 cm breite, 1,70—2 m hohe Mauer erhalten.

Von den Mauertürmen sind noch drei erhalten (Fig. 73). Zunächst auf der   Mauertürme
Nordostseite der 8 m hohe aus gewaltigen Quadern bestehende ‚dicke Turm' von einer
ganz ausserordentlichen Stärke, an der Ostseite findet sich in der Höhe von 2,50 m
die mit rechteckiger Hausteineinfassung versehene Eingangspforte, die auf den hölzernen
Wehrgang führte. Ein zweiter Rundturm, der ‚kleine Turm', findet sich an der Südseite, nur 6 m hoch und aus kleineren Blöcken zusammengesetzt, die Mauer 1,70 m
stark. Im Erdgeschoss findet sich ein ehemals nur von oben zugängiges Kuppelgewölbe, der alte Zugang befindet sich in der Höhe von 4 m über dem Erdboden.
Endlich ist einer der viereckigen späteren Türme erhalten, der 1471 errichtete Wind-
mühlenturm, der ursprünglich, wie noch in Oberwesel, Bacharach, Neuss u. s. w., nach
innen offen war. Es ist jetzt in ihn ein kleiner sehr malerischer Fachwerkbau ein-

11

gefügt. An der Südseite finden sich ausserdem noch zwei halbrunde Rondele in der Stadtmauer (bis 1889 im Ganzen 3,70 m hoch, seitdem um 2 m abgetragen).

Rathaus

RATHAUS, am Markte, ein mächtiger zweistöckiger aus Bruchsteinen errichteter Bau mit starken Mauern und geschweiften und abgetreppten Giebeln, im J. 1751 restauriert (Jahreszahl am Giebel). An der Südwestecke eine Madonnenstatue des 16 Jh. auf einer Konsole, an der Nordwestecke nur die Konsole erhalten. Im Sitzungssaal die Brustbilder des Pfalzgrafen Karl Theodor und seiner Gemahlin, bez.: A. WISSELINCK PINXIT 1766; dann das Porträt des Kurfürsten Johann Wilhelm in voller Rüstung bez.: WARDENBACH FECIT 1717.

Haus; ,zum Haus'

HAUS ,ZUM HAUS'. v. MERING, Geschichte der Rittergüter, Burgen u. s. w. in den Rheinlanden X, S. 89. — H. FERBER in den Beitr. VII, S. 106. — v. STEINEN, Westfäl. Geschichte IV, S. 414. — J. STRANGE, Beitr. zur Genealogie der adeligen Geschlechter XI, S. 57. — FAHNE, Geschichte der Kölnischen Geschlechter I, S. 142; II, S. 56. — KESSEL, U B. S. 385.

Fig. 74. Ratingen. Haus ,zum Haus'.

Handschriftl. Quellen

Handschriftl. Qu. Im Gräflich von Speeschen Archiv zu Heltorf: Urk. und Akten von 1343 ab (Inv. III, III, I, conv. 1—7, II, 1, III, 1, IV, V, 1, 2).

In der Kgl. Staatsbibliothek zu München: Genealogie des Geschlechtes in der REDINGHOVENschen Sammlung, Cod. germ. 2213, Bd. LIV, Bl. 75.

Geschichte

Das Haus war der Stammsitz der Herren vom Haus (Huisse), die schon 1393 erscheinen. Um 1568 kam das Gut durch Heirat an Dederich von der Horst, 1685 durch Verkauf an Philipp Wilhelm Freiherrn von Zweiffel für die Summe von 28000 Reichsthalern. Im J. 1783 wurde das Haus durch Ambrosius Franz Reichsgraf von Spee käuflich erworben. Jetziger Besitzer ist der Reichsgraf Franz von Spee zu Heltorf.

Beschreibung

Die eigentliche Burg ist eine Anlage des 14. Jh., die am Ende des 16. Jh. umgebaut ward, und gleich der Stadtbefestigung von Ratingen von grosser Regelmässigkeit, eine von Gräben umgebene rechtwinkelige Anlage mit einem Rundturm in dreien der Ecken und einem übereck gestellten rechteckigen Thorturm in der vierten (Fig. 74. — Rekonstruktionszeichnung bei G. A. FISCHER, Schloss Burg und andere Burgen des Rheinlandes S. 48, Fig. 43). Der Thorturm, zu dem eine Brücke führt, ist dreistöckig und mit einem einfachen Satteldach überdeckt, das Portal selbst ist vermauert.

Von den Rundtürmen ist nur der an der Südwestecke gelegene noch ganz erhalten in der Höhe von drei Stockwerken mit der geschweiften und gebrochenen Haube des 16. Jh. Die beiden übrigen Rundtürme stehen ohne Dach da, der an der Südostecke gelegene trägt eine grosse Bresche. Das anstossende Herrenhaus, von dem die Ost- und Nordmauer noch dem ältesten Bau angehören, während die übrigen Mauern in Fachwerk erneuert sind, zeigt an der Aussenseite noch vier der alten gothischen Fenster mit Steinkreuzen und in Eisenankern die Zahl 1596. Rechtwinkelig an das Herrenhaus stösst ein langer einstöckiger Trakt mit Stallungen; diesem gegenüber liegt ein neu gebauter Pferdestall. In der Mitte des inneren Burghofes jetzt eine grosse Düngergrube.

Die aus dem 16. Jh. stammende Vorburg war ursprünglich gleichfalls von Mauern und Gräben umgeben. Erhalten ist nur der Thorbau, das grosse rundbogige Portal, mit Scharten in dem von drei Steinkugeln gekrönten Aufsatz und zur Seite ein hoher dreistöckiger Bau mit sechsmal abgetrepptem Giebel. Die Abschlussmauer der Vorburg nach Osten fehlt; an die übrigen Mauern sind neuere Wirtschaftsgebäude in Fachwerkbau angelehnt worden.

Haus ,zum Haus'

Vorburg

URDENBACH.

EVANGELISCHE PFARRKIRCHE. Die evangelische Gemeinde entstand um 1580, war 1596 selbständig (AL. HERMANNS, Geschichte von Benrath S. 44), die Kirche wurde 1691 erbaut. Saalbau aus Backstein mit flacher Holzdecke und kleinem vierseitigen geschieferten Dachreiter mit geschweiftem Helm. In den Fenstern in Glasmalerei zwölf bürgerliche Wappen von 1694 und 1695.

Evangel. Pfarrkirche

WITTLAER.

KATHOLISCHE PFARRKIRCHE (tit. s. Remigii). ALDENKIRCHEN in den B. J. LV, S. 213. — BINTERIM u. MOOREN, E. K. I, S. 277.

Die Kirche, in der 1. H. des 12. Jh. erbaut, wird schon 1144 unter den Besitzungen des Frauenstiftes Vilich genannt (LACOMBLET, U B. I, Nr. 350). Sie war ursprünglich nur eine Kapelle auf dem Wittlaerer Hofe, erscheint aber Ende des 13. Jh. schon als Pfarrkirche (Urk. von 1292: LACOMBLET, U B. IV, Nr. 676). Die Kirche, die 1702 bei der Belagerung von Kaiserswerth beschädigt worden, wurde 1708 wiederhergestellt, die romanischen Fenster vergrössert, der Turm verunstaltet, ein Spritzenhäuschen angefügt. Von 1868—1871 stilgerecht restauriert unter Leitung des Regierungsrates *Krüger* durch *Vincenz Statz,* der Turm erst 1878 durch *Schrey* aus Duisburg. Die stark gewichenen Seitenschiffmauern wurden erneuert.

Dreischiffige Pfeilerbasilika aus Tuff, im Lichten 25 m lang, 14,50 m breit. Der vierstöckige romanische Turm ist in den beiden unteren Geschossen ungegliedert und zeigt nur im Erdgeschoss nach Westen ein einfaches romanisches Portal (erneut) mit zwei Säulen mit Würfelkapitälen in den Gewänden. Das dritte und vierte Stockwerk sind durch Vertikallisenen und Rundbogenfries gegliedert, im vierten Stock je zwei romanische Rundbogenfenster mit einfacher Mittelsäule und Würfelkapitäl. Unter der vierseitigen einfachen geschieferten Haube ein einfaches Gesims.

Das Mittelschiff ist im Obergaden (Fig. 75) überaus reich gegliedert mit neun rundbogigen Blenden, deren Bögen an den Ecken auf Vertikallisenen, dazwischen auf

Kathol. Pfarrkirche

Geschichte

Beschreibung Turm

Äusseres

Fig. 75. Wittlaer. Südansicht der katholischen Pfarrkirche.

Halbsäulchen mit verziertem Würfelkapitäl und weit ausladendem Kämpfer ruhen, darin vier kleine rundbogige Fenster.

Der Ostgiebel des Mittelschiffes ist durch Rundbogenfries und Vertikallisenen, in der Mitte durch eine rundbogige Nische verziert. Das Chorhaus ist in den Seitenmauern einfach durch Rundbogenfries gegliedert, die Apsis durch drei grosse Blenden

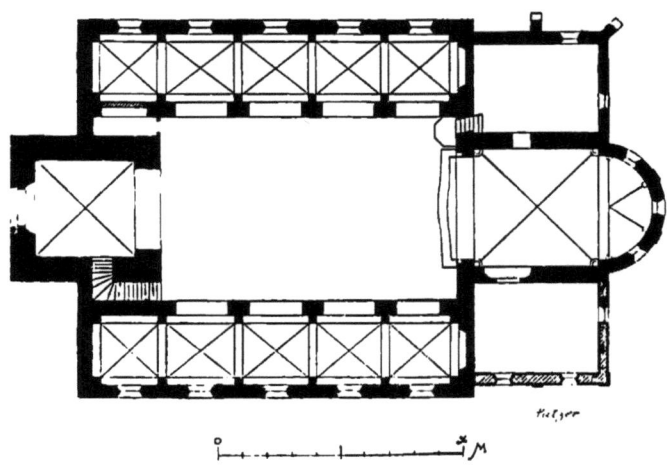

Fig. 76. Wittlaer. Grundriss der katholischen Pfarrkirche.

belebt. Unter dem Dach zieht sich ein einfach aus doppelter Schmiege und Rundstab zusammengesetztes Gesims hin.

Im Inneren (Grundriss Fig. 76) bildet das breite Mittelschiff mit seiner flachen
(erneuten) Balkendecke einen höchst wirkungsvollen grossen und hellen Raum, neben
dem die niedrigen und schmalen Seitenschiffe sehr zurücktreten. Die Scheidemauern
ruhen auf vier Pfeilerpaaren mit niedrigen, nur aus einer Plinthe bestehenden Sockeln
und den einfachsten Kämpfern. Die Scheidemauern sind nur durch eine Horizontallisene und die vier Rundfenster mit ausgeschrägten Ge-
wänden gegliedert. Das vierte westliche Pfeilerpaar ist
mit der westlichen Façade durch eine dünnere Mauer
verbunden. Die Seitenschiffe sind mit gedrückten Gratgewölben eingedeckt und von Gurtbögen und Schildbögen eingerahmt. Die Fenster zeigen hier gleichfalls
stark abfallende Sohlbänke.

Die westliche, das Mittelschiff abschliessende Wand
war wohl von Anfang an auf Farbenschmuck berechnet.
Der niedrige Triumphbogen ruht auf einem Kämpfer,
der an der Schmiege mit einem frühromanischen Fries
verziert ist.

Das Chorhaus ist mit einem Kreuzgewölbe bedeckt, dessen Rippen ein auffällig breites, einfach zuge-
spitztes Profil zeigen. In den Schildbögen laufen starke
Rundstäbe hin, die nebst den Rippen mit einem einfachen Kelchkapität auf einer Dreiviertelssäule mit Eck-
blattbasis ruhen. In den Seitenwänden je ein rundbogiges
Fenster. Die Apsis wird durch drei kleine romanische
Fenster erhellt, über denen sich auf runden Konsölchen
ruhende Rundstäbe als Schildbögen im Halbkreis hinziehen, die Konsolen sind mit der Mitte des die Apsis
abschliessenden Rundstabes durch Rundstabrippen verbunden.

Taufstein, von Namurer Blaustein, 1 m hoch,
1 m breit, achtseitiges Becken auf Mittelcylinder mit vier
freistehenden Ecksäulen, vier korrespondierende Seiten
des Beckens mit Dreipässen, die vier anderen mit scharf
gemeisselten vorgekragten Köpfen unter Schuppenkronen
verziert. Eine der exaktesten Arbeiten des 14. Jh. dieser
grossen Gruppe (Kunstdenkmäler I, S. 16. — Abb. AUS'M
WEERTH, Kd. Taf. XXIX, 8; II, S. 42).

Fig. 77. Wittlaer. Schützenzeichen
der S. Sebastianusbruderschaft.

Vortragkreuz, aus Rotkupfer, 45 cm hoch, aus dem 12. Jh., auf rundem
Knauf, mit langem streng stilisierten Kruzifixus, die Füsse nebeneinander auf einem
Brett, mit der Krone auf den lang auf die Schultern fallenden Haaren und verzier-
tem Gürtel.

Silbernes Schützenzeichen (Fig. 77) der S. Sebastianusbruderschaft um 1500,
Kette mit Medaillon von geschnittenem Blattwerk um 1500, in der Mitte S. Sebastian
mit Pfeilen gespickt zwischen zwei gekreuzten Pfeilen, im Blattwerk Hirsche und Vögel,
als Anhänger eine Armbrust und eine spätere massivsilberne Taube mit der Inschrift:
SEBASTIANI BRUDERSCHAFDT ZU VITTFELDER UND BOCHUM 1649.

Kathol:
Pfarrkirche
Glocken

Glocken. Die älteste von 1476 mit der Inschrift: S. REMIGIUS HEIT YCH, TO DEN DEYNSTE GODES ROP YCH, DEY DODEN BESCHREYE YCH, DEY LEVEDYGEN ERFROE YCH, DEN DONNER TOBRECK YCH. JOHAN VAN DORPMUNDE GOSS MYCH ANNO DOMINI MCCCCLXXVI.

Die zweite von 1779 mit der Inschrift: S. ANNA. J. ESSER PASTOR, P. H. BLOMEN-KAMP VICARIUS, P. BLOMEN SCHEFFEN, J. P. JAEGERS, G. SCHMITZ KIRCHMEISTER 1779. ME FUDIT JOHANN RUTGERUS VOIGT.

Statue

Im Garten der Kaplanei: Barocke lebensgrosse Steinstatue des David oder Perseus, aus Kesselsberg stammend.

Kreis Düsseldorf.

Gez. von H. Künkler in Bonn.

I. Ortsregister.

(Die starkeren Ziffern bezeichnen die Stelle, wo über den Ort im Zusammenhange gehandelt wird)

	Seite		Seite
Aachen	74	Frohnhof bei Himmelgeist	118
Alte Burg	154	Garath, Haus	115
Andernach	68, 72, 74	Gellep	69, 72, 74
Angermund	81	Gerresheim	91
Asberg	68, 72, 74	Gladbach	68
Bacharach	74	Gohr	68
Bassenheim	74	Golzheimer Heide	68, 74, 77
Benrath	83	Grafenberg	91
Bilk	75, 89, 92	Gräfgenstein, Haus	91
Bilkerbusch	75	Grimlinghausen	68, 69, 74
Bingen	74	Grosse Burg	154
Bonn	74	Grunewald, Wirtshaus	120
Brügge	91	Hain	108
Burghövel, Wallburg	120	Hain, Haus	109
Derendorf	77	Hamm	92
Dorsten	113	Haus zum Haus	162
Düsseldorf	2, 15, 113	Heddesdorf	74
Quellen	15	Heltorf, Schloss	68, 92, 109
Römische und germanische Funde	24	Heidenberg bei Hilden	112
Kirchliche Gebäude	25	Heiligendunk, Kamp	68, 92
Andreaskirche	25	Hilden	68, 112
Kirche der barmh. Schwestern	33	Himmelgeist	115
Garnisonpfarrkirche	34	Homberg	118
Lambertuskirche	34	Horst, Haus bei Dorsten	123
Maxkirche	51	Horst, Haus bei Hilden	115
Weitere Kirchen	54	Howarth, Gehöft	149
Klosteranlagen	54	Hubbelrath	120
Weltliche Gebäude	55	Hugenpoet	121
Stadtbefestigungen	55	Ickter Hof	108, 154
Schloss	58	Immigrath	68
Jägerhof	62	Isaberg	112
Rathaus	63	Itter	127
Sammlungen	67	Kaiserburg	92
Eller	68, 72, 89	Kaiserhain	77
Eller, Haus	89	Kaiserswerth	3, 68, 128
Elbroich, Haus	128	Kaiserswerth, Burg	140
Erkrath	89	Kalkum	145
Fahnenburg	91, 106	Kalkum, Schloss	147
Flehe	75	Keldagau	1
Flingern	75	Kibbenheide	120

Kirchberg	68	Norf	68, 74
Köln	72, 74, 113	Oberbilk	74, 75
Kreuznach	74	Pempelfort	25, 54
Kruft	74	Quadenhof	106
Landsberg	149	Rath	108, 154
Landsberg, Schloss	149	Ratingen	92, 155
Langenlinsheim	74	Raeren	74
Lemmenhaus	91	Rheinberg	69
Leuchtenberg, Hof	68	Rheinbrohl	74
Lierenfeld	25, 74, 92	Rheindahlen	68
Linnep	68, 152	Richrath	68
Lintorf	74, 151	Roland, Haus	107
Lohausen, Haus	145	Schülerbusch	91
Ludenberg	91	Siegburg	74
Lulsdorf	74	Tannenwäldchen	25
Mainz	74	Thinghaus	89
Meckenheim	69, 74	Tomberg	74
Metzkausen, Honschaft	120	Unterbilk	75
Mickeln, Schloss	118	Urdenbach	163
Mintard	152	Urmitz	74
Mülhofen	74	Velbert	148
Mündelheim	153	Viehstrasse	92
Neuss	68, 72, 74, 92	Winkelhausen, Schloss	111
Niederbiber	74	Wittlaer	163
Niedermendig	74	Xanten	68

II. Sammlungen.

Düsseldorf.		Sammlung Oeder	73
Gewerbemuseum	67	Sammlung Rautert	74
Historisches Museum	67	Fahnenburg, Sammlung Pflaum	102
Königl. Landesbibliothek	69	Heltorf, Sammlungen des Reichsgrafen von	
Staatsarchiv	71	Spee	111
Sammlung Bone	72	Hugenpoet, Fürstenbergische Gemälde-	
Sammlung Braun	72	gallerie	121
Sammlung Dahl	72	Lohausen, Sammlung Lantz	145

III. Abbildungen im Text.

Fig. 1. Düsseldorf, Die Altstadt mit der Lambertuskirche	15	Fig. 6. Düsseldorf, Lambertuskirche	36
Fig. 2. Düsseldorf im J. 1650	22	Fig. 7. Düsseldorf, Grundriss der Lambertuskirche	37
Fig. 3. Düsseldorf, Andreaskirche	26	Fig. 8. Düsseldorf, Sakramentshäuschen in der Lambertuskirche	39
Fig. 4. Düsseldorf, Büste d. Herzogs Wolfgang Wilhelm in der Andreaskirche	28	Fig. 9. Düsseldorf, Grabmal der Margaretha von Windeck in der Lambertuskirche	42
Fig. 5. Düsseld., Andreaskirche, Schwarze Kasel mit Bouillonstickerei	32		

Seite

Fig. 10. Düsseldorf, Wandmalereien an den Chorschranken d. Lambertuskirche 44

Fig. 11. Düsseldorf, Wandgemälde in der Lambertuskirche 45

Fig. 12. Düsseldorf, Wandgemälde der h. Kümmernis in der Lambertuskirche 46

Fig. 13. Düsseldorf, Romanische Reliquienbüste in der Lambertuskirche . . 47

Fig. 14. Düsseldorf, Getriebener Buchdeckel in der Lambertuskirche 49

Fig. 15. Düsseldorf, Ansicht der Maxkirche 51

Fig. 16. Düsseldorf, Adlerpult in der Maxkirche 52

Fig. 17. Düsseldorf, Das Bergerthor von der Bäckerstrasse 57

Fig. 18. Düsseldorf, Grundriss d. abgerissenen Ratingerthores 58

Fig. 19. Düsseldorf, Grundriss d. Schlosses im 18. Jh. 59

Fig. 20. Düsseldorf, Der Schlossturm vor der Wiederherstellung 60

Fig. 21. Düsseldorf, Marmorstatue Johann Wilhelms von Baumgärtgen . . 61

Fig. 22. Düsseldorf, Jägerhof 62

Fig. 23. Düsseldorf, Giebelfüllungen am alten Marstall des Jägerhofes 63

Fig. 24. Düsseldorf, Ansicht des Rathauses 64

Fig. 25. Bilk, Ansicht der Pfarrkirche . 75

Fig. 26. Bilk, Romanische Kapitäle in der Pfarrkirche 76

Fig. 27. Angermund, Ansicht der Burg 81

Fig. 28. Angermund, Grundriss der Burg . 82

Fig. 29. Benrath, Hauptfaçade d. Schlosses 84

Fig. 30. Benrath, Hinterfront des Schlosses 85

Fig. 31. Benrath, Grundriss d. Gartenanlage 87

Fig. 32. Erkrath, Inneres der katholischen Pfarrkirche 90

Fig. 33. Gerresheim, Ostansicht d. Stiftskirche 93

Fig. 34. Gerresheim, Grundr. d. Stiftskirche mit Kapitelshaus und Kreuzgang . 95

Fig. 35. Gerresheim, Westansicht der Stiftskirche, West- und Nordansicht des Kapitelshauses 96

Fig. 36. Gerresheim, Nordansicht der Stiftskirche und Querschnitt des Kapitelshauses 97

Fig. 37. Gerresh., Längsschn. d. Stiftskirche 98

Fig. 38. Gerresh., Innenans. d. Stiftskirche 99

Fig. 39. Gerresheim, Roman. Altarmensa . 101

Fig. 40. Gerresheim, Sarkophag d. h. Gericus 102

Fig. 41. Gerresheim, Romanisches Kruzifix in der Stiftskirche 103

Fig. 42. Gerresheim, Romanisches Heiligenhäuschen 104

Fig. 43. Gerresheim, Quadenhof 105

Fig. 44. Hain, Erdbefestig. am lekter Hof 108

Fig. 45. Heltorf, Ansicht des Schlosses . 110

Fig. 46. Heltorf, Thorturm 111

Fig. 47. Hilden, Erdwerk 112

Fig. 48. Hilden, Längsschnitt durch die evangelische Kirche 114

Fig. 49. Himmelgeist, Ostansicht der katholischen Pfarrkirche 116

Fig. 50. Hugenpoet, Ansicht d. Schlosses 122

Fig. 51. Hugenpoet, Grundriss d. Schlosses 123

Fig. 52. Hugenpoet, Kamin 124

Fig. 53. Hugenpoet, Ruhe auf der Flucht 125

Fig. 54. Hugenpoet, Der verlorene Sohn von Marten Heemskerk 126

Fig. 55. Itter, Ansicht der katholischen Pfarrkirche 127

Fig. 56. Kaiserswerth im J. 1650 . . 129

Fig. 57. Kaisersw., Ostansicht d. Stiftskirche 132

Fig. 58. Kaisersw., Vorhalle der Stiftskirche 133

Fig. 59. Kaisersw., Grundr. der Stiftskirche 134

Fig. 60. Kaiserswerth, Längsschnitt d. Stiftskirche vor der Restauration . . 135

Fig. 61. Kaiserswerth, Schmiedeeis. Standleuchter 136

Fig. 62. Kaiserswerth, Ostansicht der Burg 141

Fig. 63. Kaiserswerth, Grundriss der Burg 142

Fig. 64. Kaiserswerth, Die Burg v. Rhein aus 143

Fig. 65. Kaiserswerth, Romanisches Haus . 144

Fig. 66. Kalkum, Ansicht der Kirche . 146

Fig. 67. Kalkum, Ansicht des Schlosses . 147

Fig. 68. Landsberg, Ansicht d. Schlosses 149

Fig. 69. Landsberg, Der Bergfried . . . 150

Fig. 70. Landsberg, Grundriss 151

Fig. 71. Ratingen, Südansicht der kathol. Pfarrkirche 157

Fig. 72. Ratingen, Grundriss der kathol. Pfarrkirche 158

Fig. 73. Ratingen, Türme der Stadtbefestigung 161

Fig. 74. Ratingen, Haus ‚zum Haus' . . 162

Fig. 75. Wittlaer, Südansicht der kathol. Pfarrkirche 164

Fig. 76. Wittlaer, Grundriss der kathol. Pfarrkirche 164

Fig. 77. Wittlaer, Schützenzeichen d. S. Sebastianusbruderschaft 165

IV. Tafeln.

		Seite
Tafel I.	Düsseldorf, Inneres der Andreaskirche	27
Tafel II.	Düsseldorf, Grabmal des Herzogs Wilhelm in der Lambertuskirche	40
Tafel III.	Düsseldorf, Figuren vom Grabmale des Herzogs Wilhelm . .	40
Tafel IV.	Düsseldorf, Erweiterung der Stadt von 1280 bis 1798	56

		Seite
Tafel V.	Düsseldorf, Reiterstatue des Kurfürsten Johann Wilhelm von Grupello	64
Tafel VI.	Hugenpoet, Grosser Kamin .	123
Tafel VII.	Kaiserswerth, Suitbertusschrein	137
Tafel VIII.	Gerresheim und Ratingen, Monstranzen	159